서울대 한국어+

Student's Book

서울대학교 언어교육원 지음

장소원 | 이현의 | 김미숙 | 이혜지

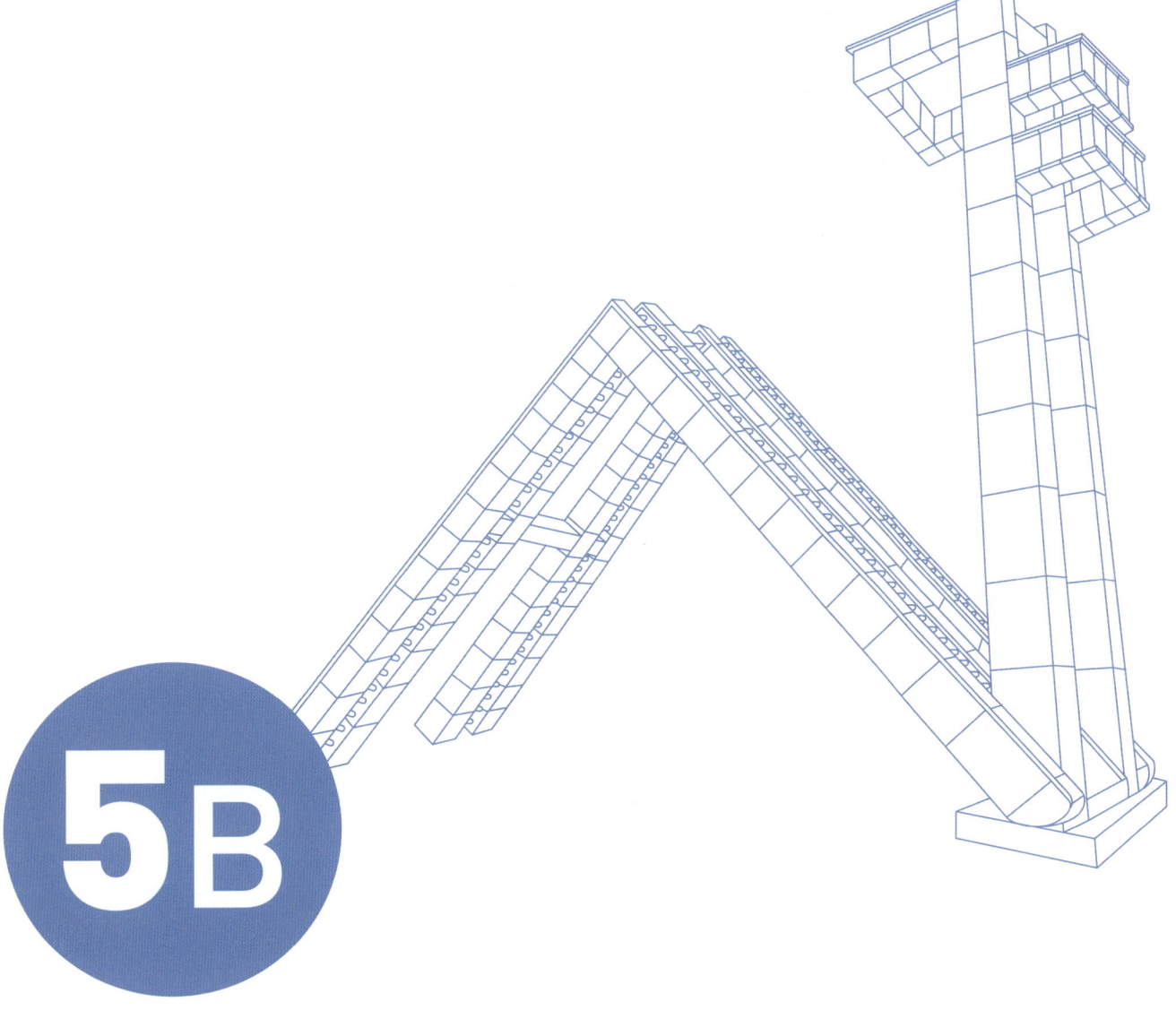

5B

서울대학교출판문화원

머리말

《서울대 한국어⁺》는 한국어 학습자들이 한국어 능력을 효과적으로 향상할 수 있도록 서울대학교 언어교육원의 축적된 한국어 교육 경험을 녹여 낸 교재입니다. 이 시리즈를 통해 한국어 학습자들은 한국어의 표현 영역인 말하기, 쓰기 기술과 이해 영역인 듣기, 읽기 기술을 단계적이고 주도적으로 발전시킬 수 있습니다.

《서울대 한국어⁺ Student's Book 5B》는 800시간의 한국어 정규 과정을 이수했거나 그에 준하는 한국어 능력을 가진 일반 목적의 성인 한국어 학습자들을 위한 교재로서, 200시간의 정규 과정을 통해 한국어 숙달도 5급 수준의 한국어를 학습할 수 있게 구성한 교재입니다. 이 교재는 사회적, 추상적인 주제에 대해 정확하고 유창하게 의사소통을 하고 전문적인 분야에서도 다양한 일을 잘 수행할 수 있도록 만들어졌습니다.

각 단원은 경제, 문화, 역사, 과학, 환경, 심리 등 고급 학습자들에게 필요한 주제를 중심으로 구성되었습니다. 해당 주제와 관련된 어휘를 다양한 활동과 함께 제시함으로써 학습자들이 어휘를 사용하며 익힐 수 있도록 유도하였습니다. 또한 고급 학습자 수준에 맞는 유용한 문법과 표현을 선정하여 텍스트와 함께 제시하였으며 학생들이 편리하게 사용할 수 있도록 문법과 표현을 별도의 책으로 제공하기로 하였습니다.

각 단원은 그 단원의 주제를 심층적으로 다루는 두 과로 구성하여 각각 듣기와 말하기, 읽기와 쓰기에 초점을 두었습니다. 듣기와 읽기 단계에서는 다양한 장르의 담화를 접하면서 담화 구조와 표현을 익히도록 하였으며 중심 내용 파악하기, 개요 파악하기, 세부 내용 파악하기, 추론하기 등의 다양한 문제를 풀도록 구성하였습니다. 말하기와 쓰기 단계에서는 듣기, 읽기 단계에서 노출되었던 담화 구조와 표현을 명시적으로 제시하고 실제적인 담화를 생성할 수 있도록 하여 이해 영역과 표현 영역이 긴밀하게 연계되도록 집필하였습니다.

　이 책이 나오기까지 정말 많은 분들의 수고가 있었습니다. 서울대학교 국어국문학과 장소원 교수님은 《서울대 한국어+》 1~6급 교재의 기획, 교재 개발을 위한 사전 연구와 집필, 출판에 이르는 전체적인 과정을 총괄해 주셨고, 5급 교재의 집필을 총괄한 이현의 선생님을 비롯해서 김미숙, 이혜지 선생님은 오랜 기간 원고 집필뿐 아니라 편집, 출판 작업을 꼼꼼하게 진행해 주셨습니다. 또 5급 교재 전권의 내용뿐 아니라 녹음 과정까지 일일이 챙겨 주신 김은애 교수님의 감수와 한재영 교수님, 최은규 교수님의 자문이 없었다면 지금과 같은 책의 완성도를 기대하기 어려웠음을 잘 알고 있습니다. 깊이 감사드립니다. 그리고 영어 번역을 맡아 주신 이소명 번역가 님과 멋진 삽화 작업으로 빛나는 책을 만들어 주신 ㈜예성크리에이티브 분들, 녹음을 담당해 주신 성우 이상운, 조경아 선생님께도 감사드립니다. 2022년 가을학기에 새 교재의 시범 단원으로 수업을 하신 후 소중한 의견을 주신 5급 정규반의 김민애, 선우용, 송계령, 유재선, 유재준, 윤소휘, 함창덕 선생님과 여러 가지로 도움을 주신 이상욱 선생님께도 진심으로 감사의 말씀을 드립니다. 마지막으로 학술 도서와 전혀 성격이 다른 한국어 교재의 출판을 결정하고 물심양면으로 지원해 주신 서울대학교출판문화원 이경묵 원장님과, 밤낮을 가리지 않고 고생을 감수하신 편집진분들께 깊이 감사드립니다.

2023년 10월
서울대학교 언어교육원 원장
장윤희

일러두기

《서울대 한국어+ Student's Book 5B》는 9단원부터 16단원까지 8개의 단원으로 구성되었으며 각 단원은 두 개의 과로 나누어진다. 각 단원의 1과는 '들어가기, 주제 어휘, 듣기(들어 보세요 1·2), 말하기', 2과는 '들어가기, 주제 어휘, 읽기(읽어 보세요 1·2), 쓰기'로 구성된다. 각 과는 각각 4시간 수업용이다.

해당 단원의 주제 및 각 과의 세부 주제와 함께 첫 번째 과에서 초점을 둔 듣기와 말하기, 두 번째 과에서 초점을 둔 읽기와 쓰기의 목표를 제시하였다.

들어가기

그림, 사진, 인포그래픽 등 여러 시각 자료와 함께 질문을 제시하여 해당 과의 주제에 대해 생각해 볼 수 있도록 구성하였다. 학습자는 질문에 대한 답을 생각해 보면서 배경지식을 활성화하고 학습 주제와 목표를 이해할 수 있다.

주제 어휘

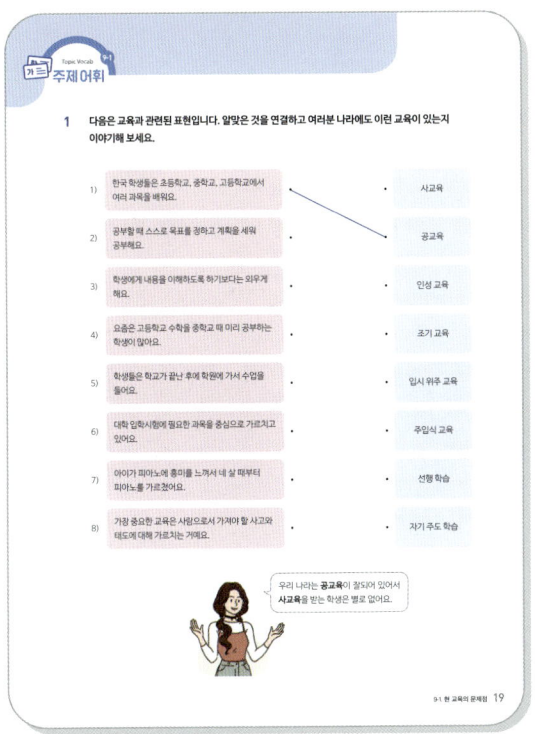

주제별로 선정된 목표 어휘를 시각 자료, 질문, 문제 등과 함께 제시하여 학습자가 맥락을 통해 어휘의 의미를 추측하고 어휘를 사용하여 이야기할 수 있도록 구성하였다.

듣기

'들어 보세요 1·2', '이야기해 보세요'로 구성되어 있다.

준비
듣기 전 단계로, 들을 내용을 예측할 수 있는 질문 또는 시각 자료를 제시하여 학습자의 배경지식을 활성화한다.

듣기
여러 주제와 관련된 대화, 강연, 대담, 발표 등 실제적이고 다양한 종류의 구어 텍스트를 제시하여 의사소통 능력 향상에 도움을 주고자 하였다. 중심 내용 파악하기, 세부 내용 파악하기, 추론하기, 확장 활동하기 등 다양한 유형의 문제를 제시하여 학습자 스스로 이해 수준을 점검해 볼 수 있게 하였다.

문법과 표현
듣기 텍스트에서 사용된 목표 문법과 표현을 명시적으로 제시하였다.

이야기해 보세요
듣기 후 단계로 듣기 주제와 연계된 질문을 제시하여 학습자들이 자유롭게 대화하며 배운 내용을 심화할 수 있도록 하였다.

말하기

'준비해 보세요', '표현을 연습해 보세요', '이야기해 보세요'로 구성되어 있다.

준비해 보세요
주어진 질문에 대답함으로써 다음 단계인 '표현을 연습해 보세요'를 준비할 수 있도록 하였다.

표현을 연습해 보세요
소개하기, 토의하기, 토론하기, 발표하기 등 목표 기능을 수행하기 위한 표현을 담화 구조에 맞춰 익히고 연습하도록 하였다.

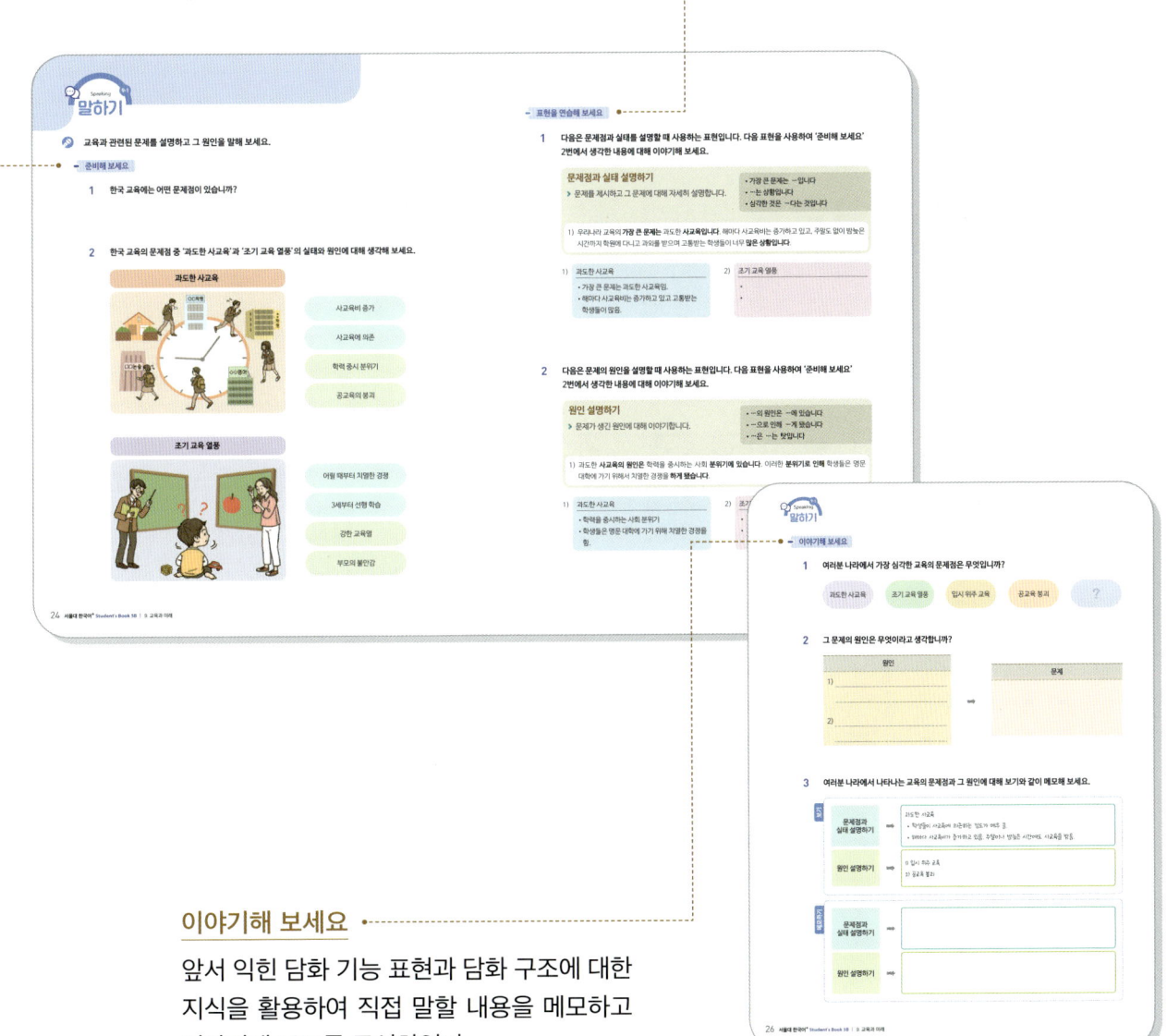

이야기해 보세요
앞서 익힌 담화 기능 표현과 담화 구조에 대한 지식을 활용하여 직접 말할 내용을 메모하고 이야기해 보도록 구성하였다.

읽기

'읽어 보세요 1·2', '이야기해 보세요'로 구성되어 있다.

준비
읽기 전 단계로, 읽을 내용이나 장르를 예측할 수 있는 질문 또는 시각 자료를 제시하여 학습자의 배경지식을 활성화한다.

읽기
여러 주제와 관련된 설명문, 기사, 사설, 일화, 수필 등 고급 학습자 수준에 맞는 실제적이고 다양한 종류의 문어 텍스트를 제시하여 의사소통 능력 향상에 도움을 주고자 하였다. 중심 내용 파악하기, 개요 파악하기, 세부 내용 파악하기, 추론하기, 확장 활동하기 등 다양한 유형의 문제를 제시하여 학습자 스스로 이해 수준을 점검해 볼 수 있게 하였다.

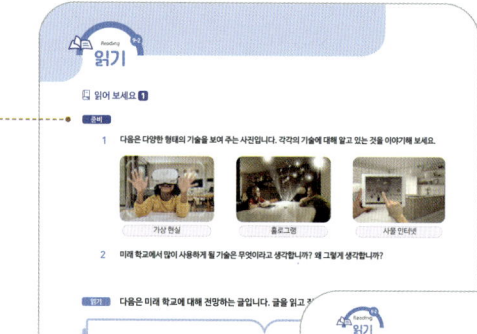

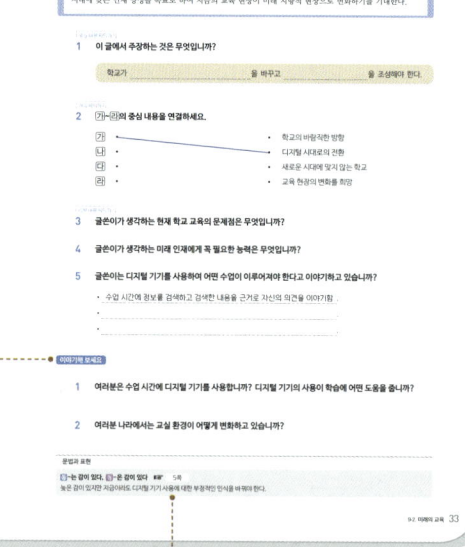

이야기해 보세요
읽기 후 단계로 읽기 주제와 연계된 질문을 제시하여 학습자들이 자유롭게 대화하며 배운 내용을 심화할 수 있도록 하였다.

문법과 표현
읽기 텍스트에서 사용된 목표 문법과 표현을 명시적으로 제시하였다.

쓰기

'준비해 보세요', '표현을 연습해 보세요', '써 보세요'로 구성되어 있다.

준비해 보세요
주어진 질문에 대답함으로써 다음 단계인 '표현을 연습해 보세요'를 준비할 수 있도록 하였다.

표현을 연습해 보세요
인용하기, 비교하기, 묘사하기, 요약하기 등 목표 기능을 수행하기 위한 표현을 담화 구조에 맞춰 익히고 연습하도록 하였다.

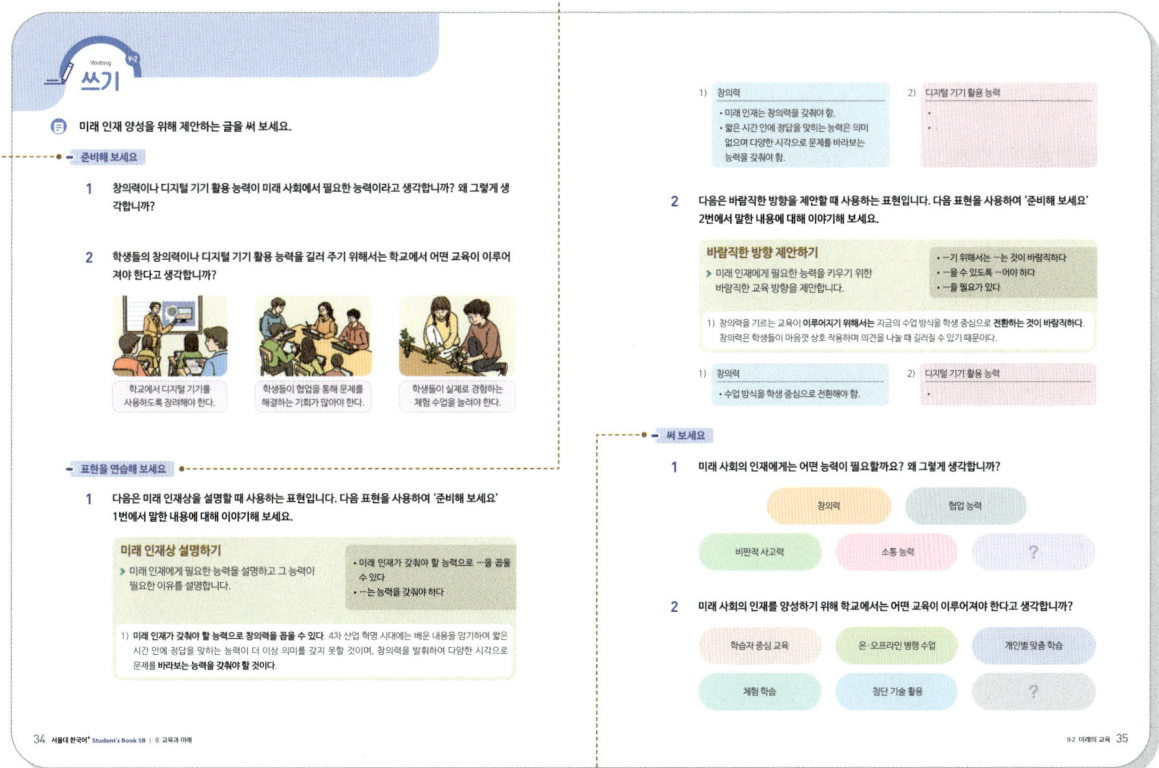

써 보세요
앞서 익힌 담화 기능 표현과 담화 구조에 대한 지식을 활용하여 개요를 짜고 단락이나 전체 글을 완성하도록 하였다.

어휘

각 과에 나타난 어휘의 뜻과 예문, 영어 번역을 제시하고 있다. 필요한 경우 한자와 발음도 함께 제공하였다.

부록

부록은 '듣기 지문', '모범 답안', '어휘 색인'으로 구성되어 있다.

듣기 지문

'들어 보세요 1·2'의 텍스트를 제공한다.

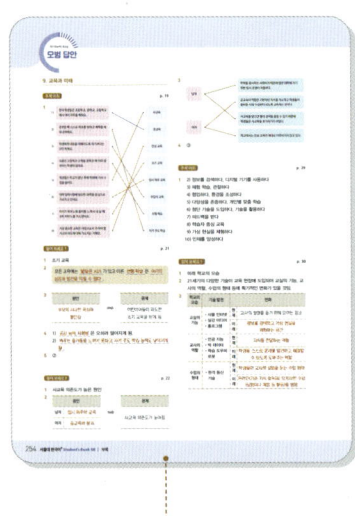

모범 답안

각 과의 '주제 어휘', '들어 보세요', '읽어 보세요' 문제에 대한 모범 답안을 제공한다.

어휘 색인

각 과의 어휘를 가나다순으로 정리하여 제공한다.

차례

머리말		• 2
일러두기		• 4
교재 구성표		• 12

5B

9단원	교육과 미래	9-1. 현 교육의 문제점	• 18
		9-2. 미래의 교육	• 28
10단원	생활 속 경제	10-1. 광고와 경제	• 46
		10-2. 소비와 경제	• 56
11단원	변화하는 사회	11-1. 저출산과 사회 문제	• 74
		11-2. 변화하는 가족	• 84
12단원	대중 매체	12-1. 뉴 미디어	• 102
		12-2. 신문과 뉴스	• 112
13단원	역사와 인물	13-1. 나라의 건국과 멸망	• 130
		13-2. 역사 속 인물	• 140
14단원	전통문화	14-1. 전통과 장인	• 160
		14-2. 전통과 현대의 만남	• 170
15단원	대중문화의 힘	15-1. 문화의 영향력	• 188
		15-2. 콘텐츠의 힘	• 196
16단원	과학과 삶	16-1. 과학의 힘	• 214
		16-2. 발견과 발명	• 224

부록	• 241

교재 구성표

단원 제목		주제 어휘	기능별 활동
9. 교육과 미래	9-1. 현 교육의 문제점	• 현재의 교육 • 교육의 문제점	듣기 조기 교육에 대한 강연을 듣고 문제점 파악하기
	9-2. 미래의 교육	• 미래의 교육 • 바람직한 교육	읽기 미래 학교에 대해 전망하는 글을 읽고 내용 파악하기
10. 생활 속 경제	10-1. 광고와 경제	• 경제 ① • 광고	듣기 광고에 대한 강의를 듣고 내용 파악하기
	10-2. 소비와 경제	• 경제 ② • 소비 경향	읽기 소비 경향에 대한 보고서를 읽고 내용 파악하기
11. 변화하는 사회	11-1. 저출산과 사회 문제	• 출산 • 저출산 정책	듣기 저출산에 대한 대담 앞부분을 듣고 의견 파악하기
	11-2. 변화하는 가족	• 가족 • 노인 문제	읽기 가족의 변화에 대한 설명문을 읽고 내용 파악하기
12. 대중 매체	12-1. 뉴 미디어	• 뉴 미디어 • 인터넷 방송의 장단점	듣기 인터넷 방송을 듣고 내용 파악하기
	12-2. 신문과 뉴스	• 언론의 위기 • 언론의 역할	읽기 전통 언론의 위기에 대한 칼럼을 읽고 내용 파악하기

기능별 활동		문법과 표현

듣기	말하기	• 동-느니 동-느니 (하다),
		  형-으니 형-으니 (하다),
		  명이니 명이니 (하다)
		• 동-는 탓에, 형-은 탓에, 명 탓에

사교육에 대한 대담을 듣고 문제의 원인 파악하기	문제점과 원인 설명하기	
읽기	쓰기	• 명에 한하여 • 동-는 감이 있다, 형-은 감이 있다
미래 교육에 대한 사설을 읽고 바람직한 방향 파악하기	제안하는 글 쓰기	
듣기	말하기	• 동-다시피 하다 • 동형-을 지경이다
간접 광고에 대한 토론을 듣고 찬성과 반대 의견 파악하기	토론하기	
읽기	쓰기	• 동-는 동시에, 형-은 동시에, 명인 동시에 • 동-는 이상, 형-은 이상, 명인 이상
공유 경제에 대한 대담 기사를 읽고 의견 파악하기	반론을 제시하는 글 쓰기	
듣기	말하기	• 동-기에 앞서(서) • 동형-거나 하다
저출산에 대한 대담 뒷부분을 듣고 의견 파악하기	토의하기	
읽기	쓰기	• 동형-듯(이), 명이듯(이) • 동형-음에 틀림없다, 명임에 틀림없다
독거노인에 대한 사설을 읽고 내용 파악하기	문제 해결의 글 쓰기	
듣기	말하기	• 동-는다든가, 형-다든가, 명이라든가 • 동-으려고 들다
1인 미디어에 대한 토의를 듣고 사회자 역할 파악하기	토의에서 사회자 역할 하기	
읽기	쓰기	• 동형-다 못해 • 명에 달하다, 명에 그치다
기사를 읽고 정보 파악하기	육하원칙에 맞춰 기사 요약하기	

단원 제목		주제 어휘	기능별 활동
13. 역사와 인물	13-1. 나라의 건국과 멸망	• 건국과 멸망 • 문명과 강	듣기
			삼국 시대에 대한 방송 프로그램을 듣고 역사적 의미 파악하기
	13-2. 역사 속 인물	• 인물의 업적 • 인물에 대한 평가	읽기
			도서 소개를 읽고 인물의 업적과 평가 파악하기
14. 전통문화	14-1. 전통과 장인	• 공예품 • 묘사	듣기
			라디오 방송을 듣고 장인이 만든 물건의 가치 파악하기
	14-2. 전통과 현대의 만남	• 퓨전 문화 • 논란	읽기
			퓨전 문화에 대한 설명문을 읽고 내용 파악하기
15. 대중문화의 힘	15-1. 문화의 영향력	• 대중문화의 영향력 • 선한 영향력	듣기
			전시회 소개 뉴스를 듣고 내용 파악하기
	15-2. 콘텐츠의 힘	• 대중문화 콘텐츠 • 감상과 비평	읽기
			방송 프로그램 정보를 읽고 내용 파악하기
16. 과학과 삶	16-1. 과학의 힘	• 과학 기술 • 과학 수사	듣기
			생체 모방에 대한 뉴스를 듣고 사례 파악하기
	16-2. 발견과 발명	• 발명과 발견 • 전자 제품	읽기
			발명품에 대한 잡지 기사를 읽고 내용 파악하기

기능별 활동		문법과 표현
듣기	말하기	
고려와 조선에 대한 방송 프로그램을 듣고 역사적 사건의 개요와 내용 파악하기	역사적 사건 이야기하기	• 동-으려야 동-을 수(가) 없다 • 동형-은들, 명인들
읽기	쓰기	
세종 대왕 전기를 읽고 일화의 내용과 의미 파악하기	역사적 인물을 소개하는 글 쓰기	• 동형-기에, 명이기에 • 동형-어서야
듣기	말하기	
문화 해설을 듣고 갓의 특징 파악하기	전통 공예품에 대해 설명하기	• 동형-길래, 명이길래 • 동-기조차, 명조차
읽기	쓰기	
퓨전 한복에 대한 기사를 읽고 주장의 근거 파악하기	근거를 들어 주장하는 글 쓰기	• 동-는 가운데, 형-은 가운데 • 동-는 만큼, 형-은 만큼, 명인 만큼
듣기	말하기	
대중문화 예술인 인터뷰를 듣고 내용 파악하기	격식적인 인터뷰 하기	• 동-는답니다, 형-답니다, 명이랍니다 • 형-으나마, 명이나마
읽기	쓰기	
드라마 감상문을 읽고 인상적인 점 파악하기	감상문 쓰기	• 명을 바탕으로 • 동형-어서인지, 명이어서인지
듣기	말하기	
다큐멘터리를 듣고 과학 수사의 의의 파악하기	과학 기술 소개하기	• 명에 관하여 • 동-는 법이다, 형-은 법이다
읽기	쓰기	
김치냉장고에 대한 설명문을 읽고 용도 및 기능 파악하기	삶을 변화시킨 발명품에 대해 쓰기	• 동형-겠거니 하다, 명이겠거니 하다 • 동-기 나름이다, 명 나름이다

9

교육과 미래

- **9-1** 현 교육의 문제점
- **9-2** 미래의 교육

9-1	현 교육의 문제점	9-2	미래의 교육
듣기 1	조기 교육에 대한 강연을 듣고 문제점 파악하기	읽기 1	미래 학교에 대해 전망하는 글을 읽고 내용 파악하기
듣기 2	사교육에 대한 대담을 듣고 문제의 원인 파악하기	읽기 2	미래 교육에 대한 사설을 읽고 바람직한 방향 파악하기
말하기	문제점과 원인 설명하기	쓰기	제안하는 글 쓰기

9-1 현 교육의 문제점

1 여러분은 학교에서 어떤 과목을 공부했습니까?

2 여러분 나라에서 학생들이 가장 많은 시간을 들여 공부하는 과목은 무엇입니까?
그 이유는 무엇입니까?

주제 어휘 9-1

1 다음은 교육과 관련된 표현입니다. 알맞은 것을 연결하고 여러분 나라에도 이런 교육이 있는지 이야기해 보세요.

1) 한국 학생들은 초등학교, 중학교, 고등학교에서 여러 과목을 배워요. • • 사교육

2) 공부할 때 스스로 목표를 정하고 계획을 세워 공부해요. • • 공교육

3) 학생에게 내용을 이해하도록 하기보다는 외우게 해요. • • 인성 교육

4) 요즘은 고등학교 수학을 중학교 때 미리 공부하는 학생이 많아요. • • 조기 교육

5) 학생들은 학교가 끝난 후에 학원에 가서 수업을 들어요. • • 입시 위주 교육

6) 대학 입학시험에 필요한 과목을 중심으로 가르치고 있어요. • • 주입식 교육

7) 아이가 피아노에 흥미를 느껴서 네 살 때부터 피아노를 가르쳤어요. • • 선행 학습

8) 가장 중요한 교육은 사람으로서 가져야 할 사고와 태도에 대해 가르치는 거예요. • • 자기 주도 학습

우리 나라는 **공교육**이 잘되어 있어서 **사교육**을 받는 학생은 별로 없어요.

9-1. 현 교육의 문제점

2 아래 발표 자료에서 지적하고 있는 교육의 문제점은 무엇입니까?

교육의 문제점

- 학교 시설이 오래됨.
- 교사가 전문적이지 않음.
- 성적을 위한 경쟁이 심함.
- 사교육에 쓰는 비용이 해마다 늘고 있음.
- 사교육 때문에 학생들의 스트레스가 심함.
- 인성 교육이 부족함.
- 부모가 원해서 조기 교육을 받는 아이들이 많음.
- 입시를 위한 과목을 위주로 교육함.
- 학생들이 학교 수업보다 학원 수업에 더 의지함.

치열한 경쟁으로 **사교육비가 증가**해서 학부모의 부담이 커지고 있어요.

대학 입학에 **중점을 둔** 교육으로 인해 **공교육이 붕괴**되고 있어요.

공교육이 붕괴되다	사교육에 의존하다	사교육비가 증가하다	과도한 사교육을 받다
경쟁이 치열하다	교육열이 강하다	전문성이 부족하다	시설이 노후화되다
중점을 두다	뒷전으로 밀리다		

들어 보세요 1

준비

1. 여러분 나라에도 사교육이 있습니까?
   보통 몇 살에 처음 사교육을 받습니까?

2. 아이들은 어떤 방식의 사교육을 받습니까?

   학원   과외   학습지   인터넷 강의   ?

듣기   다음은 교육에 대한 강연입니다. 잘 듣고 질문에 답해 보세요.

중심 내용 파악하기

1. 강연자는 무엇에 대해 이야기하고 있습니까?

2. 강연자는 부모가 어떤 생각과 태도를 가져야 한다고 이야기하고 있습니까?

   | 모든 교육에는 _____ 가 있고 이른 _____ 은 _____. |

세부 내용 파악하기

3. 강연자는 문제의 원인을 무엇이라고 이야기하고 있습니까?

원인	문제
	어린아이들이 과도한 조기 교육을 받게 됨.

4. 어릴 때부터 사교육을 받으면 어떤 문제가 생길 수 있습니까?

   1) _____ 은 오히려 떨어지게 됨.

   2) _____ .

전략 익히기

5 강연자는 조기 교육과 선행 학습에 대해 어떤 태도를 가지고 있습니까?

① 부모의 열정적인 교육열에 대해 긍정적인 입장이다.
② 어린아이가 선행 학습 하는 것을 부정적으로 보고 있다.
③ 주도적으로 공부하는 아이들에 대해 문제의식을 가지고 있다.
④ 조기 교육으로 인해 교육의 미래가 밝을 것으로 전망하고 있다.

확장 활동하기

6 여러분은 조기 교육에 대해 어떻게 생각합니까? 왜 그렇게 생각합니까?

🎧 들어 보세요 2

준비

1 여러분 나라에서는 대학에 입학하려면 무엇이 필요합니까?

- 수학 능력 시험
- 면접 및 논술 시험
- 고등학교 성적
- 학업 외 활동
- ?

2 대학에 합격하려면 학교에서 배우는 것만으로도 충분합니까? 충분하지 않다면 무엇을 해야 합니까?

듣기 다음은 교육과 관련된 대담입니다. 잘 듣고 질문에 답해 보세요.

중심 내용 파악하기

1 이 대담에서는 무엇에 대해 이야기하고 있습니까?

세부 내용 파악하기

2 대담자들이 말하는 문제의 원인은 무엇입니까?

원인		문제
남자		
여자		사교육 의존도가 높아짐.

문법과 표현

동-느니 동-느니 (하다), 형-으니 형-으니 (하다), 명이니 명이니 (하다)   ☞ 4쪽

영어는 지금부터 시작해야 한다느니 수학 학원은 어디가 좋다느니 하는 말을 들으면 불안한 마음이 드는 것은 자연스러운 부모의 마음입니다.

3 대담자들의 생각으로 알맞은 것을 연결하세요.

- 남자 •
- 여자 •

- • 학력을 중시하는 사회이기 때문에 명문 대학에 가기 위한 입시 경쟁이 치열하다.
- • 공교육의 역할은 기본적인 지식을 가르치고 학생들이 올바른 사회 구성원이 되도록 교육하는 것이다.
- • 사교육을 받으면 빨리 성적을 올릴 수 있기 때문에 학생들은 사교육을 포기하기가 어렵다.
- • 학교에서는 인성 교육이 제대로 이루어지지 않고 있다.

추론하기

4 이후 이어질 대담의 주제로 알맞은 것을 고르세요.

① 사교육비 증가 원인
② 사교육 시장의 문제점
③ 사교육 문제의 해결 방법
④ 사교육과 공교육의 차이점

이야기해 보세요

1 여러분 나라 사람들은 공교육과 사교육 중 어떤 것을 더 신뢰합니까? 왜 그렇습니까?

2 사교육이 필요하다고 생각합니까? 필요하다면 사교육으로 어떤 과목을 배우면 좋을 것이라고 생각합니까? 필요하지 않다면 그 이유는 무엇입니까?

☐ 전혀 필요 없다   ☐ 별로 필요 없다   ☐ 보통이다   ☐ 어느 정도 필요하다   ☐ 반드시 필요하다

(국어) (영어) (수학) (사회) (과학) (음악) (미술) (체육)

문법과 표현

동-는 탓에, 형-은 탓에, 명 탓에   ☞ 4쪽
저는 공교육이 붕괴된 탓에 사교육비가 지속적으로 늘고 있다고 생각합니다.

말하기 (Speaking 9-1)

🎤 교육과 관련된 문제를 설명하고 그 원인을 말해 보세요.

준비해 보세요

1 한국 교육에는 어떤 문제점이 있습니까?

2 한국 교육의 문제점 중 '과도한 사교육'과 '조기 교육 열풍'의 실태와 원인에 대해 생각해 보세요.

과도한 사교육

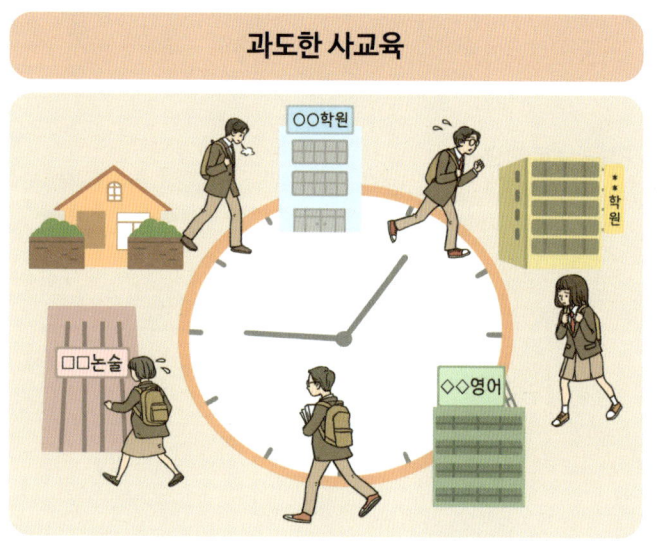

- 사교육비 증가
- 사교육에 의존
- 학력 중시 분위기
- 공교육의 붕괴

조기 교육 열풍

- 어릴 때부터 치열한 경쟁
- 3세부터 선행 학습
- 강한 교육열
- 부모의 불안감

표현을 연습해 보세요

1 다음은 문제점과 실태를 설명할 때 사용하는 표현입니다. 다음 표현을 사용하여 '준비해 보세요' 2번에서 생각한 내용에 대해 이야기해 보세요.

> **문제점과 실태 설명하기**
> ▶ 문제를 제시하고 그 문제에 대해 자세히 설명합니다.
>
> - 가장 큰 문제는 …입니다
> - …는 상황입니다
> - 심각한 것은 …다는 것입니다

1) 우리나라 교육의 **가장 큰 문제는** 과도한 **사교육입니다**. 해마다 사교육비는 증가하고 있고, 주말도 없이 밤늦은 시간까지 학원에 다니고 과외를 받으며 고통받는 학생들이 너무 **많은 상황입니다**.

1) 과도한 사교육
   - 가장 큰 문제는 과도한 사교육임.
   - 해마다 사교육비는 증가하고 있고 고통받는 학생들이 많음.

2) 조기 교육 열풍
   -
   -

2 다음은 문제의 원인을 설명할 때 사용하는 표현입니다. 다음 표현을 사용하여 '준비해 보세요' 2번에서 생각한 내용에 대해 이야기해 보세요.

> **원인 설명하기**
> ▶ 문제가 생긴 원인에 대해 이야기합니다.
>
> - …의 원인은 …에 있습니다
> - …으로 인해 …게 됐습니다
> - …은 …는 탓입니다

1) 과도한 **사교육의 원인은** 학력을 중시하는 사회 **분위기에 있습니다**. 이러한 **분위기로 인해** 학생들은 명문 대학에 가기 위해서 치열한 경쟁을 **하게 됐습니다**.

1) 과도한 사교육
   - 학력을 중시하는 사회 분위기
   - 학생들은 명문 대학에 가기 위해 치열한 경쟁을 함.

2) 조기 교육 열풍
   -
   -

말하기 (Speaking) 9-1

이야기해 보세요

1 여러분 나라에서 가장 심각한 교육의 문제점은 무엇입니까?

- 과도한 사교육
- 조기 교육 열풍
- 입시 위주 교육
- 공교육 붕괴
- ?

2 그 문제의 원인은 무엇이라고 생각합니까?

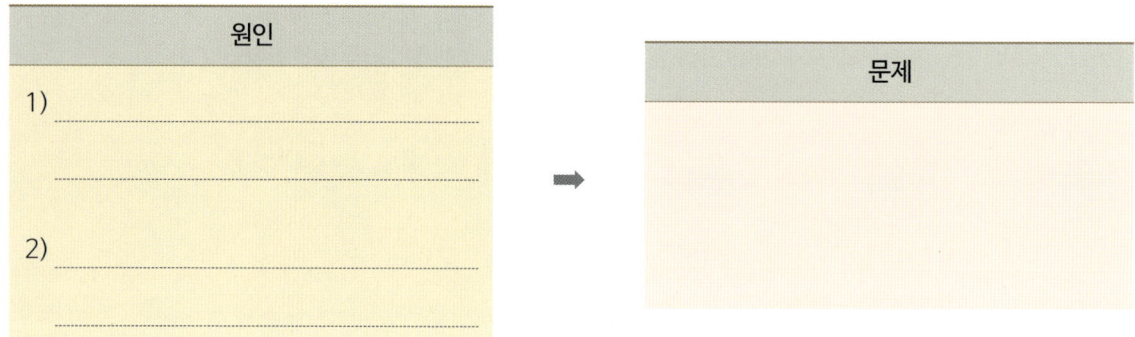

원인	→	문제
1)		
2)		

3 여러분 나라에서 나타나는 교육의 문제점과 그 원인에 대해 보기와 같이 메모해 보세요.

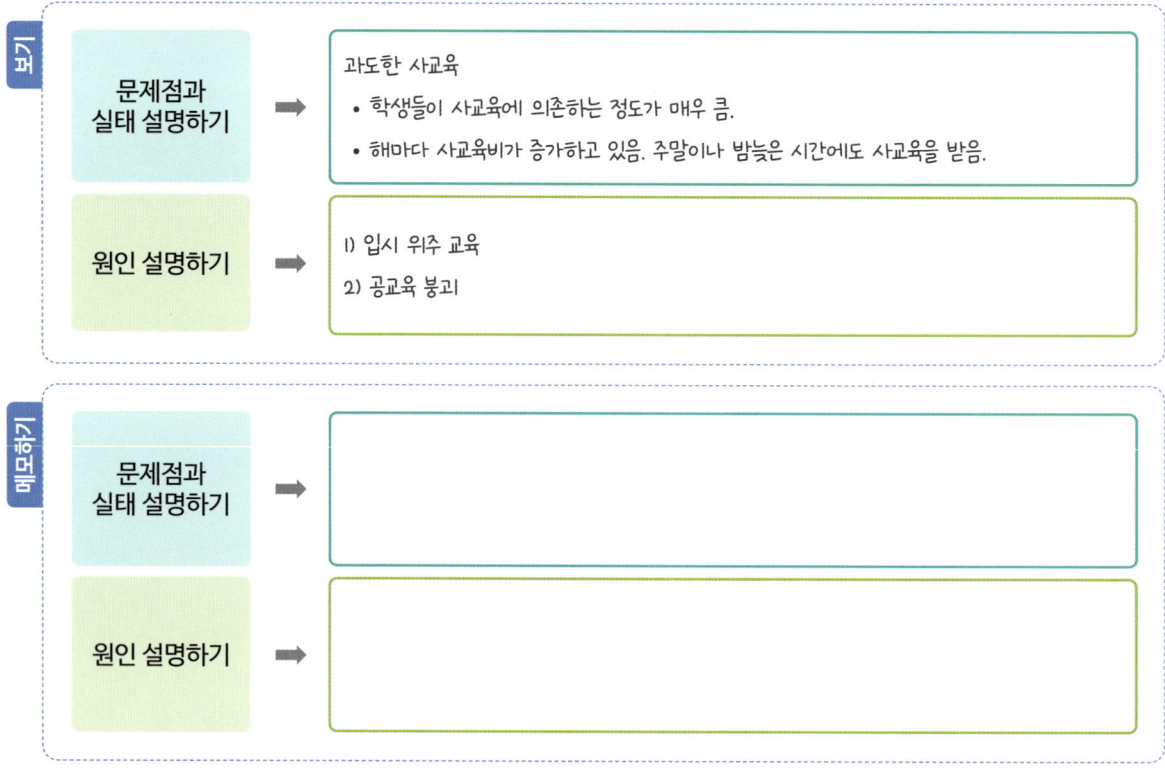

보기

문제점과 실태 설명하기 → 과도한 사교육
- 학생들이 사교육에 의존하는 정도가 매우 큼.
- 해마다 사교육비가 증가하고 있음. 주말이나 밤늦은 시간에도 사교육을 받음.

원인 설명하기 →
1) 입시 위주 교육
2) 공교육 붕괴

메모하기

문제점과 실태 설명하기 →

원인 설명하기 →

4 메모한 내용을 바탕으로 친구들에게 이야기해 보세요.

<보기>

문제점과 실태 설명하기

우리나라 교육의 가장 큰 문제는 과도한 **사교육**이라고 할 수 있습니다. 사교육에 대한 학생들의 의존도가 매우 높은 것이 현실인데요. 해마다 사교육비는 계속 증가하고 있으며, 주말도 없이 밤늦은 시간까지 학원에 다니고 과외를 받는 학생들에 대한 뉴스를 접하는 것은 이제 익숙한 일이 되었습니다.

원인 설명하기

과도한 **사교육의 첫 번째 원인은 입시 위주의 교육에 있습니다.** 예전부터 우리나라는 학력을 중시했고, 교육에서 입시가 큰 비중을 차지해 왔습니다. 이런 사회 분위기 속에서 학생들은 명문 대학에 가기 위해 경쟁할 수밖에 없고, 치열한 입시 경쟁에서 이기기 위해서 사교육을 받게 되는 것입니다.

또한 학부모와 학생들이 사교육에 의존하게 된 **것은** 공교육이 무너진 **탓이라고 생각합니다.** 우리나라 공교육은 현재 실생활에서 필요한 지식이 아닌 과거에 가르쳤던 지식을 교육하고 있습니다. 또한 입시와 관련된 과목을 중점적으로 교육하다 보니 인성 교육 등 다른 교육은 충분히 이루어지지 못합니다. 공교육이 공교육만의 차별화된 교육을 제공하지 못하고 있기 때문에 학생들이 사교육에 더 의존하게 되었다고 생각합니다.

9-2 미래의 교육

1. 사람들이 바라는 미래 학교는 어떤 곳입니까?

2. 여러분은 미래의 학교가 지금과 달라지기를 원합니까? 어떻게 달라지기를 바랍니까?

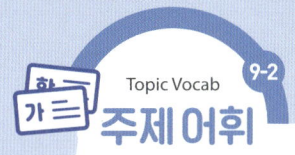

1 다음은 교육에 대해 바라는 점입니다. 관련 있는 표현을 모두 골라 써 보세요.

1)  집에서 온라인으로 듣는 수업도 하고 학교에 가서 듣는 수업도 같이 하고 싶어요.

원격 수업, 병행하다

2)  수업 시간에 인터넷으로 **정보를 찾**는 등 적극적으로 **노트북이나 스마트폰을 사용**하면 좋겠습니다.

3)  **실제로 해 보는 수업**이 많았으면 좋겠어요. 예를 들면 식물을 키우거나 동물을 **자세히 살펴보는** 수업이요.

4)  친구들과 경쟁하기보다는 **서로 도우면서** 공부할 수 있는 **환경을 만들어** 주세요.

5)  학생들 각자의 **특성을 인정해 줄** 뿐만 아니라 **개인의 능력이나 수준에 맞는 수업도** 제공했으면 해요.

6)  학교에 여러 **최신 과학** 기술을 들여와 수업 시간에 그 **기술을 충분히 이용할** 수 있기를 바랍니다.

7)  숙제나 발표에 대해서 **선생님이나 친구들의 의견도** 듣고 자유롭게 이야기도 나누고 싶습니다.

8)  선생님이 일방적으로 가르쳐 주시는 수업보다는 발표나 토의 등 **학생들의 참여로 이루어지는 수업**이면 좋겠어요.

9)  책에서 배운 내용을 **가상 현실 기기를 통해서 경험해** 보고 싶어요.

10)  교육의 목표가 **학생들을 지식이나 능력을 갖춘 사람으로 기르는** 데 있었으면 해요.

원격 수업	체험 학습	개인별 맞춤 학습	학습자 중심 교육
관찰하다	병행하다	협업하다	피드백을 받다
인재를 양성하다	환경을 조성하다	정보를 검색하다	다양성을 존중하다
기술을 활용하다	가상 현실을 체험하다	디지털 기기를 사용하다	첨단 기술을 도입하다

읽기

읽어 보세요 1

준비

1 다음은 다양한 형태의 기술을 보여 주는 사진입니다. 각각의 기술에 대해 알고 있는 것을 이야기해 보세요.

가상 현실

홀로그램

사물 인터넷

2 미래 학교에서 많이 사용하게 될 기술은 무엇이라고 생각합니까? 왜 그렇게 생각합니까?

읽기 다음은 미래 학교에 대해 전망하는 글입니다. 글을 읽고 질문에 답해 보세요.

미래 학교의 모습

미래의 학교는 어떤 모습일까? 전문가들은 21세기에 등장한 다양한 기술이 교육 현장에 도입됨으로써 교실의 기능, 교사의 역할, 수업의 형태 등 교육과 학교 전반에 획기적인 변화가 있을 것으로 전망한다.

◆ 교실은?

교실은 학생들이 교사의 설명을 듣기 위해 모이는 장소에서, 함께 정보를 검색하고 가상 현실을 체험하는 공간으로 변화할 것이라 기대된다. 사물 인터넷 기술과 실감 미디어 기술이 도입된 교실에서는 필요한 정보를 손쉽게 검색할 수 있을뿐더러 바닷속이나 국제 우주 정거장과 같이 직접 가 볼 수 없는 곳도 현실감 있게 체험할 수 있을 것이다. 또한 홀로그램 기술을 사용하여 공룡처럼 사라졌거나 직접 보기 어려운 동식물을 교실에서 생생하게 관찰할 수 있게 될 것이다.

◆ 교사는?

교사의 역할에도 큰 변화가 있을 것으로 예측된다. 인공 지능 기술과 빅 데이터 기술을 활용하여 개발된 학습 도우미 로봇이 학생의 이해력, 학습 속도 등을 분석함으로써 맞춤 학습이 이루어지도록 지원할 것이다. 그러므로 미래의 교사는 지식을 전달하는 역할 대신, 학생들이 스스로 가치 있는 문제를 발견하고 해결할 수 있도록 도와주는 역할을 할 것이라 생각된다.

◆수업은?

교실의 기능과 교사의 역할이 달라진다면 수업의 형태도 지금과는 큰 차이가 있을 것으로 예상된다. 현재 주된 수업 형태는 교실에서 학생들이 교사의 설명을 듣는 것이지만, 미래의 수업은 원격 통신 기술의 발달로 온라인과 오프라인 수업이 병행되어 이루어질 것이다. 기초 지식을 습득하기 위한 수업은 원격 수업으로 진행되고 실험이나 체험 등의 활동이 필요한 **경우에 한하여** 등교 수업이 이루어질 것으로 보인다.

중심 내용 파악하기

1 무엇에 대해 이야기하고 있습니까?

2 전문가들은 미래 학교에 어떤 변화가 있을 것이라고 이야기하고 있습니까?

세부 내용 파악하기

3 기술 발전에 따른 학교 모습의 변화를 표로 정리해 보세요.

학교의 모습	기술 발전		변화
교실의 기능	• 사물 인터넷 • 실감 미디어 • 홀로그램	현재	교사의 설명을 듣기 위해 모이는 장소
		미래	
교사의 역할	• 인공 지능 • 빅 데이터 • 학습 도우미 로봇	현재	
		미래	
수업의 형태	• 원격 통신 기술	현재	
		미래	

확장 활동하기

4 이 글과 비교하여 여러분이 생각하는 미래 학교의 모습에 대해서 이야기해 보세요.

교실은?   교사는?   수업은?

문법과 표현

명 에 한하여   ☞ 5쪽

기초 지식을 습득하기 위한 수업은 원격 수업으로 진행되고 실험이나 체험 등의 활동이 필요한 경우에 한하여 등교 수업이 이루어질 것이다.

읽어 보세요 2

준비

1 4차 산업 혁명은 어떤 변화를 의미합니까?

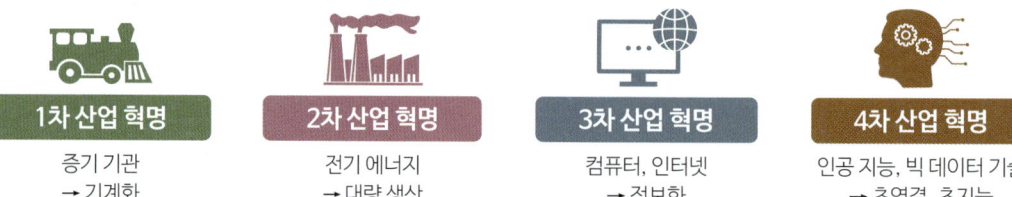

2 4차 산업 혁명 시대에 학생들은 학교에서 무엇을 배워야 한다고 생각합니까? 왜 그렇게 생각합니까?

언어 지식 / 과학 지식 / 창의성 / 협업하는 방법 / 디지털 기기 활용법 / ?

읽기 다음은 미래 교육에 대한 사설입니다. 글을 읽고 질문에 답해 보세요.

학교가 디지털 친화 환경으로 변화해야

가 문명의 역사를 볼 때 석기, 청동기, 철기 시대와 같은 구분은 인간이 무엇을 사용했는가에 초점을 둔다. 인류는 도구를 사용해 문명을 발전시켜 왔다. 현시대는 인간이 디지털 기기를 사용함으로써 다시 한번 문명의 전환을 이루는 시기라 할 수 있다. 당장 우리 생활을 들여다보면 장을 보고, 은행 업무를 처리하고, 병원 예약을 하는 등 대부분의 일에 스마트폰이나 노트북 등의 디지털 기기를 사용한다. 이렇게 빠른 속도로 변화하는 생활을 보면 우리가 새로운 문명의 시대를 살아가고 있음을 실감하게 된다. 그렇다면 이러한 시대에 교육은 어떻게 이루어져야 할까?

나 우리 사회의 여러 분야에서는 아직도 새로운 시대에 맞지 않는 모습을 많이 볼 수 있다. 가장 심각한 분야가 바로 교육이다. 스마트폰이나 태블릿 피시 등의 디지털 기기를 많이 사용하면 중독된다느니 뇌에 안 좋은 영향을 미칠 수 있다느니 하며 디지털 기기의 부작용에만 집중한다. 학교에서는 학생들이 개인 디지털 기기를 꺼내지 못하게 한다. 이런 환경 속에서 교육의 자리를 차지하는 것은 과거부터 지속되어 온 입시 위주의 주입식 교육이다. 하지만 암기에 중점을 둔 주입식 교육으로 대학에 가고 취직을 한다 하더라도 이렇게 빠르게 변화하는 시대에 제대로 된 역할을 할 수 있을까? 디지털 기기를 활용하여 필요한 정보를 찾거나 자신의 생각을 다른 사람들과 공유하고 소통하는 것은 미래 인재에게 꼭 필요한 능력이다. **늦은 감이 있지만** 지금이라도 디지털 기기 사용에 대한 부정적인 인식을 바꿔야 한다.

다 교사는 학교에 도착한 학생들이 개인 스마트폰이나 태블릿 피시, 노트북 등의 디지털 기기를 모두 꺼내어 마음껏 사용하도록 해야 한다. 학생들이 디지털 기기를 사용하게 되면 교사의 일방적인 강의식 수업에서 벗어날 수 있다. 수업 시간에 학생들은 정보를 검색해 그 내용을 근거로 자신의 의견을 이야기하고, 같은 조 친구들과 협업하여 결과물을 완성할 수 있다. 또 그 결과물을 다른 조와 바로 공유하여 서로 피드백을 줄 수도 있을 것이다. 학교는 이러한 이상적인 수업이 이루어지도록 디지털 친화적인 환경을 적극 조성해야 한다.

라 미래 사회는 우리가 현재 느끼는 것보다 훨씬 더 복잡하고 그 변화를 예측하기 어려울 것이다. 그러므로 지금과 같은 교육으로는 학생들이 미래 사회를 이끌기는커녕 따라가기도 버거울 것이 분명하다. 새로운 시대에 맞는 인재 양성을 목표로 하여 지금의 교육 현장이 미래 지향적 현장으로 변화하기를 기대한다.

중심 내용 파악하기

1 이 글에서 주장하는 것은 무엇입니까?

학교가 _____ 을 바꾸고 _____ 을 조성해야 한다.

개요 파악하기

2 가~라의 중심 내용을 연결하세요.

- 가 • — • 학교의 바람직한 방향
- 나 • — • 디지털 시대로의 전환
- 다 • — • 새로운 시대에 맞지 않는 학교
- 라 • — • 교육 현장의 변화를 희망

세부 내용 파악하기

3 글쓴이가 생각하는 현재 학교 교육의 문제점은 무엇입니까?

4 글쓴이가 생각하는 미래 인재에게 꼭 필요한 능력은 무엇입니까?

5 글쓴이는 디지털 기기를 사용하여 어떤 수업이 이루어져야 한다고 이야기하고 있습니까?

- 수업 시간에 정보를 검색하고 검색한 내용을 근거로 자신의 의견을 이야기함.
- _____.
- _____.

이야기해 보세요

1 여러분은 수업 시간에 디지털 기기를 사용합니까? 디지털 기기의 사용이 학습에 어떤 도움을 줍니까?

2 여러분 나라에서는 교실 환경이 어떻게 변화하고 있습니까?

문법과 표현

동-는 감이 있다, 형-은 감이 있다 ☞ 5쪽

늦은 감이 있지만 지금이라도 디지털 기기 사용에 대한 부정적인 인식을 바꿔야 한다.

쓰기

📄 미래 인재 양성을 위해 제안하는 글을 써 보세요.

준비해 보세요

1 창의력이나 디지털 기기 활용 능력이 미래 사회에서 필요한 능력이라고 생각합니까? 왜 그렇게 생각합니까?

2 학생들의 창의력이나 디지털 기기 활용 능력을 길러 주기 위해서는 학교에서 어떤 교육이 이루어져야 한다고 생각합니까?

학교에서 디지털 기기를 사용하도록 장려해야 한다.

학생들이 협업을 통해 문제를 해결하는 기회가 많아야 한다.

학생들이 실제로 경험하는 체험 수업을 늘려야 한다.

표현을 연습해 보세요

1 다음은 미래 인재상을 설명할 때 사용하는 표현입니다. 다음 표현을 사용하여 '준비해 보세요' 1번에서 말한 내용에 대해 이야기해 보세요.

> **미래 인재상 설명하기**
> ▸ 미래 인재에게 필요한 능력을 설명하고 그 능력이 필요한 이유를 설명합니다.
>
> • 미래 인재가 갖춰야 할 능력으로 …을 꼽을 수 있다
> • …는 능력을 갖춰야 하다

1) **미래 인재가 갖춰야 할 능력으로 창의력을 꼽을 수 있다.** 4차 산업 혁명 시대에는 배운 내용을 암기하여 짧은 시간 안에 정답을 맞히는 능력이 더 이상 의미를 갖지 못할 것이며, 창의력을 발휘하여 다양한 시각으로 문제를 **바라보는 능력을 갖춰야 할 것이다.**

1) 창의력
   - 미래 인재는 창의력을 갖춰야 함.
   - 짧은 시간 안에 정답을 맞히는 능력은 의미 없으며 다양한 시각으로 문제를 바라보는 능력을 갖춰야 함.

2) 디지털 기기 활용 능력
   -
   -

2 다음은 바람직한 방향을 제안할 때 사용하는 표현입니다. 다음 표현을 사용하여 '준비해 보세요' 2번에서 말한 내용에 대해 이야기해 보세요.

바람직한 방향 제안하기
▶ 미래 인재에게 필요한 능력을 키우기 위한 바람직한 교육 방향을 제안합니다.

- …기 위해서는 …는 것이 바람직하다
- …을 수 있도록 …어야 하다
- …을 필요가 있다

1) 창의력을 기르는 교육이 **이루어지기 위해서는** 지금의 수업 방식을 학생 중심으로 **전환하는 것이 바람직하다**. 창의력은 학생들이 마음껏 상호 작용하며 의견을 나눌 때 길러질 수 있기 때문이다.

1) 창의력
   - 수업 방식을 학생 중심으로 전환해야 함.

2) 디지털 기기 활용 능력
   -

써 보세요

1 미래 사회의 인재에게는 어떤 능력이 필요할까요? 왜 그렇게 생각합니까?

- 창의력
- 협업 능력
- 비판적 사고력
- 소통 능력
- ?

2 미래 사회의 인재를 양성하기 위해 학교에서는 어떤 교육이 이루어져야 한다고 생각합니까?

- 학습자 중심 교육
- 온·오프라인 병행 수업
- 개인별 맞춤 학습
- 체험 학습
- 첨단 기술 활용
- ?

Writing 쓰기 9-2

3 미래 인재에게 필요한 능력과 바람직한 교육 방향에 대해 보기와 같이 개요를 써 보세요.

보기

미래 인재상 설명하기	• 창의력을 갖춰야 함.
바람직한 방향 제안하기	• 학생 중심의 수업으로 전환되어야 함. • 교사는 교실이 학생들이 서로 마음껏 상호 작용 하며 창의적인 의견을 나누는 공간으로 구성되도록 노력해야 함.

개요 짜기

미래 인재상 설명하기	
바람직한 방향 제안하기	

4 개요를 바탕으로 미래 인재 양성을 위해 제안하는 글을 완성해 보세요.

쓰기

제목	미래 인재 양성을 위한 교육	
서론	최근 뉴스나 책에서 많이 등장하는 단어 중 하나가 '4차 산업 혁명'이다. 인간은 1~3차의 산업 혁명을 거칠 때마다 정치, 경제, 사회 분야의 획기적인 변화에서 살아남기 위해 노력하고 적응하며 발전해 왔다. 현재 진행되고 있는 4차 산업 혁명 시대에도 그에 걸맞은 능력을 갖춰야만 변화에서 살아남을 수 있을 것이다.	
본론	그렇다면 미래 사회에서 인간은 어떤 능력을 갖춰야 할까?	미래 인재상 설명하기
		바람직한 방향 제안하기
결론	미래 사회는 우리가 현재 느끼는 것보다 훨씬 더 복잡하고 그 변화를 예측하기 어려울 것이다. 다만 분명한 것은 지금과 같은 교육으로는 학생들이 미래 사회를 이끌기는커녕 따라가기도 버거울 것이 분명하다. 새로운 시대에 맞는 인재 양성을 목표로 교육 환경이 변화하기를 기대한다.	

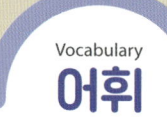

9-1. 현 교육의 문제점

주제 어휘

경쟁(競爭)이 치열(熾烈)하다
같은 목적에 대하여 이기거나 앞서려고 서로 겨룸이 몹시 강하다.
두 방송사 간에 시청률 경쟁이 치열하다.
competition be fierce

공교육(公敎育)
명 국가가 제도적으로 시행하는 제도권 내 교육.
정부에서는 공교육의 비정상화를 막기 위한 획기적인 방안을 발표했다.
public education

공교육(公敎育)이 붕괴(崩壞)되다
국가가 제도적으로 시행하는 제도권 안의 교육이 무너지고 깨어지다.
한국 교육은 공교육이 붕괴되는 위기 상황에 놓여 있다.
public education be collapsed

과도(過度)한 사교육(私敎育)을 받다
정도에 지나친 사교육을 받다.
과도한 사교육을 받음으로써 아이들의 정신 건강에 문제가 생길 수 있다.
to receive excessive private education

교육열(敎育熱)이 강(强)하다 [교:융녈]
교육에 대한 열정이 강하다.
학생들은 교육열이 강한 선생님 덕분에 열심히 공부했다.
to have a strong passion for education

뒷전으로 밀리다 [뒤쩐/뒫쩐]
나중의 차례로 뒤처지게 되다.
어려서부터 나는 모든 일에서 형보다 뒷전으로 밀렸다.
to put something on the back burner

사교육(私敎育)
명 공교육을 보충하기 위하여 제도권 밖에서 하는 교육.
지나친 사교육으로 인해 우울감을 느끼는 청소년이 늘고 있다.
private education

사교육비(私敎育費)가 증가(增加)하다 [사교육삐]
공교육비 이외에 학부모가 교육을 위하여 추가로 지출하는 비용이 늘다.
교재비, 학원비, 과외비 등의 사교육비가 증가하고 있다.
private education costs increase

사교육(私敎育)에 의존(依存)하다
공교육을 보충하기 위해 제도권 밖의 교육에 의지하다.
학생들이 사교육에 의존하지 않고 공교육만으로 충분하다고 느끼도록 제도를 개선해야 할 것이다.
to rely on private education

선행(先行) 학습(學習)
정규 과정보다 먼저 배우고 익히는 일.
너무 빠른 선행 학습은 오히려 학교생활에 흥미를 느끼는 데 방해가 될 수 있다.
head start learning

시설(施設)이 노후화(老朽化)되다
도구, 기계, 장치 등의 설비가 오래되거나 낡아지다.
그 지역에 있는 건물들은 시설이 노후화되어 무너질 위험이 높은 것으로 알려졌다.
facility be aging

인성(人性) 교육(敎育)
사람이 올바른 성품을 가질 수 있도록 가르치는 교육.
국민들 사이에서 입시 교육보다는 인성 교육을 해야 한다는 목소리가 높아지고 있다.
character education

입시(入試) 위주(爲主) 교육(敎育)
많은 것 가운데 입학시험을 가장 중요한 것으로 여기는 교육.
입시 위주 교육은 청소년의 균형 잡힌 성장을 방해한다.
entrance exam-oriented education

자기(自己) 주도(主導) 학습(學習)
자기 스스로 목표와 계획을 세워 배우고 익히는 일.
초등학교 때부터 자기 주도 학습을 하는 습관을 들이는 것이 좋다.
self-directed learning

전문성(專門性)이 부족(不足)하다
특정 분야에 관한 지식과 경험이 기준에 미치지 못해 충분하지 않다.
그 연구원은 아직 신재생 에너지에 대한 전문성이 부족하다.
expertise be lacking

조기 교육(早期敎育)
초등학교에 들어가기 이전의 어린이를 대상으로 일정한 교과 과정에 따라 실시하는 교육.
영어 조기 교육에 대한 사람들의 생각이 찬반으로 나뉜다.
early education

주입식(注入式) 교육(敎育)
기억과 암기를 기본으로 하여 기계적으로 지식을 넣어 주는 교육.
주입식 교육으로는 창의성을 키울 수 없다.
cramming education

중점(重點)을 두다 [중쩜]
어떤 것을 가장 중요하게 생각해야 할 점으로 여기다.
새로 온 감독은 수비보다 공격에 중점을 두었다.
to put an emphasis

듣기

들어 보세요 1

과목(科目)
명 가르치거나 배워야 할 지식을 분야에 따라 나눈 갈래.
학교 다닐 때 가장 좋아하던 과목은 수학이었다.
subject

국어(國語)
명 우리나라의 언어.
국어 선생님이 되는 것은 그의 오랜 꿈이었다.
Korean Language

글자(글字) [글짜]
명 말을 적는 일정한 체계의 기호.
나는 다섯 살 때부터 글자를 익혔다.
letters

너나없이 [너나업씨]
부 너와 나를 구별할 것 없이 모두.
선수가 골을 넣자 사람들은 너나없이 소리를 질렀다.
everyone

뒤처지다
동 어떤 수준이나 무리에 들지 못하고 뒤떨어지다.
그는 심장이 약해 친구들보다 걸음이 뒤처진다.
to fall behind

셈
명 수를 세는 일.
돈이 모자랄지 모르니 셈을 해 보세요.
count

소장(所長)
명 연구소 등 '소(所)'라고 이름 붙인 곳에서 지위가 가장 높은 사람.
그는 한국의 사회 문화를 연구하는 연구소에서 소장으로 일해 왔다.
director

시기(時機)
명 적당한 때나 기회.
저는 여자 친구와 적당한 시기에 결혼하려고 합니다.
moment

열풍(烈風)
명 매우 세게 일어나는 기운이나 현상을 비유적으로 이르는 말.
우리나라에서도 조기 교육 열풍이 불고 있다.
craze

예체능(藝體能)
명 예능과 체육을 함께 이르는 말.
예체능 과목 교사를 새로 뽑을 예정이다.
Arts and Physical Education

이르다
형 기준을 잡은 때보다 앞서거나 빠르다.
시험이 이틀이나 남았으니 아직 포기하기엔 이르다.
to be early

잠재(潛在)되다
동 겉으로 드러나지 않고 속에 숨겨져 있다.
교사는 학생의 잠재된 능력이 드러나도록 충분한 기회를 주어야 한다.
to be latent

정서(情緖)
명 사람의 마음에 일어나는 여러 가지 감정.
그는 자연 속에서 체험했던 정서를 시로 썼다.
emotion

들어 보세요 2

구성원(構成員)
명 어떤 조직이나 단체를 이루고 있는 사람.
그 모임은 구성원의 과반수가 여성이다.
member

명문(名門)
명 세상에 알려진 좋은 학교.
명문 대학 출신이라고 해서 능력이 뛰어난 것은 아니다.
prestigious school

비중(比重)
명 다른 것과 비교할 때 차지하는 중요도.
대도시의 중요한 교통수단에서 지하철이 차지하는 비중이 점점 높아져 간다.
importance

올바르다
형 말이나 생각, 행동 등이 규칙으로 정해 놓은 것에서 벗어남 없이 옳고 바르다.
그는 단어를 올바르게 사용한다.
to be correct

의존도(依存度)
명 다른 것에 의지하여 생활하거나 존재하는 정도.
석유에 대한 경제적 의존도를 줄여야 한다.
dependency

학력(學歷) [항녁]
명 학교를 다닌 경력.
이 일은 중학교 졸업 정도의 학력이면 누구나 할 수 있다.
level of education

9-2. 미래의 교육

주제 어휘

가상 현실(假想現實)을 체험(體驗)하다
현실이 아닌데도 실제처럼 생각하고 보이게 하는 현실을 직접 경험하다.
통신 기기 전시회에서 관람객들은 첨단 기기를 이용하여 가상 현실을 체험할 수 있다.
to experience virtual reality

개인별(個人別) 맞춤 학습(學習)
개인마다 자신의 수준이나 상황에 맞게 배우고 익히는 일.
개인별 맞춤 학습을 통해 학습자는 자신의 수준에 맞는 공부를 할 수 있다.
individualized learning

관찰(觀察)하다
동 사물이나 현상을 주의하여 자세히 살펴보다.
현미경으로 세포 조직을 관찰한다.
to observe

기술(技術)을 활용(活用)하다
기술을 충분히 잘 이용하다.
요즘 선진국 창업 시장에서 아이티(IT) 기술을 활용한 레스토랑이 인기를 끌고 있다.
to utilize technology

다양성(多樣性)을 존중(尊重)하다 [다양썽]
모양, 빛깔, 형태, 양식 등 다양한 특성을 귀중하게 여기다.
개개인의 다양성을 존중하는 사회가 바람직한 사회라고 생각한다.
to respect diversity

디지털 기기(機器/器機)를 사용(使用)하다
음성, 영상, 문자 등을 디지털 신호로 다루는 기계를 사용하다.
디지털 기기를 사용하여 게임을 하거나 음악을 듣는 사람이 많다.
to use digital devices

병행(竝行)하다
동 둘 이상의 일을 한꺼번에 행하다.
공부와 일을 병행하기가 쉽지 않다.
to juggle

원격(遠隔) 수업(授業)
멀리 떨어져 있는 상태에서 이루어지는 수업.
등교 수업과 온라인으로 하는 원격 수업을 병행하고자 하는 교사가 많다.
remote lecture (class)

인재(人材)를 양성(養成)하다
어떤 일을 할 수 있는 학식이나 능력을 갖춘 사람을 가르쳐서 길러 내다.
할아버지는 학교를 세워 인재를 양성하는 일을 하셨다.
to foster talented people

정보(情報)를 검색(檢索)하다
컴퓨터나 책에서 정보를 찾아내다.
인터넷으로 국회 도서관에 있는 책과 논문에 대한 정보를 검색할 수 있다.
to search for information

첨단(尖端) 기술(技術)을 도입(導入)하다
수준이 높고 앞선 과학 기술을 들여오다.
요즘은 첨단 기술을 도입하여 한옥을 짓는 사람이 늘고 있다.
to introduce advanced technology

체험(體驗) 학습(學習)
교실 밖에서 자기가 직접 겪으며 배우고 익히는 일.
학생들은 체험 학습을 하려고 박물관이나 미술관을 많이 찾는다.
field trip

피드백을 받다
학생이 학습 행동에 대한 반응이나 평가를 받다.
작문 숙제에 대해 좋은 피드백을 받았다.
to receive feedback

학습자(學習者) 중심(中心) 교육(敎育)
배우는 사람이 매우 중요하고 기본이 되는 교육.
교육 제도가 학습자 중심 교육으로 바뀌고 있다.
learner-centered education

협업(協業)하다
통 많은 사람들이 힘을 합해 일하다.
이번 프로젝트는 기업과 학교가 협업하여 진행된다.
to collaborate

환경(環境)을 조성(造成)하다
특정한 자연적 조건이나 사회적 상황을 만들다.
창의력이 최대한 발휘될 수 있는 교육 환경을 조성하고 있다.
to foster an environment

읽기

읽어 보세요 1

공룡(恐龍) [공농]
명 오래전에 사라진, 몸이 거대한 파충류.
매우 심한 추위가 지속되어 공룡이 멸종됐다는 주장이 있다.
dinosaur

빅 데이터
다양한 대규모의 데이터를 빠르게 분석하여 여러 분야에 활용하는 기술.
기업들은 빅 데이터를 활용할 수 있는 기초를 마련하기 위해 애쓰고 있다.
big data

사물(事物) 인터넷
인터넷을 통해 개별 사물들끼리 정보를 주고받는 기술.
'4차 산업 혁명'을 대표하는 과학 기술로 사물 인터넷, 인공 지능 등을 꼽을 수 있다.
Internet of Things (IoT)

실감(實感)
명 실제로 체험하는 느낌.
작가는 이곳의 절경을 실감 나게 묘사했다.
realism

전반(全般)
명 어떤 일이나 부문에 대하여 그것과 관계되는 전체.
교수들은 토론회에서 교육 전반의 문제점에 대해 활발하게 토론했다.
overall

정거장(停車場)
명 버스나 열차가 일정하게 머무르도록 정해진 장소.
부모님을 맞으러 정거장에 나갔다.
station

지원(支援)하다
통 지지하여 돕다.
정부에서 생활이 어려운 사람들을 위해 여러 복지 사업을 지원하기로 결정했다.
to aid

홀로그램
명 빛과 사진 기술에 의해 만들어지는 3차원의 이미지.
빛을 주제로 한 전시회에는 다양한 3D 홀로그램 작품이 전시되어 있다.
hologram

획기적(劃期的)
관 명 어떤 과정이나 분야에서 완전히 새로운 시기를 열어 놓을 만큼 뚜렷이 구분되는 (것).
새로 만든 안전벨트는 운전자의 안전성을 획기적으로 높여 주었다.
innovative

읽어 보세요 ②

결과물(結果物)
명 어떤 일 등을 끝내며 만들어 낸 물질적인 성과.
그 수업의 결과물로 나온 아이들의 작품은 나에게 놀라움을 안겨 주기에 충분했다.
outcome

문명(文明)
명 인류가 이룩한 물질적·기술적·사회 구조적인 발전.
기계 문명은 생활에 편리를 제공했다.
civilization

버겁다
형 어떤 일을 하는 데 능력이 미치지 못해 힘들다.
이 많은 일을 나 혼자 다 하기에는 너무 버겁다.
to be too much for

석기(石器)
명 돌로 만든 여러 가지 생활 도구.
공사 현장에서 석기 시대의 유물이 발견되었다.
stoneware

이상적(理想的)
관 생각할 수 있는 범위 안에서 가장 완전하다고 여겨지는 (것).
그는 꾸준히 운동을 해서 신체가 이상적으로 균형이 잡혀 있다.
ideal

일방적(一方的)
관 명 어느 한쪽으로만 치우친 (것).
교사의 일방적인 정보 전달보다는 학생이 참여하는 수업으로 미래 교육의 방향을 바꿔야 한다.
one-way

장려(獎勵)하다 [장녀하다]
동 좋은 일에 힘쓰도록 격려하다.
회사에서는 직원들의 독서를 장려하기 위해 책을 사는 데 쓴 비용을 지원해 주고 있다.
to encourage

전환(轉換)
명 다른 방향이나 상태로 바뀌거나 바꿈.
주말에 야외로 나가 기분 전환을 했다.
change

조(組)
명 일정한 목적을 위하여 만들어진, 적은 사람들의 집단.
8조 선수들 출발 준비하십시오.
group

증기 기관(蒸氣機關)
수증기가 가진 열에너지를 운동 에너지로 바꿔 주는 기계 장치.
증기 기관으로 움직이는 철도 차량을 증기 기관차라고 한다.
steam engine

철기(鐵器)
명 쇠로 만든 그릇이나 기구.
철기를 사용하면서 농업이 발달했다.
ironware

청동기(靑銅器)
명 청동으로 만든 그릇이나 기구.
청동기와 문자의 발명에 따라 문명이 급속히 발전하게 되었다.
bronzeware

초점(焦點)을 두다 [초쩜]
관심이나 주의를 집중하다.
그는 요즘 최대한 근육을 성장시키는 데 초점을 두고 운동을 한다.
to put a focus on

현시대(現時代)
명 오늘날의 시대.
현시대는 첨단 과학의 시대이다.
present age

쓰기

상호 작용(相互作用)
상대가 되는 이쪽과 저쪽 사이에 이루어지는 작용.
인간의 생각과 감정은 서로 밀접하게 관련되어 있으며 항상 상호 작용을 한다.
interaction

❖ 자유롭게 써 보세요.

10

생활 속 경제

10-1 광고와 경제
10-2 소비와 경제

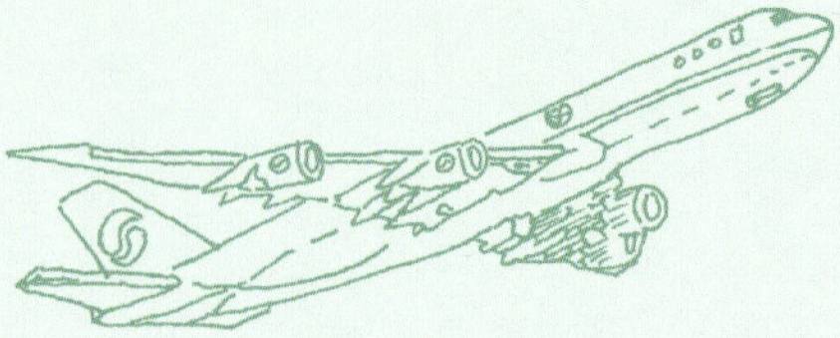

10-1	**광고와 경제**	10-2	**소비와 경제**
듣기 1	광고에 대한 강의를 듣고 내용 파악하기	읽기 1	소비 경향에 대한 보고서를 읽고 내용 파악하기
듣기 2	간접 광고에 대한 토론을 듣고 찬성과 반대 의견 파악하기	읽기 2	공유 경제에 대한 대담 기사를 읽고 의견 파악하기
말하기	토론하기	쓰기	반론을 제시하는 글 쓰기

Intro 들어가기 10-1 광고와 경제

1 위 광고는 무슨 광고입니까? 어떤 의미인 것 같습니까?

2 기억에 남는 광고 또는 좋아하는 광고가 있습니까? 무슨 광고입니까?

1 다음은 광고가 경제에 미치는 영향과 관련된 표현입니다. 알맞은 표현을 써 보세요.

1) 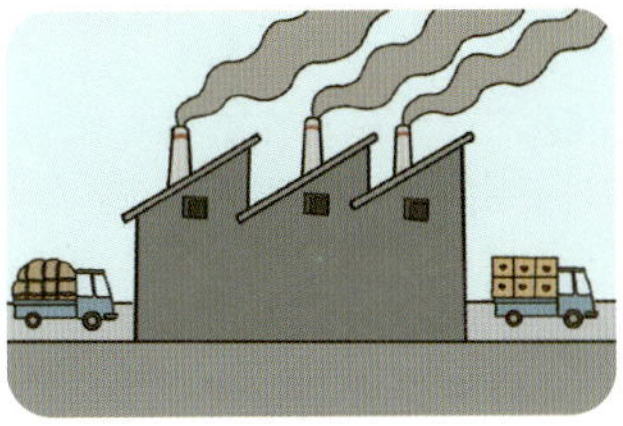 기업에서 제품을 많이 만듭니다.
   → 대량으로 생산하다

2) 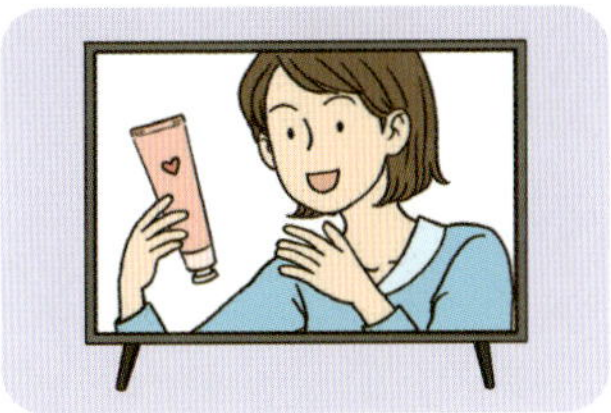 소비자에게 새로 만든 상품을 알립니다.
   → _____ , _____

3) 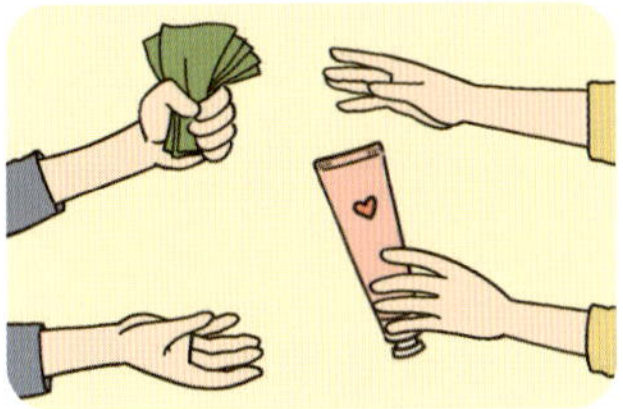 광고를 본 소비자가 제품을 삽니다.
   → _____

4) 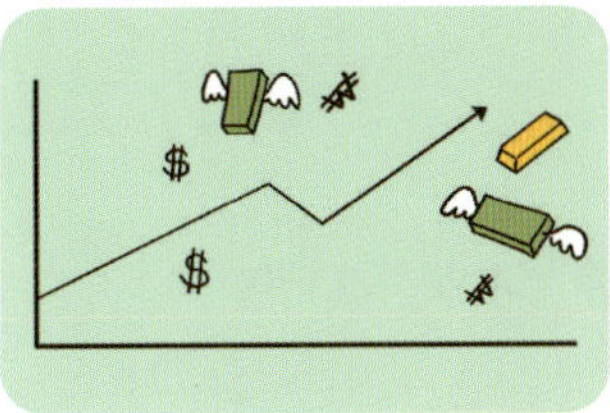 제품이 많이 팔립니다.
   → _____

5) 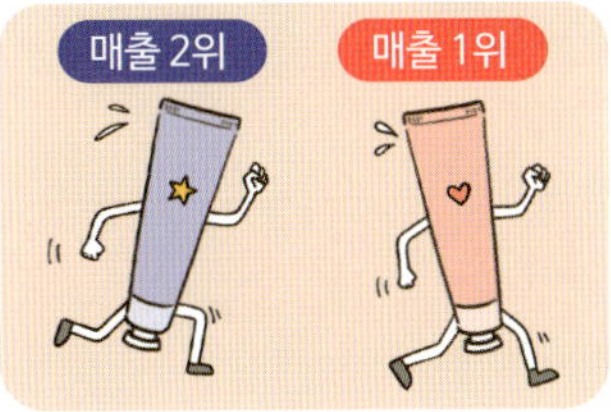 다른 기업보다 제품을 더 많이 팔기 위해 서로 경쟁합니다.
   → _____

상품을 광고하다   제품을 구매하다   매출이 증가하다   신제품을 홍보하다
대량으로 생산하다   다른 기업과 경쟁하다

10-1. 광고와 경제   47

2 다음은 광고와 관련된 표현입니다. 알맞은 표현을 써 보세요.

1) 광고를 만들기 위해서는 **매우 많은 비용이 필요해요**. → 막대한 비용이 들다

2) 그래도 기업들은 제품의 **광고를 만들어** 많은 사람이 보게 해요. →

3) 광고는 사람들이 제품을 **사고 싶게 만드는 효과가** 있기 때문이에요. →

4) 광고 제작비 때문에 제품 **가격이 비싸진다는** 말도 있지만 →

5) 제품에 대한 **정보를 알려 주는 것은** 광고의 장점이에요. →

6) 드라마나 영화에서 광고하고자 하는 **제품을 자연스럽게 보여 주기도 해요**. →

7) 드라마에서 제품 광고를 해 주는 대신 기업에서는 **드라마 만드는 비용을 대요**. →

8) 이런 광고는 시청자들이 **드라마를 보는 데 방해가 되는 경우가 많아요**. →

9) 그래서 이런 광고는 **잘못된 점을 지적받기도 해요**. →

10) 그래서 광고를 할 때는 규칙을 정하고 **그 규칙이 정한 한도를 넘지 못하게 해야** 돼요. →

11) 예를 들면 횟수를 정하고 **그 횟수 이상은 광고를 못 하게 해야 돼요**. →

규제하다	비판을 받다	정보를 제공하다	제품을 노출하다
가격이 인상되다	횟수를 제한하다	구매를 유도하다	광고를 제작하다
제작비를 지원하다	시청권을 침해하다	막대한 비용이 들다	

Listening 10-1 듣기

들어 보세요 1

준비

1. 여러분은 생활하면서 광고를 많이 접합니까? 어디에서 광고를 많이 봅니까?

   텔레비전 · 인터넷 · 거리 · 대중교통 · ?

2. 주로 어떤 광고를 많이 접합니까? 광고를 보고 불필요한 물건을 산 적이 있습니까?

듣기 다음은 광고에 대한 강의입니다. 잘 듣고 질문에 답해 보세요.

중심 내용 파악하기

1. 광고에 대한 두 가지 다른 시각은 무엇입니까?

   - 경제적인 면에서 긍정적인 역할을 함.
   - _____.

세부 내용 파악하기

2. 광고의 경제적인 기능은 무엇입니까?

3. 광고에 대한 거부감을 갖는 사람들이 늘어나는 이유는 무엇입니까?

4. 광고에 대한 기업과 소비자의 입장은 어떤 차이가 있습니까?

   > 기업은 광고를 통해 _____ 고자 하고, 소비자는 제품에 대한 정확한 정보를 얻어 질 좋은 제품을 _____ 고 싶어 합니다.

세부 내용 파악하기 | *확장 활동하기*

5. 소비자와 기업은 각각 어떤 노력을 해야 합니까? 여러분은 이런 노력을 하고 있습니까?

   - 소비자: 광고가 제공하는 정보가 정확한지 따져 보고 _____.
   - 기업: _____.

문법과 표현

동-다시피 하다 ☞ 6쪽

온 세상을 도배하다시피 한 광고로 인해 피로감을 호소하는 사람들이 많습니다.

들어 보세요 2

준비

1. 간접 광고라는 말을 들어 본 적이 있습니까? 간접 광고는 무엇입니까?

2. 다음은 드라마 속의 한 장면입니다. 무슨 광고인 것 같습니까? 여러분 나라에도 간접 광고가 있습니까?

듣기 다음은 간접 광고에 대한 토론입니다. 잘 듣고 물음에 답해 보세요.

중심 내용 파악하기

1. 간접 광고는 무엇입니까?

   간접 광고는 영화나 드라마, 예능 프로그램 등에 _____
   _____ 광고입니다.

세부 내용 파악하기

2. 토론자의 의견으로 알맞은 것을 연결하세요.

   남자 •
   • 간접 광고는 프로그램 제작비를 마련하기 위해 꼭 필요하다.
   • 간접 광고는 프로그램의 질을 떨어뜨린다.
   • 간접 광고는 시청자들이 프로그램에 집중하는 데 방해가 된다.
   여자 •
   • 간접 광고를 적절하게 하면 시청자들이 재미를 느낄 수 있다.

3   남자가 고려해야 할 사항으로 강조하는 것은 무엇입니까?

4   여자는 간접 광고에 어떤 제한이 필요하다고 했습니까?

확장 활동하기
5   간접 광고에 대한 여러분의 의견은 어떻습니까?

이야기해 보세요

1   광고는 우리 생활에 어떤 영향을 준다고 생각합니까? 여러분의 생각을 정리해서 이야기해 보세요.

긍정적인 영향	부정적인 영향
• 경제에 도움이 됨. • • •	• 충동구매를 하게 함. • • •

2   다음과 같은 광고를 접한 적이 있습니까? 여러분의 경험과 그 광고에 대한 생각을 이야기해 보세요.

저는 미용과 관련된 허위 과장 광고를 많이 봤어요. 예를 들면 이 화장품을 바르면 주름이 다 없어진다든지….

허위 과장 광고   맞춤 광고   옥외 광고   중간 광고   ?

문법과 표현

동 형 -을 지경이다   ☞ 6쪽
지금의 드라마는 간접 광고가 너무 많아 드라마인지 광고인지 헷갈릴 지경입니다.

말하기 (Speaking) 10-1

🗣️ **광고에 대해 토론해 보세요.**

준비해 보세요

1 토론에 참여하는 사람들은 무엇을 합니까?

- 동의하기
- 반대하기
- 근거 제시하기
- 고려 사항 제시하기
- ?

2 여러분은 아래의 의견에 동의합니까, 반대합니까? 왜 그렇습니까?

> 저는 간접 광고는 규제할 필요가 없으며 완전히 허용해야 한다고 생각합니다. 프로그램 하나를 제작하기 위해서는 막대한 제작비가 드는데 간접 광고가 없다면 그 비용을 마련하기 어렵기 때문입니다. 간접 광고로 프로그램 제작비를 마련한다면 더 좋은 프로그램을 만들 수 있고 그렇게 되면 시청자들도 질 좋은 프로그램을 볼 수 있으니 이득이 아닐까요?

표현을 연습해 보세요

1 다음은 동의할 때 사용하는 표현입니다. 다음 표현을 사용하여 '준비해 보세요' 2번의 주장에 동의해 보세요.

동의하기
▶ 다른 사람의 의견에 동의한 후 그 이유나 근거를 설명합니다.

- …다는 말씀에 동의합니다
- 말씀하신 것과 같이 …다고 생각합니다
- …에 대해 저도 같은 의견입니다

1) 간접 광고를 허용해야 **한다는 말씀에 동의합니다. 말씀하신 것과 같이** 간접 광고를 통해 얻은 이익은 더 좋은 프로그램을 제작하는 데 쓰이므로 결과적으로 시청자들에게도 그 혜택이 **돌아간다고 생각합니다.**

1) 동의하기
- 간접 광고를 허용해야 한다는 의견에 동의함.
- 간접 광고를 통해 더 좋은 프로그램을 제작할 수 있으므로 시청자들에게 혜택이 돌아감.

2) 동의하기
-
-

2 다음은 반대할 때 사용하는 표현입니다. 다음 표현을 사용하여 '준비해 보세요' 2번의 주장에 반대해 보세요.

반대하기

▶ 다른 사람의 의견에 반대한 후 자신의 의견을 제시합니다.

- …다고 하셨는데 저는 그 말씀에 동의하지 않습니다
- …다는 점에서 문제가 있습니다
- 저는 그렇게 생각하지 않습니다

1) 간접 광고를 완전히 허용해야 **한다고 하셨는데 저는 그 말씀에 동의하지 않습니다**. 간접 광고가 제작비를 마련하는 데 필요하다는 것은 이해하지만, 시청자가 방송의 내용에 집중하는 것을 방해하고 전체 이야기의 흐름에도 부정적인 영향을 **미친다는 점에서 문제가 있기** 때문에 간접 광고를 규제해야 한다고 생각합니다.

1) 반대하기
- 간접 광고를 완전히 허용해야 한다는 의견에 동의하지 않음.
- 방송에 집중하는 것을 방해하고 전체 이야기 흐름에도 부정적인 영향을 미침.

2) 반대하기
-
-

3 다음은 고려 사항을 제시하는 표현입니다. 다음 표현을 사용하여 간접 광고에 대해 자신의 의견을 이야기할 때 중요하게 고려해야 할 사항을 제시해 보세요.

고려 사항 제시하기

▶ 중요하게 고려해야 할 사항을 강조합니다.

- …에 대해 논의할 때 무엇보다도 …는 상황[현실]을 고려할 필요가 있다고 생각합니다
- …에 중점을 두고 살펴봐야 합니다
- …다는 점을 강조하고 싶습니다

1) 저는 간접 **광고에 대해 논의할 때 무엇보다도** 프로그램을 만드는 데 드는 제작비가 **부족한 상황을 고려할 필요가 있다고 생각합니다.**

1) 고려 사항 제시하기
- 제작비가 부족한 상황

2) 고려 사항 제시하기
-

이야기해 보세요

1 어떤 광고에 대해 토론하고 싶습니까?

간접 광고   맞춤 광고   중간 광고   ?

2 주제를 선택하고 자신의 입장을 정하여 보기와 같이 이야기할 내용을 메모해 보세요.

보기

간접 광고에 대한 자신의 입장	→	간접 광고를 허용해야 한다.
이유	→	• 프로그램을 제작할 때 필요한 비용을 마련할 수 있기 때문에 필요함.

메모하기

_____ 광고에 대한 자신의 입장	→	
이유	→	

3 같은 주제를 고른 친구들끼리 모여 메모한 내용을 바탕으로 토론해 보세요.

보기

> 먼저 제 생각을 말씀드리면 저는 간접 광고를 허용해야 한다고 생각합니다. 간접 광고는 프로그램을 제작할 때 필요한 비용을 마련할 수 있는 가장 좋은 방법입니다. … 저는 간접 광고 규제에 대해 논의할 때 무엇보다도 제작비가 부족한 현실을 고려할 필요가 있다는 점을 강조하고 싶습니다.

> 제작비가 부족하기 때문에 간접 광고를 허용해야 한다고 하셨는데 저는 그 말씀에 동의하지 않습니다. 간접 광고는 시청자들이 프로그램에 집중하는 데 방해가 된다는 점에서 문제가 있기 때문에 규제해야 한다고 생각합니다.

Intro 10-2 소비와 경제

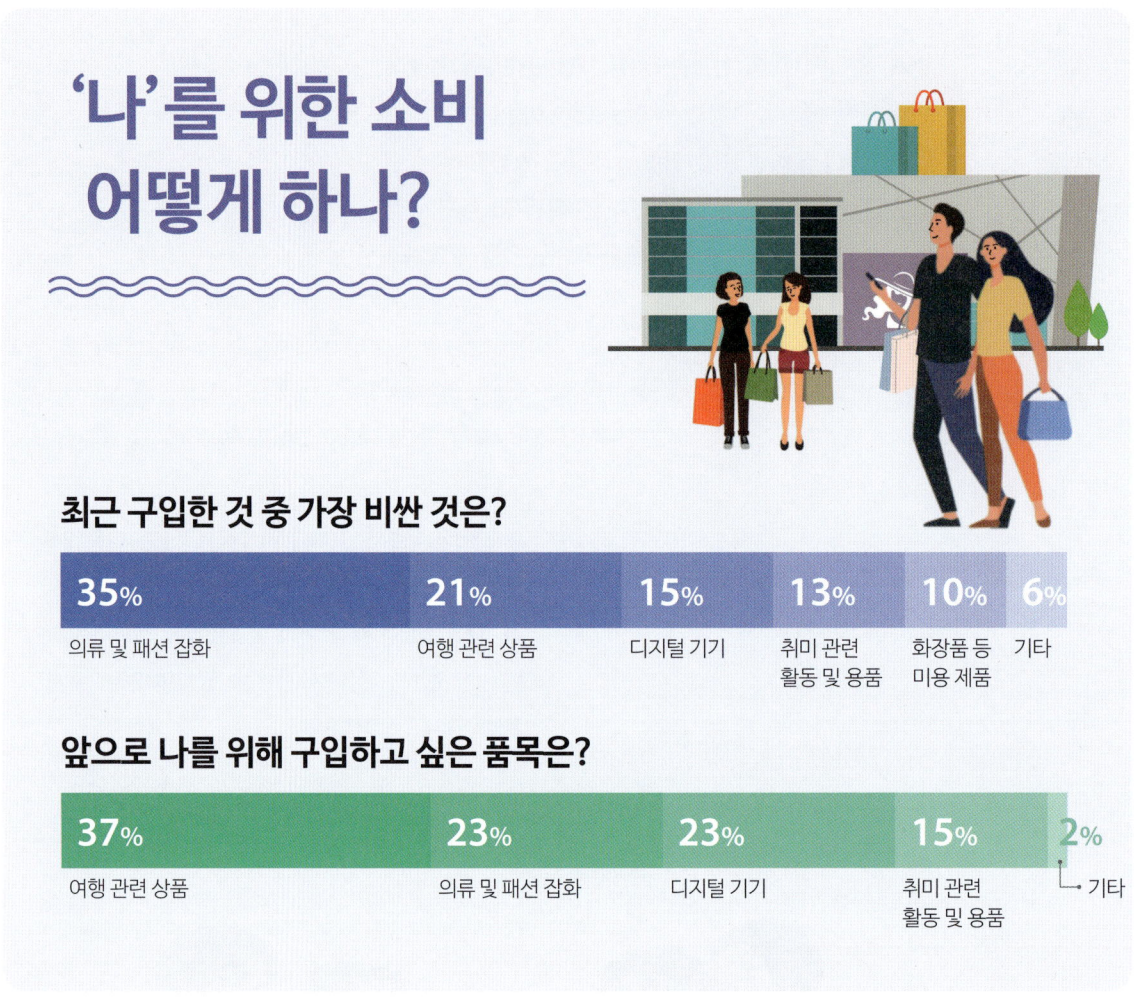

1. 위 그래프는 무엇에 대한 조사 결과입니까? 어떤 결과가 나타났습니까?

2. 여러분은 한 달에 '나'를 위해 얼마나 지출합니까? 무엇을 하는 데 지출을 많이 하는 편입니까?

Topic Vocab 10-2 주제 어휘

1 다음은 경제와 관련된 표현입니다. 알맞은 표현을 써 보세요.

1)	경제가 안 좋은 상태	불황	⇔
2)	제품의 가격이 다른 것에 비해서 아주 저렴한 것		⇔
3)	제품이나 서비스를 마련해 주는 사람		⇔
4)	생산, 소비 등의 경제 활동이 활발해지다		⇔
5)	취업할 수 있는 곳을 만들어 제공하다		

공급자　불황　수요자　초고가　초저가　호황　경제가 침체되다　경제가 활성화되다　일자리를 창출하다

2 다음은 소비 경향과 관련된 표현입니다. 알맞은 것을 연결해 보세요.

1)	요즘 온라인 마트를 통해 식품을 구매하는 **사람들이 많은 것으로 나타났어요**.	•	소유하다
2)	어떤 물건이든지 사기 전에 **가격이 적당한지 생각해요**.	•	유행에 민감하다
3)	핸드폰을 살 때는 그 **특성이나 기능을 꼼꼼하게 살펴봐요**.	•	경향을 보이다
4)	사고 싶은 가방이 있었는데 세일 기간을 기다려서 **좋은 가격에 샀어요**.	•	공유하다
5)	유행하는 옷에 관심이 많고 **유행하는 건 꼭 해 봐요**.	•	가격을 고려하다
6)	이 신발은 **가격이 저렴한 데 비해 질이 정말 좋아요**.	•	구독하다
7)	아이의 장난감을 **사지 않고 빌렸어요**.	•	성능을 따지다
8)	멀리 떨어져 있는 사람들과 화상 회의를 통해 의사소통도 하고 자료도 함께 **나눠 가질 수 있어요**.	•	합리적인 소비를 하다
9)	마음에 드는 물건이 있으면 꼭 **사서 가지고 싶어요**.	•	가격 대비 품질이 좋다
10)	**매달 돈을 내면** 잡지가 집으로 배송돼요.	•	대여하다

읽어 보세요 1

준비

1. 여러분은 물건을 구입할 때 무엇을 중요하게 여깁니까?

   가격 품질 브랜드 심리적 만족 ?

2. 지금까지 구매한 것 중 가장 만족스러운 것은 무엇입니까? 왜 그렇습니까?

   전자 제품 의류, 신발 화장품 가구 ?

읽기 다음은 소비 경향에 대한 보고서입니다. 글을 읽고 질문에 답해 보세요.

소비 경향 보고서

연속된 불황으로 사람들의 소비 경향에 변화가 생겼습니다. LEI 경제 연구소에서 유행에 민감한 20·30대의 소비 경향을 분석해 봤습니다.

첫 번째로 꼽을 수 있는 소비 경향은 가격 대비 성능을 따지는 것입니다. 20·30대는 물건을 살 때 가격에 비해 성능이나 품질이 좋은지 확인하고 평가하여 제품을 선택하는 경향이 뚜렷하게 나타났습니다. 특히 생필품을 사거나 자신의 취향과 상관없이 필요에 의해 물건을 구입하는 경우 이런 경향이 분명하게 보였습니다.

20·30대는 가격 대비 성능을 중요하게 **생각하는 동시에** 심리적 만족감도 중시하는 것으로 나타났습니다. 생필품을 살 때는 가격에 비해 품질이나 성능이 좋은지를 따지지만, 자신에게 심리적으로 만족감을 주는 물품에 대해서는 고가 제품이라도 쉽게 지갑을 여는 경향을 보인 것입니다.

마지막으로 살펴볼 수 있는 소비 경향은 소유에 집착하지 않는 것입니다. 과거에는 많은 사람들이 어떤 것을 소유하기 위해 돈을 썼다면 현재의 20·30대는 필요한 서비스와 제품을 원하는 시간만큼 사용하고 그만큼의 돈을 내는 것을 선호합니다.

이상에서 살펴본 바와 같이 지금의 20·30대는 물건을 살 때 가격에 비해 품질이나 성능이 괜찮은지 따지는 한편 자신의 만족감이 올라간다면 큰돈이라도 기꺼이 쓸 생각이 있습니다. 이런 경향은 당분간 계속되어 젊은 층을 대상으로 하는 가격 대비 품질이 좋은 제품과 초고가 명품이 꾸준히 인기를 끌 것으로 전망됩니다. 또한 물건을 소유하기보다는 사용한 만큼만 돈을 내는 대여 서비스 시장도 더 활성화될 것으로 예측됩니다.

중심 내용 파악하기

1 이 글에서는 무엇에 대해 설명하고 있습니까?

세부 내용 파악하기

2 이 글에서 설명하는 20·30대의 소비 경향을 세 가지로 요약해 보세요.

　　1) ___가격 대비 성능을 따짐___ .
　　2) _____ .
　　3) _____ .

3 이 글에서는 앞으로의 소비 경향을 어떻게 전망하고 있습니까?

> _____ 이 앞으로도 인기를 끌 것이며,
> _____ 도 더욱 활성화될 것이다.

추론하기

4 이 글에서 제시한 소비 경향과 같은 것을 고르세요.

　　① 생필품을 살 때 가격과 품질을 따져 보고 산다.
　　② 무엇이든지 구매하여 소유하는 것을 선호한다.
　　③ 고가 제품은 사 두는 것이 이득이라고 생각한다.
　　④ 마음에 드는 물건이라 하더라도 비싸면 사지 않는다.

확장 활동하기

5 이 글에서 제시한 소비 경향과 비교하여 자신의 소비 경향에 대해 말해 보세요.

문법과 표현

동-는 동시에, **형**-은 동시에, **명**인 동시에　☞　7쪽
20·30대는 가격 대비 성능을 중요하게 생각하는 동시에 심리적 만족감도 중시하는 것으로 나타났습니다.

읽어 보세요 2

준비

1. 공유 경제란 말을 들어 본 적이 있습니까? 공유 경제란 무엇입니까?

2. 공유 경제 서비스에는 어떤 것이 있습니까?

차량 공유

사무실 공유

숙박 시설 공유

읽기 다음은 공유 경제에 대한 대담 기사입니다. 글을 읽고 질문에 답해 보세요.

LEI 기획 대담

공유 경제는 우리 사회에서 쉽게 접할 수 있는 소비의 한 방법이 되었다. 그러나 기존 산업과 부딪히는 등 여러 문제점이 있는 것도 사실이다. 한국경제연구소 박미나 소장과 한국대 경제학과 김현욱 교수와 함께 공유 경제에 대한 이야기를 나누어 보았다.

◆ 공유 경제의 정확한 의미는 무엇이고 어떤 장점이 있는가?

박미나 소장(이하 박): 공유 경제는 생산된 제품을 여러 사람이 공유해 사용하는 경제 활동 방식이다. 다시 말해서 물건을 소유하는 것이 아니라 서로 원하는 시간만큼 대여해서 쓰는 것이다. 이러한 공유 경제는 지역 내의 자원을 활용함으로써 지역 경제를 활성화하여 일자리를 창출한다는 장점이 있다.

김현욱 교수(이하 김): 소비자 입장에서 필요한 제품을 하나하나 구매하는 것은 비용도 많이 들뿐더러 구매한 물건을 안 쓰게 되면 결국 자원을 낭비하게 된다. 이에 비해 공유 경제는 자신이 안 쓰는 것을 남과 공유하고, 쓴 만큼 비용을 낸다는 점에서 합리적인 소비이다.

◆ 공유 경제의 문제는 무엇인가?

김: 문제는 공유 경제의 본모습이 변했다는 것이다. 공유 경제는 본래 생산된 제품을 여러 사람이 함께 사용하는, 더 효율적인 소비를 추구하는 경제 방식이었다. 그런데 현재는 제품을 가지고 있는 공급자와 이를 필요로 하는 수요자 중간에서 이들을 연결해 주는 업체가 경제적인 이득을 누리게 되었다. 예를 들면 차량이나 숙박 시설을 공유하도록 연결해 주는 유명 업체들은 높은 중개 수수료를 받는다. 이런 상황에 대해 공급자와 수요자 모두 불만을 가지고 있지만 문제를 해결하기가 쉽지 않다. 또한 아직 공유 경제와 관련된 법이 제대로 마련되어 있지 않아 여러 가지 범죄에 취약하다는 문제점도 있다.

박: 기존 산업과의 갈등도 문제이다. 공유 경제는 이미 생산된 제품을 공유해서 사용하는 방식이기 때문에 새로운 제품을 사용하는 소비자의 수가 줄어들 수밖에 없다. 이 때문에 기업 입장에서는 공유 경제를 환영하기가 힘들다.

◆ 앞으로 공유 경제의 미래는 어떠할 것이라 보는가?

김: 최근에는 주기적으로 비용을 내고 제품이나 서비스를 이용하는 구독 경제 방식을 선택하는 소비자가 늘고 있다. 물건을 소유하는 것에 큰 가치를 두지 않는 흐름이 **생겨난 이상** 공유 경제나 구독 경제와 같은 경제 방식은 앞으로도 지속적으로 성장할 것으로 예측된다.

중심 내용 파악하기

1 공유 경제란 무엇입니까?

세부 내용 파악하기

2 이 글에 나타난 공유 경제의 장점과 문제점을 쓰세요.

장점	문제점
• 지역 경제를 활성화하여 일자리를 창출함. •	• 공유 경제의 본모습이 변해 공급자와 수요자를 연결해 주는 업체가 이득을 누리게 됨. • •

3 이 글에서는 공유 경제의 미래를 어떻게 전망하고 있습니까?

이야기해 보세요

1 현재 이용하고 있는 공유 경제나 구독 경제 서비스가 있습니까? 그 서비스에 만족합니까?

2 공유 경제나 구독 경제 서비스에 대해 긍정적으로 생각합니까, 부정적으로 생각합니까? 왜 그렇습니까?

문법과 표현

동 -는 이상, 형 -은 이상, 명 인 이상 ☞ 7쪽

물건을 소유하는 것에 큰 가치를 두지 않는 흐름이 생겨난 이상 공유 경제나 구독 경제와 같은 경제 방식은 앞으로도 지속적으로 성장할 것으로 예측된다.

쓰기 (10-2)

공유 경제나 구독 경제에 대한 주장에 반론을 제시하는 글을 써 보세요.

준비해 보세요

1 다음 글을 읽어 보세요. 공유 경제에 대해 부정적인 입장을 취하는 각각의 근거는 무엇입니까?

주장 (가)

저는 공유 경제가 공급자와 수요자를 연결해 주는 업체만 이득을 취하는 경제 방식이라고 생각합니다. 본래는 자신이 가지고 있는 제품을 저렴한 가격에 다른 사람과 공유하는 방식이었는데, 지금은 공급자와 수요자를 연결해 주는 업체만 큰 이득을 얻게 되었고 가격도 이전에 비해 많이 비싸졌습니다.

주장 (나)

저는 공유 경제가 경제에 악영향을 미친다고 생각합니다. 공유 경제는 기존 산업과 갈등이 있을 수밖에 없기 때문입니다. 공유 경제 때문에 사람들은 기업이 새로 생산하는 제품을 사지 않게 됩니다. 이런 현상이 지속되면 경제가 발전할 수 없습니다.

2 다음은 주장 (가)와 (나) 중 어떤 것에 대한 반론입니까?

• 공유 경제는 여전히 수요자가 저렴한 가격에 좋은 제품을 이용할 수 있는 방법이다.	(가)
• 공유 경제로 인해 지역 경제가 활성화되어 일자리가 창출된다.	
• 공유 경제를 통해 공급자는 사용하지 않는 자원을 활용하여 이익을 창출할 수 있다.	
• 연구에 따르면 기업에서 새로 생산하는 제품에 대한 소비가 공유 경제 서비스로 인해 줄지는 않았다고 한다.	

- 표현을 연습해 보세요

1 다음은 상대편의 주장을 제시할 때 사용하는 표현입니다. 다음 표현을 사용하여 '준비해 보세요' 1번의 주장을 요약하여 제시해 보세요.

상대편 주장 제시하기

› 자신과 의견이 다른 상대편의 주장과 근거를 요약해서 제시합니다.

- …을 긍정적[부정적]으로 보는 입장에서는 …다는 점을 지적하다
- …에 대해 찬성하는[반대하는] 입장을 구체적으로 살펴보면 다음과 같다

1) 공유 경제 **서비스를 부정적으로 보는 입장에서는** 공유 경제의 본모습이 변해 공급자와 수요자를 연결해 주는 업체가 가장 큰 경제적인 이득을 얻게 **되었다는 점을 지적한다**.

1) 주장 (가) 요약
- 연결 업체가 이득을 얻게 됨.

2) 주장 (나) 요약
-

2 다음은 반론을 제시할 때 사용하는 표현입니다. 다음 표현을 사용하여 '준비해 보세요' 2번의 내용으로 '준비해 보세요' 1번의 주장에 대한 반론을 제시해 보세요.

반론 제시하기

› 상대편의 주장에 대해 반론을 제시하며 자신의 주장과 근거를 제시합니다.

- …다는 주장에 일리는 있으나 …에는 동의하기 어렵다
- …다는 것은 부정할 수 없는 사실이다

1) 공유 경제로 인해 공급자와 수요자를 연결해 주는 업체만 큰 이득을 얻게 **되었다는 주장에 일리는 있으나** 가격이 비싸다는 **의견에는 동의하기 어렵다**. 공유 경제 서비스가 여전히 저렴한 가격에 좋은 제품을 이용할 수 있는 **방법이라는 것은 부정할 수 없는 사실이다**.

1) 주장 (가)에 대한 반론
- 가격이 비싸다는 의견에 동의하기 어려움.
- 여전히 저렴한 가격에 좋은 제품을 이용할 수 있는 방법임.

2) 주장 (나)에 대한 반론
-
-

- 써 보세요

1 사람들이 많이 사용하는 구독 경제 서비스에는 어떤 것이 있습니까?

2 다음 글을 읽어 보세요. 구독 경제에 대해 어떻게 생각하고 있습니까?

주장 (A)

저는 구독 경제가 참 편리해서 좋다고 생각합니다. 현재 쇼핑 구독 서비스를 이용하고 있는데 매달 돈을 내기만 하면 제가 주문한 물건을 당일이나 다음 날 갖다주기 때문에 정말 편리합니다. 처음에는 물건만 배달이 됐는데 식품도 배달이 가능해지면서 더 많이 이용하게 되었습니다. 이렇게 서비스가 점점 더 좋아지기 때문에 구독료가 아깝지 않습니다.

주장 (B)

저는 구독 경제가 기업에만 좋은 경제 방식이라고 생각합니다. 처음에는 미디어, 음악 등의 서비스만 구독했는데 이제는 쇼핑, 컴퓨터 프로그램, 전자책까지 모두 구독 서비스로 바뀌어서 구독료를 내고 있습니다. 구독료를 다 합치면 결코 적은 돈이 아니고 시간이 지나면서 구독료도 점점 오르기 때문에 미래에는 엄청난 부담이 될 거라고 생각합니다.

3 여러분은 어느 쪽 주장에 반론을 제시하고 싶습니까? 왜 그렇게 생각합니까?

4 다음 보기는 공유 경제에 대한 글입니다. 보기와 같이 구독 경제에 대한 상대편의 주장을 쓴 후 반론을 제시하는 글을 써 보세요.

보기

공유 경제를 부정적으로 보는 입장에서는 공유 경제가 공급자와 수요자를 연결해 주는 업체만 이득을 취하는 경제 방식이라는 점을 지적한다. 공유 경제는 본래 사람들이 가지고 있는 제품을 저렴한 가격에 다른 사람과 공유하는 방식이었는데 지금은 공급자와 수요자를 연결해 주는 업체가 가장 큰 이득을 얻게 되었다는 것이다. 연결 업체가 많은 수수료를 받으면서 가격도 이전에 비해 많이 비싸졌다고 주장한다. — 상대편 주장 제시하기

공유 경제로 공급자와 수요자를 연결해 주는 업체가 큰 이득을 얻게 되었다는 주장에 일리는 있으나 가격에 대한 지적에는 동의하기 어렵다. 업체가 수수료를 받게 되면서 공급자와 수요자가 직접 거래할 때보다 가격이 더 올랐을 수 있으나 직접 사는 것보다는 훨씬 저렴하기 때문이다. 여행을 갈 때만 봐도 공급자와 수요자를 연결해 주는 업체를 통해 현지에 사는 사람의 집을 예약하면 호텔보다 더 저렴한 가격에 숙박할 수 있다. 또한 현지 사람들이 실제로 사는 곳에 머무는 경험을 한다는 장점까지 갖는다. 공유 경제에 부정적인 면이 있다고 해도 공유 경제를 통해 소비자가 얻는 이득이 훨씬 더 많다는 것은 부정할 수 없는 사실이다. — 반론 제시하기

쓰기

구독 경제를 _____ 으로 보는 입장에서는 _____

— 상대편 주장 제시하기

— 반론 제시하기

Vocabulary 어휘

10-1. 광고와 경제

주제 어휘

가격(價格)이 인상(引上)되다
물건값이 오르다.
빵의 주재료인 밀가루, 달걀의 가격이 인상되면서 제빵업계의 고민이 커지고 있다.
to increase in price

광고(廣告)를 제작(製作)하다
상품이나 서비스에 대한 정보를 소비자에게 널리 알리는 자료 등을 만들다.
성공적으로 광고를 제작하기 위해서는 담당자의 창의력이 요구된다.
to produce an advertisement

구매(購買)를 유도(誘導)하다
물건을 사도록 이끌다.
기업은 제품 광고를 통해서 소비자의 구매를 유도한다.
to induce to purchase

규제(規制)하다
통 규칙이나 규정에 의하여 일정한 한도를 정하고 이를 넘지 못하게 막다.
방송에서는 차별적인 표현의 사용을 규제하고 있다.
to regulate

다른 기업(企業)과 경쟁(競爭)하다
다른 기업과 같은 목적에 대하여 이기거나 앞서려고 서로 겨루다.
기술력이 높아야 다른 기업과 경쟁해서 이길 수 있다.
to compete with other enterprises

대량(大量)으로 생산(生産)하다
기계를 이용하여 동일한 제품을 아주 많이 만들다.
기계의 발달은 상품을 대량으로 생산할 수 있게 했다.
to mass produce

막대(莫大)한 비용(費用)이 들다
어떤 일을 하는 데 많은 돈이 쓰이다.
새로운 공항 건설에 막대한 비용이 들었다.
to cost a lot of money

매출(賣出)이 증가(增加)하다
물건의 판매가 늘어나다.
주말에 공원을 찾는 사람들이 많아지면서 근처 가게의 매출이 증가했다.
to increase in sales

비판(批判)을 받다
잘못된 점에 대해 지적을 받다.
보고서를 작성할 때 자료 준비를 제대로 하지 않으면 다른 사람에게 비판을 받을 수 있다.
to be criticized

상품(商品)을 광고(廣告)하다
파는 물건에 대해 소비자에게 널리 알리다.
제조 회사들은 라디오, 텔레비전, 인터넷 등 매체를 통해 상품을 광고한다.
to advertise goods

시청권(視聽權)을 침해(侵害)하다 [시청꿘]
수신에 장애를 받지 않고 텔레비전을 시청할 권리를 침범하여 해를 끼치다.
너무 많은 간접 광고는 시청자가 방송 내용에 집중하는 것을 방해하며 시청권을 침해한다.
to invade viewing rights

신제품(新製品)을 홍보(弘報)하다
새로 만든 물건을 널리 알리다.
신제품을 홍보한 뒤부터 매출이 하루가 다르게 늘고 있다.
to promote a new product

정보(情報)를 제공(提供)하다
정보를 마련하여 주다.
기상청에서는 홈페이지를 통해 세계 주요 도시의 기온 및 강수량 등의 기후 정보를 제공하고 있다.
to provide information

제작비(製作費)를 지원(支援)하다
물건이나 예술 작품을 만드는 데에 드는 비용을 마련해 주다.
많은 기업에서 그 공연의 제작비를 지원하기로 약속했다.
to subsidize production costs

제품(製品)을 구매(購買)하다
재료를 써서 만들어 낸 물건을 사다.
인터넷으로 제품을 구매할 때는 교환이나 환불 규정을 확인하는 것이 좋다.
to purchase a product

제품(製品)을 노출(露出)하다
재료를 써서 만들어 낸 물건을 겉으로 드러내 보이다.
영화나 드라마, 예능 프로그램 등에 제품을 노출하여 홍보를 하는 광고가 늘고 있다.
to expose a product

횟수(回數)를 제한(制限)하다
정해진 횟수를 넘지 못하게 막다.
우리 병원에서는 환자의 건강을 우선으로 생각하여 면회 횟수를 제한하고 있다.
to limit the number of times

듣기

들어 보세요 1

거부감(拒否感)
명 어떤 것에 대해 받아들이고 싶지 않거나 물리치고 싶은 느낌.
그는 도시에 대한 거부감 때문에 농촌에 산다.
repulsion

계획적(計劃的/計畫的)
관 명 미리 정해진 계획에 따른 (것).
이 일은 처음부터 계획적이었다.
planned

넘쳐 나다
너무 많이 몰리거나 가득 차다.
날이 더워지자 야외 수영장에 사람들이 넘쳐 났다.
to overflow

도배(塗褙)하다
동 색이나 무늬가 있는 종이를 벽이나 천장에 고루 붙이다.
그는 침실을 꽃무늬 벽지로 도배했다.
to plaster

보고(報告)하다
동 일에 관한 내용이나 결과를 말이나 글로 알리다.
사장님께 일의 진행 상황에 대해 보고했다.
to report

소비자(消費者)
명 돈, 물건 등을 쓰는 사람.
그 회사는 하루빨리 소비자들에게 신제품을 선보이기로 했다.
consumer

윤리적(倫理的) [율리적]
관 명 사람으로서 지켜야 할 바람직한 기준을 따르는 (것).
윤리적인 문제 때문에 과학 실험이 금지되는 경우도 있다.
ethical

피로감(疲勞感)
명 정신이나 몸이 지쳐 힘든 느낌.
침대에 눕자마자 긴장이 풀리면서 피로감이 몰려왔다.
fatigue

하락(下落)하다
동 값이나 가치, 등급 등이 떨어지다.
집값이 큰 폭으로 하락했다.
to drop

합리적(合理的) [함니적]
관 명 논리나 이치에 알맞은 (것).
사람들은 좋은 물건을 합리적인 가격에 사고 싶어 한다.
reasonable

허위(虛僞)
명 진실이 아닌 것을 진실인 것처럼 꾸민 것.
경찰은 인터넷에서 허위 사실을 퍼뜨린 사람을 찾고 있다.
falsity

들어 보세요 2

간접 광고(間接廣告)
중간에 매개가 되는 사람이나 사물 등을 통하여 공지 사항이나 상품을 널리 알림.
방송 드라마에서 간접 광고를 하는 일은 종종 문제가 되곤 한다.
indirect advertising

광고주(廣告主)
명 광고를 내는 사람.
광고주가 이번에 만든 광고가 마음에 들지 않는다고 하여 다시 만들기로 했다.
advertiser

맞춤 광고(廣告)
소비자의 온라인 사용 기록을 분석하여 개인별로 선호할 만한 물건이나 서비스를 보여 주는 광고.
이용자들의 동의를 받지 않고 개인 정보를 수집하여 맞춤 광고를 하는 업체에 대해 강한 규제가 필요하다는 지적이 있다.
customized advertising

세심(細心)하다
형 작은 일에도 꼼꼼하게 주의를 기울여 빈틈이 없다.
그들은 늘 나에게 세심한 배려를 아끼지 않았다.
to be meticulous

스릴러
명 관객이나 독자에게 공포감을 불러일으킬 목적으로 만든 영화, 소설 등의 작품.
그 배우는 스릴러 영화로 다시 활동을 시작했다.
thriller

판타지
명 현실 속에서 있을 수 없는, 가상 세계에서 벌어지는 일을 담은 영화, 소설 등의 작품.
지난 몇 년 동안 판타지 영화가 사람들에게 좋은 반응을 얻었다.
fantasy

황당(荒唐)하다
형 말이나 행동 등이 올바르지 않고 근거가 없다.
소문이 너무 황당하여 믿어지지 않는다.
to be absurd

말하기

이득(利得)
명 이익을 얻음. 또는 그 이익.
경찰은 그들이 어떤 방법으로 이득을 취했는지를 조사하고 있다.
benefit

10-2. 소비와 경제

주제 어휘

가격(價格) 대비(對比) 품질(品質)이 좋다
물건값에 비해서 물건의 질이 좋다.
인터넷에서 싼 가격에 가방을 샀는데 가격 대비 품질이 좋아서 아직도 잘 사용하고 있다.
quality be good for the price

가격(價格)을 고려(考慮)하다
물건의 값을 생각하다.
이 제품은 품질과 가격을 고려할 때 구매 가치가 높다는 평가를 받았다.
to consider the price

경제(經濟)가 침체(沈滯)되다
생산, 소비 등 경제 활동이 활발하게 이루어지지 못하고 제자리에 머무르다.
경제가 침체되면서 소비가 줄어들고 일자리를 잃는 사람들이 많아질 것으로 예상된다.
economy be stagnant

경제(經濟)가 활성화(活性化)되다 [활성화되다/활성화돼다]
생산, 소비 등 경제 활동이 활발하게 이루어지다.
관광 산업이 발전함에 따라 지역 경제가 활성화되고 일자리가 증가했다.
economy be revitalized

경향(傾向)을 보이다
현상이나 사상, 행동 등이 어떤 방향으로 기울어지다.
결혼 평균 연령이 과거에 비해 높아지는 경향을 보인다.
to show a tendency

공급자(供給者)
명 공급하는 역할을 담당하는 사람이나 기관.
어제 들어온 물건 중에 불합격품이 있어 물품 공급자에게 바꿔 달라고 요구했다.
supplier

공유(共有)하다
동 두 사람 이상이 한 물건을 공동으로 가지다.
마을 사람들이 그 땅을 공유하고 있다.
to share

구독(購讀)하다
동 책이나 신문, 잡지 등을 구입하여 읽다.
아버지는 10년 동안 신문을 구독하셨다.
to subscribe

대여(貸與)하다
동 물건이나 돈을 나중에 도로 돌려받기로 하고 얼마 동안 쓰게 하다.
구청에서는 구민들에게 각종 생활용품을 무료로 대여해 주고 있다.
to borrow

불황(不況)
명 경제 활동이 활발하게 이루어지지 못하는 상태.
계속되는 경기 불황으로 사람들의 생활이 더욱 힘들어지고 있다.
recession

성능(性能)을 따지다
기계가 지닌 성질이나 기능을 살피다.
컴퓨터나 휴대 전화 등 전자 제품을 살 때 성능을 따져 보는 편이다.
to check the performance

소유(所有)하다
동 가지고 있다.
공공시설은 개인이 소유하는 것이 아니기 때문에 더욱 아껴야 한다.
to own

수요자(需要者)
명 필요해서 사거나 얻고자 하는 사람.
대부분의 수요자는 물건을 가능하면 싸게 사려고 한다.
consumer

유행(流行)에 민감(敏感)하다
유행에 빠르게 반응을 보이거나 쉽게 영향을 받는다.
이 제품은 다른 물건에 비해 가격이 비싸지만 유행에 민감한 젊은 사람들이 많이 찾는다.
to be trend-conscious

일자리를 창출(創出)하다 [일짜리]
일할 곳을 만들어 내다.
관광 산업이 활성화되면 많은 지역 일자리를 창출할 수 있다.
to create jobs

초고가(超高價) [초고까]
명 아주 비싼 값.
백화점 매출 분석 자료를 살펴보면 초고가 명품이 지속적으로 판매되는 것을 알 수 있다.
super high price

초저가(超低價) [초저까]
명 아주 저렴한 값.
홈 쇼핑에서 해외여행 초저가 상품이 인기를 끌고 있다.
super low price

합리적(合理的)인 소비(消費)를 하다 [함니적]
자신이 가지고 있는 돈을 고려해서 물건을 고르고 최대의 만족감을 얻을 수 있게 돈을 쓰다.
합리적인 소비를 하기 위해서는 어떤 물건을 먼저 살지 우선순위를 정하는 것이 좋다.
to spend reasonably

호황(好況)
명 경제 상태가 좋음. 모든 기업체의 활동이 정상 이상으로 활발한 상태.
날씨가 더워 냉방용 가전제품사들이 호황을 누리고 있다.
boom

읽기

읽어 보세요 1

고가(高價) [고까]
명 비싼 가격. 또는 값이 비싼 것.
이 접시는 고가니까 깨지지 않도록 조심해서 다루세요.
high price

기꺼이
부 마음속으로 기쁘게.
선생님께서는 나의 작은 선물을 기꺼이 받아 주셨다.
gladly

당분간(當分間)
부 앞으로 얼마간의 시간에. 또는 잠시 동안에.
불경기가 당분간 계속될 것이다.
for some time

명품(名品)
명 세계적으로 매우 유명하고 가격이 아주 비싼 상표의 제품.
언니는 생일에 명품 가방을 선물로 받았다.
luxury good

젊은 층(層)
사회 구성원 가운데 20대에서 30대에 해당하는 젊은이들로 이루어진 계층.
젊은 층의 명품 소비가 계속해서 증가하고 있다.
younger generation

집착(執着)하다
⑧ 어떤 것에 늘 마음이 쏠려 잊지 못하고 매달리다.
사람이 지나간 일에 너무 집착하면 발전할 수 없다.
to be obsessed

읽어 보세요 2

본모습(本모습)
⑲ 사물의 원래 모습.
사람들과 함께 지내는 시간이 많아지면서 그는 자신의 본모습을 숨길 수 없었다.
original appearance

업체(業體)
⑲ 이익을 얻기 위해서 사업을 하는 단체.
경쟁이 치열해지자 모든 업체가 제품을 내놓고 팔기 시작했다.
company

중개(仲介) 수수료(手數料)
⑲ 일을 주선하고 그에 대한 값으로 받는 돈.
이사가 처음이라서 부동산에 중개 수수료를 내야 한다는 사실을 알지 못했다.
brokerage fee

차량(車輛)
⑲ 도로나 선로 위를 달리는 모든 차를 통틀어 이르는 말.
차량이 늘어나면서 교통사고가 급격히 증가하고 있다.
vehicle

취약(脆弱)하다
⑱ 상황이나 환경이 단단하지 않고 약하다.
할머니 댁은 시골이라서 공기가 좋지만 대중교통이 잘되어 있지 않아 교통이 취약하다.
to be vulnerable

쓰기

구독료(購讀料) [구동뇨]
⑲ 책이나 신문, 잡지 등을 정기적으로 받아 보기 위하여 내는 돈.
매달 구독하는 잡지의 구독료가 다음 달부터 인상된다.
subscription fee

반론(反論)
⑲ 다른 사람의 주장에 반대하여 말함.
그는 상대 토론자의 의견에 반론을 제시했다.
counterargument

악영향(惡影響)
⑲ 나쁜 영향.
의사들은 무리한 운동은 오히려 건강에 악영향을 줄 수 있다고 경고한다.
bad influence

엄청나다
⑱ 생각보다 정도가 아주 심하다.
설이나 추석과 같은 명절에는 고향에 가는 사람이 많아 길이 엄청나게 막힌다.
to be tremendous

전자책(電子冊)
⑲ 전자 기기로 읽거나 들을 수 있게 만든 책.
전자책은 종이책에 비해 가격이 더 저렴하고 온라인으로도 쉽게 구매할 수 있다.
electronic book

❖ 자유롭게 써 보세요.

11 변화하는 사회

11-1 저출산과 사회 문제
11-2 변화하는 가족

11-1	저출산과 사회 문제	11-2	변화하는 가족
듣기 1	저출산에 대한 대담 앞부분을 듣고 의견 파악하기	읽기 1	가족의 변화에 대한 설명문을 읽고 내용 파악하기
듣기 2	저출산에 대한 대담 뒷부분을 듣고 의견 파악하기	읽기 2	독거노인에 대한 사설을 읽고 내용 파악하기
말하기	토의하기	쓰기	문제 해결의 글 쓰기

11-1 저출산과 사회 문제

시대별 출산 캠페인 포스터

1970년대

1980년대

2000년대

1 위의 포스터를 보면 어떤 변화가 있었음을 알 수 있습니까?

2 위와 같은 변화가 일어난 이유는 무엇일까요?

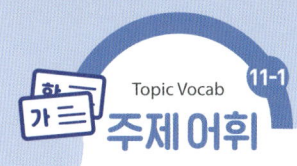

Topic Vocab 11-1 주제 어휘

1 다음은 출산과 관련된 표현입니다. 알맞은 것을 연결하고 여러분 나라에도 아래와 같은 현상이나 제도가 있는지 이야기해 보세요.

1) 저출산	• 아이를 낳는 비율
2) 출산율	• 아이를 낳기 위해 일을 쉬는 것
3) 출산 휴가	• 아이가 잘 자랄 수 있도록 돌보는 것
4) 육아 휴직	• 아이를 적게 낳는 것
5) 유급 휴직	• 일을 쉴 때 월급을 받으면서 쉬는 것
6) 양육	• 아이를 키우기 위해 일정 기간 일을 쉬는 것

(1)은 "아이를 적게 낳는 것"과 연결되어 있습니다.

> 우리 나라에도 **저출산** 문제가 있어요. 아이를 낳으면 여자는 **출산 휴가**를 쓸 수 있어요. 하지만 **육아 휴직** 제도는 없어요.

2 다음은 저출산과 관련 정책에 대한 표현입니다. 알맞은 표현을 써 보세요.

1) 한국에 사는 **사람들의 수가 점점 줄고 있습니다**. 저출산이 가장 큰 이유라고 할 수 있습니다. — 인구가 감소하다

2) 출산율이 하락하면서 정부에서는 각 가정에 **아이를 낳도록 지원하고 격려하고 있습니다**.

3) 정부에서 **아이를 키우는 비용을 도와주기도** 하고

4) 아이를 키우는 동안 **일하는 시간을 줄이거나**

5) 육아 휴직을 쓸 수 있게 하는 **제도를 만들었습니다**.

6) 아이나 부모에게 **매달 일정한 금액을 주기도** 합니다.

7) 출산율을 높이기 위해 **정부가** 이러한 **방안을 실시해서**

8) 아이를 낳는 가정에 **이득을 주고** 있지만

9) 이러한 정책들은 **효과가 별로 없는** 것으로 나타났습니다.

10) **여전히 많은 사람들이** 아이를 낳지 않으려는 **경향을 보입니다**.

11) 출산율을 높이기 위해 **실제로 효과를 볼 수 있는** 방안을 찾아야 합니다.

인구가 감소하다	효과가 미미하다	정책을 시행하다	실효성이 있다
추세가 지속되다	출산을 장려하다	혜택을 제공하다	제도를 마련하다
수당을 지급하다	양육비를 지원하다	근로 시간을 단축하다	

듣기

들어 보세요 ❶

준비

1. 아래는 인구 피라미드입니다. 어떤 변화가 있습니까? 여러분 나라에도 이와 같은 현상이 나타납니까?

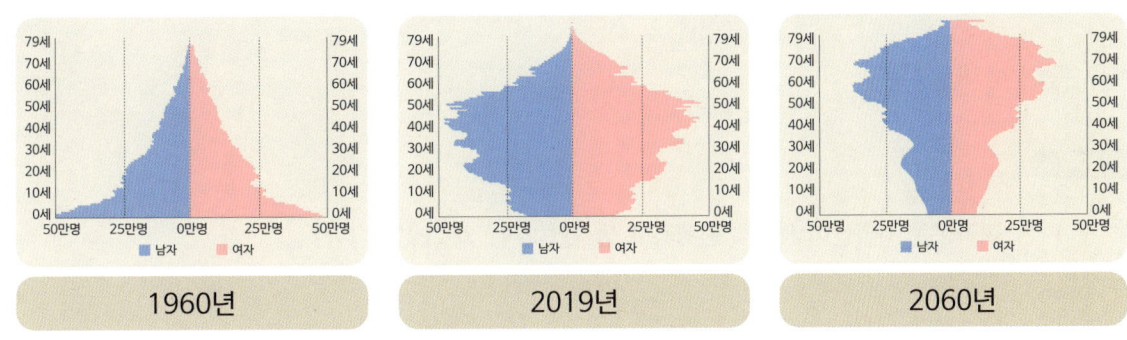

출처: 통계지리정보서비스(SGIS)

2. 출산율이 하락하는 원인은 무엇이라고 생각합니까?

  ☐ 취업이 어려워서 ☐ 경제적 문제 때문에
  ☐ 결혼을 안 하거나 늦게 해서 ☐ 자녀를 키우는 데 부담을 느껴서
  ☐ _____

듣기 다음은 저출산 문제에 대한 대담의 앞부분입니다. 잘 듣고 질문에 답해 보세요.

중심 내용 파악하기

1. 대담에서 이야기하고 있지 <u>않은</u> 것을 고르세요.

   ① 출산율의 정의 ② 저출산 문제의 원인
   ③ 미래 인구에 대한 전망 ④ 양육 친화적 국가의 사례

세부 내용 파악하기

2. 1960년대와 2060년의 인구 구성에는 어떤 차이가 있습니까?

1960년대	아동과 청년이 많고_____.
2060년	_____.

11-1. 저출산과 사회 문제

3 남자가 제시한 출산율이 높아지지 <u>않는</u> 이유는 무엇입니까?

> 그동안의 정책은 주로 아이를 낳으면 _____을 주는 데 초점을 맞추고 있었으며 아이를 낳지 않는 가장 큰 이유인 _____를 해결해 주지 못하고 있음.

4 여자는 양육 친화적인 국가에서 시행하고 있는 제도로 어떤 것을 이야기하고 있습니까?

🎧 들어 보세요 ❷

준비

1 여러분은 저출산이 사회적 문제라고 생각합니까? 왜 그렇습니까?

2 어떻게 해야 출산율이 높아질 수 있다고 생각합니까? 여러분이 생각하는 좋은 방법을 이야기해 보세요.

주거 지원   일자리 지원   양육비 지원   ?

듣기 다음은 저출산 문제에 대한 대담의 뒷부분입니다. 잘 듣고 질문에 답해 보세요.

중심 내용 파악하기

1 대담에서 중점적으로 이야기하고 있는 것은 무엇입니까?

세부 내용 파악하기

2 대담자들의 생각으로 알맞은 것을 연결하세요.

- 여자 •
- 남자 •

  - • 아이를 낳고 키우는 데에 막대한 비용이 들어 젊은 세대에게 부담이 된다.
  - • 육아 휴직과 같은 실효성 있는 정책을 적극적으로 강화해야 한다.
  - • 젊은 세대들이 미래에 대한 희망을 가질 수 있도록 고용, 주거, 연금 문제를 해결해야 한다.
  - • 저출산 상황의 심각성을 국민들에게 적극적으로 알려야 한다.

문법과 표현

동-기에 앞서(서) ☞ 8쪽

아이를 낳으면 혜택을 주는 정책을 제시하기에 앞서서 아이를 낳지 않으려고 하는 이유가 무엇인지 살펴봐야 합니다.

3 이 대담의 내용과 일치하는 것을 모두 고르세요.

☐ 일부 사람만 육아 휴직 제도를 사용하고 있다.
☐ 그동안의 출산 장려 정책은 큰 효과를 거뒀다.
☐ 모든 국민이 저출산 문제의 심각성에 대해 공감하고 있다.
☐ 여러 문제로 젊은 세대가 미래에 대한 희망을 갖기 어렵다.

4 주거 문제와 관련하여 여자가 제안한 해결 방안은 무엇이며 그런 제안을 한 이유는 무엇입니까?

• 해결 방안: _____.
• 이유: _____.

이야기해 보세요

1 저출산 현상이 심화된다면 미래에 문제가 될 거라고 생각합니까?

저는 문제가 안 될 거라고 생각해요. 인구가 줄면 교통 체증이나 환경 오염과 같은 문제가 해결되는 등 좋은 점도 있지 않을까요?

제 생각에는 경제 활동을 할 수 있는 인구는 급격히 줄고, 은퇴자의 수는 늘어나서 국가에 큰 부담이 될 것 같아요.

2 여러분 나라의 출산율은 어떻습니까? 여러분 나라에 출산율과 관련된 정책이 있습니까?

3 여러분은 결혼이나 출산을 하지 않으려는 경향에 대해서 어떻게 생각합니까?

요즘 저출산이 문제로 여겨지는 것은 사실이지만 그렇다고 해서 반드시 출산을 해야 하는 것은 아니라고 생각해요. 개인 스스로 충분히 생각해서 판단할 문제지요.

문법과 표현

동형 -거나 하다 ☞ 8쪽
규모가 작은 기업들에 정부가 경제적인 지원을 해 주거나 해서 많은 국민들이 이 제도를 활용할 수 있도록 했으면 합니다.

말하기 (Speaking 11-1)

🎤 변화하는 사회에서 나타나는 여러 문제에 대해 토의해 보세요.

- 준비해 보세요

1 토의와 토론의 차이점은 무엇입니까?

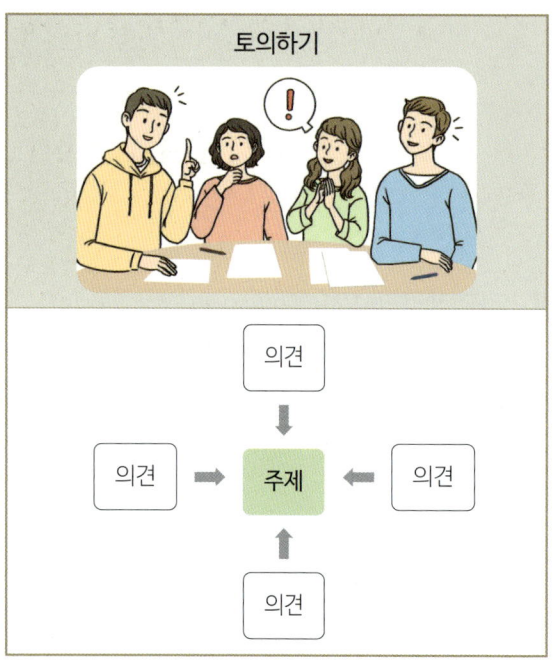

2 다음 중 토의 주제로 적절한 것은 무엇입니까?

- ☐ 사형 제도를 허용해야 하는가?
- ☐ 동물 실험은 금지되어야 하는가?
- ☐ 출산율을 높일 수 있는 방안은 무엇인가?
- ☐ 어떻게 하면 세대 차이를 줄일 수 있는가?
- ☐ 미래에 우리의 아이들이 살기 좋은 사회를 만들려면 어떻게 해야 하는가?

3 저출산 문제에 대해 토의를 한다면 어떤 이야기를 하고 싶습니까?

- **표현을 연습해 보세요**

1 다음은 의견을 제시할 때 사용하는 표현입니다. 다음 표현을 사용하여 '준비해 보세요' 3번에서 생각한 내용에 대해 이야기해 보세요.

> **의견 제시하기**
>
> ▶ 자신의 의견을 제시합니다.
>
> - 제 생각에는[제가 생각하기에는] …는 것 같습니다
> - 아마 …을 겁니다
> - 저는 …다고 봅니다
> - 제 의견은 …다는 것입니다

1) **제 생각에는** 젊은 세대가 아이를 낳고 싶지 않은 환경이 **문제인 것 같습니다**. 이런 환경에서는 **아마** 정부가 지원을 해 줘도 아이를 낳으려는 사람이 많지 **않을 겁니다**.

1) 저출산 문제
   - 젊은 세대가 아이를 낳고 싶지 않은 환경이 문제임.
   - 정부가 지원을 해 줘도 아이를 낳지 않을 것임.

2) 저출산 문제

2 다음은 보충 의견을 제시할 때 사용하는 표현입니다. 다음 표현을 사용하여 '준비해 보세요' 3번에서 생각한 내용에 대해 이야기해 보세요.

> **보충 의견 제시하기**
>
> ▶ 상대방의 의견이나 자신의 의견 중 보충하여 이야기하고 싶은 부분을 밝히고 의견을 추가하여 이야기합니다.
>
> - …다고 말씀해 주셨는데 덧붙여서 말씀드리면
> - … 씨의 의견을 조금 더 보충한다면
> - 제가 앞서 말씀드린 내용을 조금 더 보충하면

1) 아이를 낳고 싶지 않은 환경이 **문제라고 말씀해 주셨는데 덧붙여서 말씀드리면** 대부분의 회사원은 아이를 낳아도 회사에 눈치가 보여서 육아 휴직을 쓰는 것이 매우 어렵다고 생각합니다.

1) 저출산 문제
   - 대부분의 회사원은 아이를 낳아도 회사에 눈치가 보여서 육아 휴직을 쓰기가 어려움.

2) 저출산 문제

이야기해 보세요

1 변화하는 사회에서 나타나는 문제로는 어떤 것이 있을까요?

- 청년 인구 감소
- 고용 불안정
- 주거 불안정
- 일과 자녀 양육 병행
- ?

2 위에서 제시한 문제들에 대해 자신의 의견을 메모해 보세요.

청년 인구 감소	• •
고용 불안정	• •
주거 불안정	• •
일과 자녀 양육 병행	• •
_____	• •

3 각 주제에 대해 자신의 의견을 말하고 보충 의견도 이야기해 보세요.

> 보기

🔴 **청년 인구 감소**

우리 나라는 출산율이 낮아서 청년 인구가 점점 감소하고 있습니다. **제 생각에는** 청년 인구 감소는 생산 활동 인구가 줄어드는 것을 의미하기 때문에 사회적으로 큰 **문제인 것 같습니다.**

네. 우리 나라도 같은 상황입니다. **덧붙여서 말씀드리면** 이런 상황은 농촌에서 더욱 심각합니다. 청년들이 다 도시로 떠나서 농촌에는 노인 인구가 많은 상황이고 남아 있는 청년들이 있다고 해도 결혼도 하기 어렵습니다.

우리 나라와는 상황이 좀 다르네요. 우리 나라는 출산율이 높은 편이라서 아직 그런 문제는 없습니다.

· · ·

🔵 **고용 불안정**

제 의견은 청년들에게는 취업이 어려운 것이 매우 큰 **문제라는 것입니다.** 많은 기업이 정규직을 별로 뽑지 않기 때문에 청년들이 아르바이트를 해서 생활을 유지하는 경우가 많은데요. 이런 상황은 개선될 필요가 있습니다.

네. 우리 나라에서도 청년들이 아르바이트를 하면서 생활을 하는 경우가 많은데요. 사실 그런 경우가 매우 흔해서 특별히 문제라고 생각하지는 않습니다. 충분한 경제 활동을 한다면 문제가 될 상황은 **아니라고 봅니다.**

저는 문제 상황이라고 생각합니다. **제가 앞서 말씀드린 내용을 조금 더 보충하면** 청년들이 정규직으로 취직을 못하고 아르바이트만 하는 경우 언제든지 해고될 수 있습니다. 이렇게 불안정한 상태에서는 미래 계획도 세우기 어렵기 때문에 **문제라는 것입니다.**

· · ·

11-2 변화하는 가족

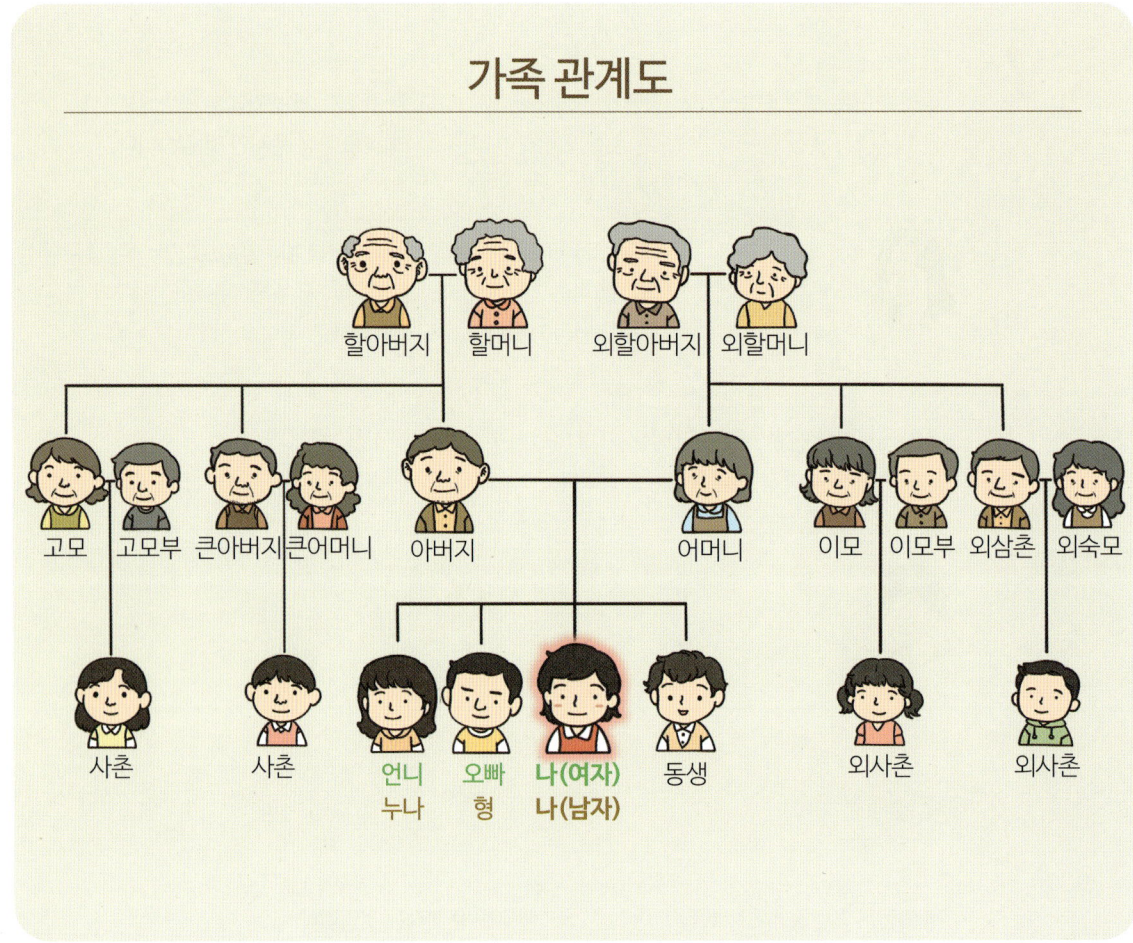

1. 가족 관계도를 보고 여러분 나라에서는 어떤 호칭을 쓰는지 이야기해 보세요.

2. 여러분은 어느 범위까지 가족이라고 생각합니까? 왜 그렇게 생각합니까?

주제 어휘

1 다음은 가족과 관련된 표현입니다. 알맞은 것을 연결해 보세요.

1) 가장 • — • 한 가정을 책임지는 사람
2) 가족 구성원 • • 가족을 이루는 사람들
3) 친척 • • 부모님의 부모님이나 형제, 자매 등 가까운 관계의 사람들
4) 혈연 의식 • • 서로 밀접하게 연결되어 있다는 느낌
5) 유대감 • • 어떤 일을 할 수 있는 정당한 힘이나 자격
6) 개성 • • 다른 사람과 구별되는 자기 자신만의 특성
7) 권리 • • 같은 핏줄로 연결되어 있다는 것을 중요하게 생각하는 태도

2 노인이나 노인과 함께 사는 가족에게 생길 수 있는 문제점에 어떤 것이 있을까요?

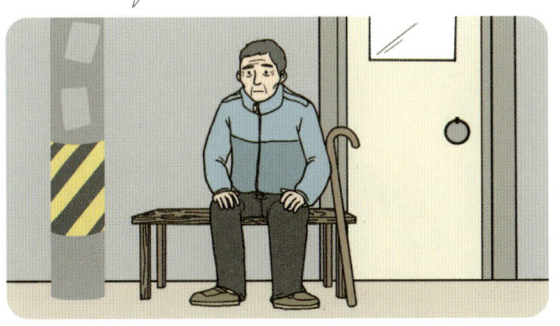

부모를 부양하는 가족들이 줄어들면서 독거노인의 수가 늘고 있어요.

연금 제도가 미흡해서 은퇴 후에 경제적으로 어려움을 겪어요.

독거노인	고령화	연금을 받다	노후를 보내다
부모를 부양하다	의식이 약화되다	소외감을 느끼다	관계가 단절되다
질병에 시달리다	제도가 미흡하다	경제적으로 자립하다	노화 현상이 나타나다

읽어 보세요 1

준비

1 다음은 어떤 형태의 가족인지 이야기해 보세요.

대가족   핵가족   조손 가족   다문화 가족   입양 가족   ?

2 여러분 나라에는 어떤 가족 형태가 있습니까?

읽기 다음은 가족의 변화에 대한 설명문입니다. 글을 읽고 질문에 답해 보세요.

가족의 변화

가 인간이 태어나서 가장 먼저 접하는 사회인 가족은 어느 시대, 어떤 사회에서든지 중요한 역할을 담당해 왔다. 그러나 가족의 형태와 가족에 대한 가치관은 시대와 사회의 변화에 따라 함께 변화했다.

나 한국 전통 사회에서의 가족 형태는 대부분 대가족이었다. 조부모, 부모, 자녀로 구성된 대가족 안에서는 가족 구성원들끼리 같은 피를 나누었다는 혈연 의식이 강했기 때문에 공동체로서의 유대감이 무엇보다 중요했다. 따라서 개개인의 개성을 존중하기보다는 가장이나 집안 어른의 말을 따르는 것을 중시하며 공동체의 가치를 최우선으로 여겼다.

다 이후 산업화가 진행되며 핵가족이라는 새로운 가족 형태가 등장했다. 핵가족 내에서 구성원들은 서로 동등한 권리를 갖는다고 여겼으며, 가장의 말을 무조건 따르기보다는 가족 구성원들이 함께 의논하여 중요한 일을 결정했다. 또한 대가족과 달리 가족 구성원의 개성과 창의성을 존중하며 공동체보다 개인을 더 중시하는 개인주의적인 가치를 추구했다. 그러면서 대가족 안에서 강조되었던 가족 간의 유대감은 자연스럽게 약화되었다.

라 사회 변화에 따라 이제 가족 형태는 더욱 다양해졌다. 한 부모 가족, 무자녀 가족, 조손 가족, 다문화 가족, 입양 가족 등 여러 가족 형태가 등장했고 1인 가구 또한 급격하게 증가했으며 사람들이 중시하는 가치관도 다양해졌다. 자신의 미래나 꿈을 스스로 **선택하듯이** 개개인의 가치관에 따라 삶의 방식을 선택하고 자신만의 가정을 꾸리는 시대가 된 것이다.

마 앞으로도 사회는 끊임없이 변화할 것이므로 그에 따라 가족 형태 역시 더 다양해질 것으로 예상되며, 이와 함께 우리가 풀어야 할 과제도 더욱 많아질 것으로 전망된다.

개요 파악하기

1 가~마의 중심 내용을 연결하세요.

가 •	• 가족의 정의
나 •	• 앞으로의 전망
다 •	• 핵가족의 가치관
라 •	• 대가족의 가치관
마 •	• 새로운 가족 형태의 등장

세부 내용 파악하기

2 대가족과 핵가족에 대한 설명을 알맞게 연결하세요.

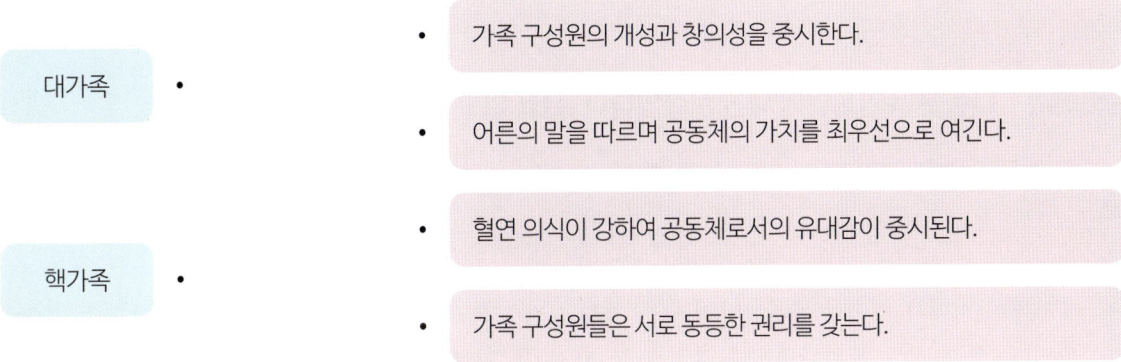

- 가족 구성원의 개성과 창의성을 중시한다.
- 어른의 말을 따르며 공동체의 가치를 최우선으로 여긴다.
- 혈연 의식이 강하여 공동체로서의 유대감이 중시된다.
- 가족 구성원들은 서로 동등한 권리를 갖는다.

3 사회가 변화함에 따라 나타난 다양한 가족 형태에는 어떤 것이 있습니까?

4 글쓴이는 앞으로의 가족 형태에 대해 어떻게 전망하고 있습니까?

추론하기

5 다음 중 전통적 가족 가치관과 어울리는 생각을 모두 고르세요.

☐ 가족은 하나의 공동체이므로 유대감을 갖고 생활해야 한다.
☐ 피를 나누지 않아도 가족이 될 수 있으며 가족 형태는 내가 선택하는 것이다.
☐ 가족의 중요한 일은 가족 구성원이 같이 의논하여 결정하는 것이 바람직하다.
☐ 중요한 일이 있으면 가족 내에서 나이가 많은 어른의 조언을 구하는 것이 좋다.

확장 활동하기

6 여러분 나라의 가족 형태에도 변화가 있었습니까? 위의 글과 비교하여 이야기해 보세요.

문법과 표현

동 **형** -듯(이), **명** 이듯(이) ☞ 9쪽

자신의 미래나 꿈을 스스로 선택하듯이 개개인의 가치관에 따라 자신만의 가정을 꾸리는 시대가 된 것이다.

읽어 보세요 2

준비

1. 고령화 시대, 초고령화 시대라는 말을 들어 봤습니까? 이 시대에는 어떤 문제가 발생할까요?

- 지급할 연금이 부족해짐
- 세금을 낼 사람이 줄어듦
- 혼자 사는 노인이 늘어남
- ?

2. 여러분 나라에도 이런 문제가 있습니까? 어떻게 해결하고 있습니까?

읽기 다음은 독거노인에 대한 사설입니다. 글을 읽고 질문에 답해 보세요.

독거노인 문제에 관심을 가져야

고령화 시대가 되면서 독거노인의 수는 계속 증가하고 그에 따라 고독사 등 다양한 사회 문제가 나타나게 되었다. 통계 자료에 의하면 전체 1인 가구 중 65세 이상 노인이 차지하는 비중이 2060년에는 약 50%에 이를 것으로 전망된다. 독거노인과 관련된 여러 문제는 더 이상 외면할 수 없는 **현실임에 틀림없다.**

독거노인들이 어려움을 겪는 원인은 무엇일까? 먼저 노화를 그 원인으로 꼽을 수 있다. 노화로 인해 신체 활동에 제한이 생기고 질병에 시달리기도 한다. 다음으로는 경제적인 문제를 들 수 있다. 경제 활동을 할 수 있는 연령에 제한이 있고 은퇴 후의 연금 제도가 미흡하기 때문에 많은 노인들이 경제적 어려움을 겪는 것이다. 마지막으로 꼽을 수 있는 원인은 사람들의 의식 변화이다. 전통 사회에서 중시되던, 부모를 부양해야 한다는 의식이 약화되면서 노인들은 가족과의 관계가 점차 단절되고 소외감을 느낀다.

독거노인들이 겪는 문제를 해결하기 위해 노인 부양가족에게만 의존하는 것은 무리이다. 국가가 노인 부양가족에게 세금을 줄여 주거나 경제적 지원을 하여 부담을 덜어 준다면 독거노인의 문제 해결에 큰 도움이 될 것이다. 가족이 없는 독거노인의 경우 정부에서 이들을 위한 공동체를 형성해 주는 방법도 고려해 볼 만하다. 최근 지방 자치 단체에서 실시하고 있는 '노인 공동 거주제'가 그 예가 될 수 있다. 노인 공동 거주제란 혼자 살던 노인들이 모여 살며 숙식을 함께 할 수 있게 장소를 제공하는 제도이다. 이 제도의 장점은 노인들이 그동안 살아온 동네에서 만나던 사람들과 편안하고 안전하게 노후를 보낼 수 있다는 것이다. 물론 노인 개개인의 사생활이 보장되지 않는다는 점에서 추가적인 대책은 필요하지만 정부가 적극적으로 독거노인 문제를 해결하려고 나섰다는 것은 긍정적인 일이다. 또한 노인의 경제적인 자립과 활기차고 건강한 노후 생활을 장려하기 위해 다양한 시간제 일자리를 마련하여 제공하는 것도 하나의 해결책이 될 것이다.

우리 사회가 이미 고령화 사회로 진입했고 노인 1인 가구도 빠르게 늘어나고 있는 이상 독거노인 문제는 더 이상 남의 일이 아니다. 내 일, 내 가족의 일, 내 이웃의 일이 된 것이다. 따라서 정부와 국민 모두가 적극적으로 이 문제에 관심을 가져야 하겠다.

중심 내용 파악하기

1 이 글의 글쓴이가 말하고자 하는 것은 무엇입니까?

세부 내용 파악하기

2 독거노인이 겪는 어려움에는 어떤 것이 있습니까?

1) 노화로 인해 _____ .
2) _____ .
3) _____ .

3 글쓴이가 독거노인 문제의 해결 방안으로 제시한 것은 무엇입니까?

1) 노인을 부양하는 가족의 세금을 줄여 주거나 경제적 지원을 해 줌 .
2) _____ .
3) _____ .

4 글의 내용과 일치하면 ○, 일치하지 않으면 ✕ 하세요.

1) 고령화 사회로 진입했으므로 독거노인 문제는 우리 모두의 일이 될 것이다. (   )
2) 독거노인들에게는 경제적인 문제보다 신체적, 정신적 문제가 더 큰 문제이다. (   )
3) 2060년에는 1인 가구 중 독거노인이 차지하는 비중이 50%가 될 것으로 예측된다. (   )

이야기해 보세요

1 여러분 나라에서는 나이 드신 부모님을 누가 부양합니까? 노인 부양가족에게 정부가 주는 혜택이 있습니까?

> 우리 나라에서는 자녀 중에서 막내가 부모님을 부양해요. 왜냐하면….

2 가족 형태의 변화와 노인 문제가 관련이 있다고 생각합니까? 왜 그렇게 생각합니까?

문법과 표현

동 형 -음에 틀림없다, **명** 임에 틀림없다　☞　9쪽

독거노인과 관련된 여러 문제는 더 이상 외면할 수 없는 현실임에 틀림없다.

Writing 쓰기 11-2

📋 가족 문제의 해결 방안을 제안하는 글을 써 보세요.

▶ 준비해 보세요

1 문제를 해결하는 글을 쓸 때 어떤 순서로 글을 구성하면 좋을까요? 번호를 써 보세요.

문제를 제기한다.	(1)
해결 방안을 제시한다.	( )
기대 효과를 서술한다.	( )
실태를 설명한다.	( )
원인을 분석한다.	( )

2 노인과 관련된 문제에는 어떤 것이 있습니까? 그 문제를 해결하는 방안으로 무엇을 생각할 수 있습니까? 그러한 해결 방안을 통해 어떤 효과를 기대할 수 있을까요?

> 노인을 부양하는 가족에게 혜택을 준다면 가족의 부담을 덜어 줄 수 있을 거예요. 정부가 경제적으로 지원을 해 줬으면 해요.

> 혼자 사는 분들은 외로움을 느끼는 경우가 많아요. 노인분들이 모여서 즐겁게 시간을 보내실 수 있는 문화 공간이 많으면 좋을 것 같아요. 노인분들이 함께 시간을 보내고 즐길 수 있는 공간이 생긴다면 외롭지 않게 노후를 보낼 수 있으실 거예요.

> 노인분들은 경제 활동을 하지 않기 때문에 경제적으로 어려움을 겪어요. 은퇴 후에도 안정적으로 살 수 있도록 연금 제도가 꼭 필요해요. 노인분들이 연금을 받는다면 경제적 어려움 없이 생활하실 수 있을 거예요.

- **표현을 연습해 보세요**

1 다음은 문제 해결 방안을 제시할 때 사용하는 표현입니다. 다음 표현을 사용하여 '준비해 보세요' 2번에서 말한 내용에 대해 이야기해 보세요.

문제 해결 방안 제시하기
> 해결 방안을 자세히 설명합니다.

- …기 때문에 …이 필요하다
- …거나 …는 등 혜택을 마련해야 하다
- …는 것도 하나의 해결책이 될 수 있다

1) 요즘은 부양 의무가 **약화되었기 때문에** 노인을 부양하는 가족에게 지원을 해 주는 **제도가 필요하다**. 노인을 부양하는 가족에게는 세금을 줄여 **주거나** 경제적 지원을 해 **주는 등 혜택을 마련해야 한다**.

1) 노인 문제
- 부양 의무가 약화되었기에 지원 제도가 필요함.
- 노인 부양가족에게는 세금을 줄여 주거나 경제적 지원을 해 줌.

2) 노인 문제
-
-

2 다음은 해결 방안의 기대 효과를 서술할 때 사용하는 표현입니다. 다음 표현을 사용하여 '준비해 보세요' 2번에서 말한 내용에 대해 이야기해 보세요.

기대 효과 서술하기
> 해결 방안을 통해 나타날 수 있는 효과를 설명합니다.

- …다면 …는 데 큰 도움이 될 것이다
- …는 효과를 기대할 수 있다
- 획기적인 [뚜렷한] 변화를 가져올 것이다

1) 노인을 부양하는 가족을 위해 다양한 혜택을 **마련한다면** 노인 부양가족의 부담을 덜어 **주는 데 큰 도움이 될 것이다**.

1) 노인 문제
- 노인 부양가족의 부담을 덜어 줄 수 있음.

2) 노인 문제
-

쓰기 (Writing 11-2)

써 보세요

1 현대 사회의 가족과 관련된 문제 중 무엇에 대한 글을 쓰고 싶습니까? 구체적으로 정해 보세요.

- 독거노인
- 전통적 가족의 해체
- 가족 간 가치관 대립
- 1인 가구 증가
- ?

2 선택한 주제에 대해 어떤 생각을 가지고 있습니까? 보기와 같이 개요를 써 보세요.

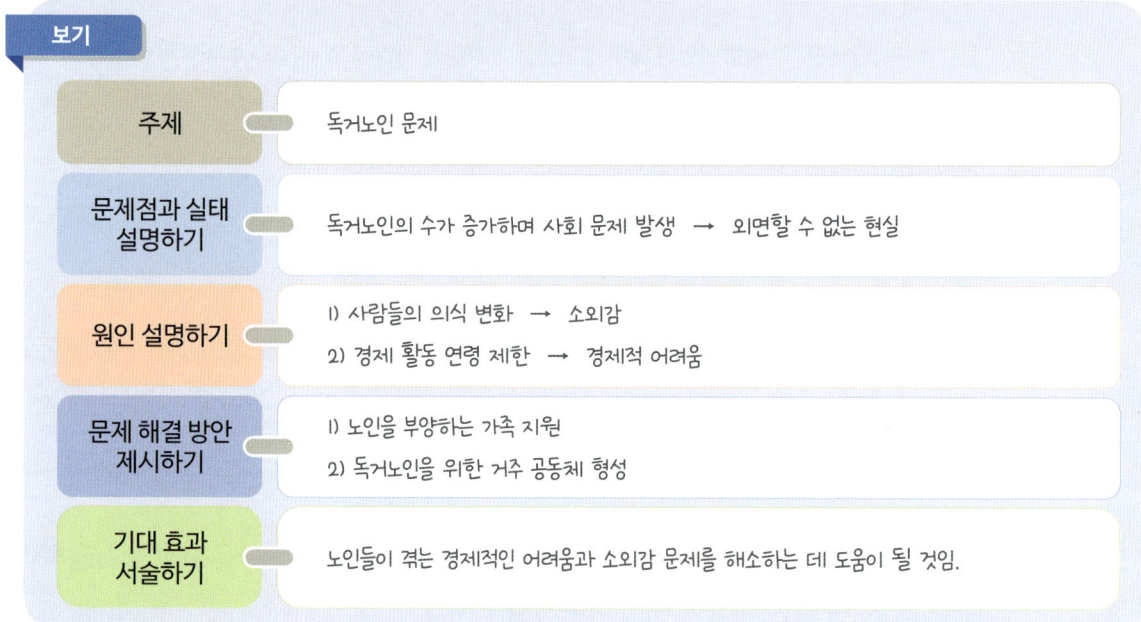

3 개요를 바탕으로 보기와 같이 글을 써 보세요.

> **보기**

제목	독거노인 문제의 해결 방안	
서론	고령화 시대가 되면서 독거노인의 수는 계속 증가하고 그에 따라 고독사 등 다양한 사회 문제가 나타나게 되었다. 독거노인과 관련된 여러 문제는 더 이상 외면할 수 없는 현실임에 틀림없다.	문제점과 실태 설명하기
본론	독거노인들이 어려움을 겪는 원인은 무엇일까? 먼저 사람들의 의식 변화를 들 수 있다. 전통 사회에서 중시되던, 부모를 부양해야 한다는 의식이 약화되면서 노인들은 가족과의 관계가 점차 단절되고, 그 결과 소외감을 느끼게 되었다. 또한 경제적인 문제도 빼놓을 수 없다. 경제 활동 연령 제한으로 인해 많은 노인들이 경제적으로 어려움을 겪을 수밖에 없는 것이다.	원인 설명하기
	독거노인들이 겪는 문제를 해결하기 위해 노인 부양가족에게만 의존하는 것은 무리이다. 국가가 노인 부양가족에게 세금을 줄여 주거나 경제적 지원을 해 주는 등의 혜택을 마련해야 한다. 정부에서 이들을 위한 공동체를 형성해 주는 것도 하나의 해결책이 될 수 있을 것이다. 최근 지방 자치 단체에서 실시하고 있는 '노인 공동 거주제'가 그 예가 될 수 있다. 노인 공동 거주제란 혼자 사는 노인들이 모여 살며 숙식을 함께할 수 있게 장소를 제공하는 제도이다. 노인들이 그동안 살아온 동네에서 만나던 사람들과 편안하고 안전하게 노후를 보낼 수 있다는 것이 장점이다. 물론 노인 개개인의 사생활이 보장되지 않는다는 점에서 추가적인 대책은 필요하지만 정부가 적극적으로 독거노인 문제를 해결하려고 나섰다는 것은 긍정적인 일이다.	문제 해결 방안 제시하기
결론	노인 부양가족에 대한 경제적인 지원과 노인을 위한 거주 공동체 마련은 노인들이 겪는 경제적인 어려움과 소외감 문제를 해소하는 데 큰 도움이 될 것으로 보인다. 정부에서 이러한 방안을 실시하고 국민들도 적극적으로 이 문제에 관심을 갖는다면 독거노인 문제를 해결하는 데 좋은 효과를 기대할 수 있을 것이다.	기대 효과 서술하기

Vocabulary
어휘

11-1. 저출산과 사회 문제

주제 어휘

근로 시간(勤勞時間)을 단축(短縮)하다 [글로]
일하는 시간을 짧게 줄이다.
우리 회사는 근로 시간을 단축하고 임금을 줄이기로 했다.
to shorten working hours

수당(手當)을 지급(支給)하다
직장에서 본래 받기로 정해진 돈 이외의 돈을 내주다.
회사에서 미국 현지 생활에 적절한 근무지 수당을 지급했다.
to pay an additional compensation

실효성(實效性)이 있다
실제로 효과를 나타내다.
이 제도에 실효성이 있는지에 대해 양측의 토론이 계속되고 있다.
to be effective

양육(養育)
명 아이를 보살펴서 자라게 함.
부모가 세상을 뜨자 아이들의 양육은 친척들의 손에 맡겨졌다.
rearing

양육비(養育費)를 지원(支援)하다 [양육삐]
아이를 보살펴서 자라게 하는 데 드는 비용을 마련해 주다.
우리나라의 출산율이 낮아 국가에서 양육비를 지원해 주는 정책을 실시하고 있다.
to assist with child support

유급(有給) 휴직(休職)
직장에서 돈을 받으며 일정한 기간 일을 쉼.
갑작스러운 수술로 인해 유급 휴직을 받았다.
paid leave

육아 휴직(育兒休職)
어린아이를 기르기 위해 일정한 기간 일을 쉼.
아이의 양육을 위해 육아 휴직을 신청했다.
parental leave

인구(人口)가 감소(減少)하다
일정한 지역에 사는 사람의 수가 줄다.
젊은이들이 대도시로 몰려들면서 농촌 인구가 빠른 속도로 감소하고 있다.
population declines

저출산(低出産) [저출싼]
명 아이를 적게 낳음.
미래가 불확실한 상황 속에서 청년들이 결혼을 안 하거나 미루게 되고 출산이 이뤄지지 않으면서 저출산 현상이 심화되고 있다.
low fertility rate

정책(政策)을 시행(施行)하다
정치적 목적을 이루기 위한 방안을 실제로 행하다.
정부는 새로운 정책을 시행할 때 반대 의견에 부딪히기도 한다.
to implement policies

제도(制度)를 마련하다
법률 등의 규범이나 사회 구조의 체계를 갖추다.
현재의 대학 입시 제도를 개선하기 위해 새로운 입시 제도를 마련했다.
to set up a system

추세(趨勢)가 지속(持續)되다
어떤 현상이 일정한 방향으로 나아가는 경향이 오래 계속되다.
불경기로 인해 집값 하락 추세가 지속되고 있다.
trend continues

출산 휴가(出産休暇)
일하는 여성이 아이를 낳기 위하여 얻는 휴가.
우리 회사는 출산 휴가를 3개월 준다.
maternity leave

출산율(出産率) [출싼뉼]
명 아기를 낳는 비율.
출산율이 낮아지고 평균 수명은 길어지면서 노인 인구 비중이 급속도로 높아지고 있다.
birth rate

출산(出産)을 장려(獎勵)하다 [장녀하다]
아이를 낳는 일에 힘쓰도록 격려하다.
정부에서는 출산을 장려하기 위해 출산 지원금을 주고 있다.
to promote childbirth

혜택(惠澤)을 제공(提供)하다
명 이익과 도움을 주다.
새 회원들에게 10% 할인 혜택을 제공하고 있다.
to offer benefits

효과(效果)가 미미(微微)하다 [효과/효꽈]
어떤 물건이나 행위에 따른 좋은 결과가 아주 작다.
그 영양제를 한 달 동안 먹어 봤지만 효과는 미미한 것 같다.
effect be insignificant

듣기

들어 보세요 1

고용(雇用)
명 돈을 주고 사람에게 일을 시킴.
아이를 낳아도 고용이 보장되는 사회가 되어야만 저출산 문제를 해결할 수 있다.
employment

사망자(死亡者)
명 죽은 사람.
이번 열차 사고로 숨진 사망자 명단이 신문에 실렸다.
the deceased

아동(兒童)
명 나이가 적은 아이.
어른들은 아동을 보호해야 한다.
child

연금(年金)
명 소득의 일부를 일정 기간 동안 내고 노후에 받는 돈.
연금 제도는 노후 복지를 위한 것이다.
pension

인구(人口) 피라미드
인구가 성별, 연령별로 일정한 범위에 나뉘어 있는 것을 나타낸 도표.
인구 피라미드를 통해서 과거와 현재의 인구 변화를 알 수 있다.
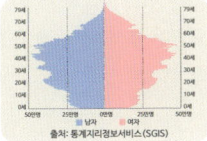
population pyramid

자녀(子女)
명 아들과 딸을 함께 이르는 말.
이 교육은 자녀와 학부모가 함께 참여하는 것이 바람직하다.
children

출생자(出生者) [출쌩자]
명 세상에 태어난 사람.
1980년대 이후 출생자만 이 대회에 참가할 수 있다.
the born

들어 보세요 2

거두다
동 좋은 결과나 성과 등을 얻다.
그는 열심히 노력하여 이번 시험에서 뛰어난 성적을 거두었다.
to reap

공감대(共感帶)
명 서로 공감하는 부분.
나이가 비슷한 사람들 사이에는 공감대가 쉽게 형성된다.
consensus

논의(論議)하다 [노늬하다/노니하다]
동 어떤 문제에 대하여 서로 의견을 내어 토의하다.
나는 진학 문제에 대하여 선생님과 논의했다.
to discuss

동감(同感)하다
동 어떤 견해나 의견에 같은 생각을 가지다.
제 제안에 동감하는 분만 손을 들어 주십시오.
to agree

소수(少數)
명 적은 수.
소수의 몇 사람만이 그 의견에 동의했다.
minority

시점(時點) [시쩜]
명 시간의 흐름 가운데 어느 한 순간.
변화를 받아들이지 않으면 안 될 시점에 와 있다.
point of time

은퇴자(隱退者)
명 해 오던 일에서 물러나거나 사회 활동을 그만둔 사람.
은퇴자들이 원하는 것 중 하나는 경제적으로 안정적인 생활을 하는 것이다.
retiree

11-2. 변화하는 가족

주제 어휘

가장(家長)
명 한 가정을 이끌어 나가는 사람.
부모님이 돌아가셔서 이제 내가 가장이 되었다.
head of household

가족(家族) 구성원(構成員)
가족을 이루고 있는 사람들.
가족 구성원 모두가 만족한 집을 구했다.
family member

개성(個性)
명 다른 사람이나 사물과 구별되는 고유의 특성.
그의 작품은 너무 개성이 없다.
individuality

경제적(經濟的)으로 자립(自立)하다
경제적인 것을 남에게 의지하지 않고 스스로 생활하다.
그녀는 하루빨리 부모님에게서 경제적으로 자립하기 위해 퇴근 후에 아르바이트를 하고 있다.
to be financially independent

고령화(高齡化)
명 한 사회에서 노인의 인구 비율이 높은 상태로 나타나는 일.
이제 우리는 고령화 사회에 맞게 노인들을 배려하는 사회 환경을 만들어 나가야 한다.
aging population

관계(關係)가 단절(斷絶)되다
관계가 끊어지다.
예전에는 멀리 이사를 가게 되면 연락할 방법이 없어 친한 친구와 관계가 단절되는 경우가 많았다.
relationship be severed

권리(權利) [궐리]
명 어떤 일을 하거나 다른 사람에게 요구할 수 있는 정당한 힘이나 자격.
사람은 누구나 교육을 받을 권리가 있다.
right

노화(老化) 현상(現象)이 나타나다
시간이 흐름에 따라 생체 구조와 기능이 쇠퇴하는 현상이 나타나다.
40대 이후부터는 신체의 노화 현상이 급격히 나타나기 시작한다.
aging phenomenon appears

노후(老後)를 보내다
늙어진 뒤의 시간을 보내다.
풍요롭게 노후를 보내기 위해 저축을 한다.
to spend one's old age

독거노인(獨居老人)
명 가족 없이 혼자 살아가는 노인.
우리는 우리 지역 독거노인 분들께 안부 전화를 드리는 봉사 활동을 하고 있다.
living alone elderly

부모(父母)를 부양(扶養)하다
생활 능력이 없는 아버지와 어머니를 돌보다.
고령의 부모를 부양하는 자식에게는 부모 수당이 지급된다.
to support one's parents

소외감(疏外感)을 느끼다
남에게 따돌림을 당하여 멀어진 듯한 느낌을 받다.
소외감을 없애기 위해서는 소외감을 느끼는 이유를 찾는 것이 중요하다.
to feel alienated

연금(年金)을 받다
일정 기간 돈을 냈거나 특정 조건을 만족하여 은퇴 후에 회사나 정부로부터 일정한 주기로 돈을 받다.
우리 부모님은 작년부터 연금을 받아 생활하신다.
to receive a pension

유대감(紐帶感)
명 서로 밀접하게 연결되어 있는 공통된 느낌.
요즘은 친척 간의 끈끈한 유대감을 찾아 보기 어렵다.
bond

의식(意識)이 약화(弱化)되다
어떤 사물이나 일에 대해 사회적·역사적으로 형성된 의견이나 생각이 약해지다.
지금 우리 사회는 경제적 이익만을 중요하게 여기게 되면서 공동체 의식이 약화되고 있다.
awareness be weakened

제도(制度)가 미흡(未洽)하다
관습이나 도덕, 법률 등의 규범이나 사회 구조의 체계가 아직 만족스럽지 못하다.
아직은 사회 모든 면에서 복지 제도가 미흡하다.
system be insufficient

질병(疾病)에 시달리다
몸의 병으로 괴로움을 겪다.
병원에 가면 질병에 시달리고 있는 많은 환자를 볼 수 있다.
to suffer from a disease

친척(親戚)
명 아버지 쪽의 가족과 어머니 쪽의 가족을 함께 이르는 말.
우리는 설 때마다 친척 어른께 세배를 하러 다닌다.
relative

혈연(血緣) 의식(意識)
같은 핏줄에 의하여 연결된 인연을 중시하는 개인적·집단적 감정이나 견해나 사상.
과거에 비해 혈연 의식이 점점 약화되고 있다.
blood relationship awareness

읽기

읽어 보세요 1

가정(家庭)을 꾸리다
한 가족으로 이루어진 공동체를 갖추다.
저도 내년에는 결혼해서 행복한 가정을 꾸리고 싶습니다.
to start a family

공경(恭敬)하다
동 공손히 받들어 모시다.
부모를 공경하는 것은 자식이 꼭 행해야 할 바른 일이다.
to revere

내(內)
일정한 범위의 안.
정해진 기간 내에 보고서를 제출해야 한다.
within

다문화(多文化)
명 한 사회 안에 여러 민족이나 여러 국가의 문화가 섞여 있는 것을 이르는 말.
나는 다문화 가정의 아이들에게 한국어를 가르치고 있다.
multicultural

담당(擔當)하다
동 어떤 일을 맡다.
그 사람은 이 지역을 담당하는 경찰관이다.
to take charge

대가족(大家族)
명 식구 수가 많은 가족.
우리는 4대가 모여 사는 대가족이다.
large family

동등(同等)하다
형 등급이나 정도가 같다.
우리 학교 학생들은 모두 동등한 조건에서 공부한다.
to be equal

입양(入養)
명 법적으로 자식의 자격을 얻음. 또는 그러한 사람을 들임.
입양 가족에 대한 정부의 경제적 지원은 미미한 상황이다.
adoption

조부모(祖父母)
명 할아버지와 할머니를 함께 이르는 말.
그는 부모님이 일찍 돌아가셔서 조부모님께서 키워 주셨다.
grandparents

조손(祖孫)
명 조부모와 손주를 함께 이르는 말.
요즘은 조손이 같이 사는 경우를 찾아보기 힘들다.
grandparents and grandchildren

집안
명 가족을 구성원으로 하여 생활하는 공동체.
대개는 가장이 집안을 다스린다.
household

창의성(創意性) [창의썽/창이썽]
명 새로운 것을 생각해 내는 특성.
교수님은 내 글에 창의성이 없다고 지적하셨다.
creativity

최우선(最優先)
명 어떤 일이나 대상을 특별히 다른 것에 비해 가장 앞서서 문제로 삼거나 다룸.
모든 기업은 이익을 최우선으로 한다.
top priority

핵가족(核家族)
명 부부와 결혼하지 않은 자녀만으로 구성된 가족.
현대의 가족 제도는 대가족보다 핵가족 중심으로 이루어져 있다.
nuclear family

읽어 보세요 2

고독사(孤獨死)
명 혼자 사는 사람이 가족이나 이웃 모르게 혼자 죽는 일.
고독사 위험이 있는 사람을 발견한 경우에는 적절한 지원을 받을 수 있도록 국가에 도움을 요청할 수 있다.
lonely death

나서다
동 어떠한 일을 적극적으로 시작하다.
우리는 망해 가는 회사를 살리기 위해 적극적인 상품 홍보에 나섰다.
to come forward

숙식(宿食)
명 자고 먹음.
성적 우수자에게는 장학금은 물론 숙식까지 제공한다.
room and board

시간제(時間制) 일자리 [일짜리]
시간을 단위로 하여 일하고 돈을 받는 일자리.
일자리가 없어 노느니 시간제 일자리라도 찾는 게 낫다.
part-time job

외면(外面)하다
동 어떤 현실이나 사실, 진리 등을 인정하지 않고 무시하다.
그는 문제의 핵심은 외면하고 중요하지 않은 문제에 대해서만 이야기하고 있다.
to disregard

진입(進入)하다
동 목적한 곳으로 들어가다.
버스가 고속도로로 진입하고 있다.
to enter

초고령화(超高齡化)
명 65세 이상의 인구가 전체 인구의 20% 이상을 차지하게 됨.
농촌 지역은 초고령화 사회로 진입한 것으로 보인다.
super-aging population

추가적(追加的)
관/명 나중에 부족한 것을 더하는 (것).
내 친구는 지난주에 수술을 받았지만 문제가 생겨 추가적인 비용 없이 다시 수술을 받을 예정이다.
additional

쓰기

의무(義務)
명 사람으로서 당연히 해야 할 일.
국민은 세금을 내야 할 의무가 있다.
responsibility

❖ 자유롭게 써 보세요.

12

대중 매체

12-1 뉴 미디어

12-2 신문과 뉴스

12-1 뉴 미디어		12-2 신문과 뉴스	
듣기 1	인터넷 방송을 듣고 내용 파악하기	읽기 1	전통 언론의 위기에 대한 칼럼을 읽고 내용 파악하기
듣기 2	1인 미디어에 대한 토의를 듣고 사회자 역할 파악하기	읽기 2	기사를 읽고 정보 파악하기
말하기	토의에서 사회자 역할 하기	쓰기	육하원칙에 맞춰 기사 요약하기

Intro 들어가기 12-1

뉴 미디어

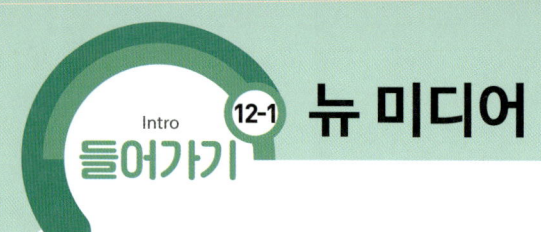

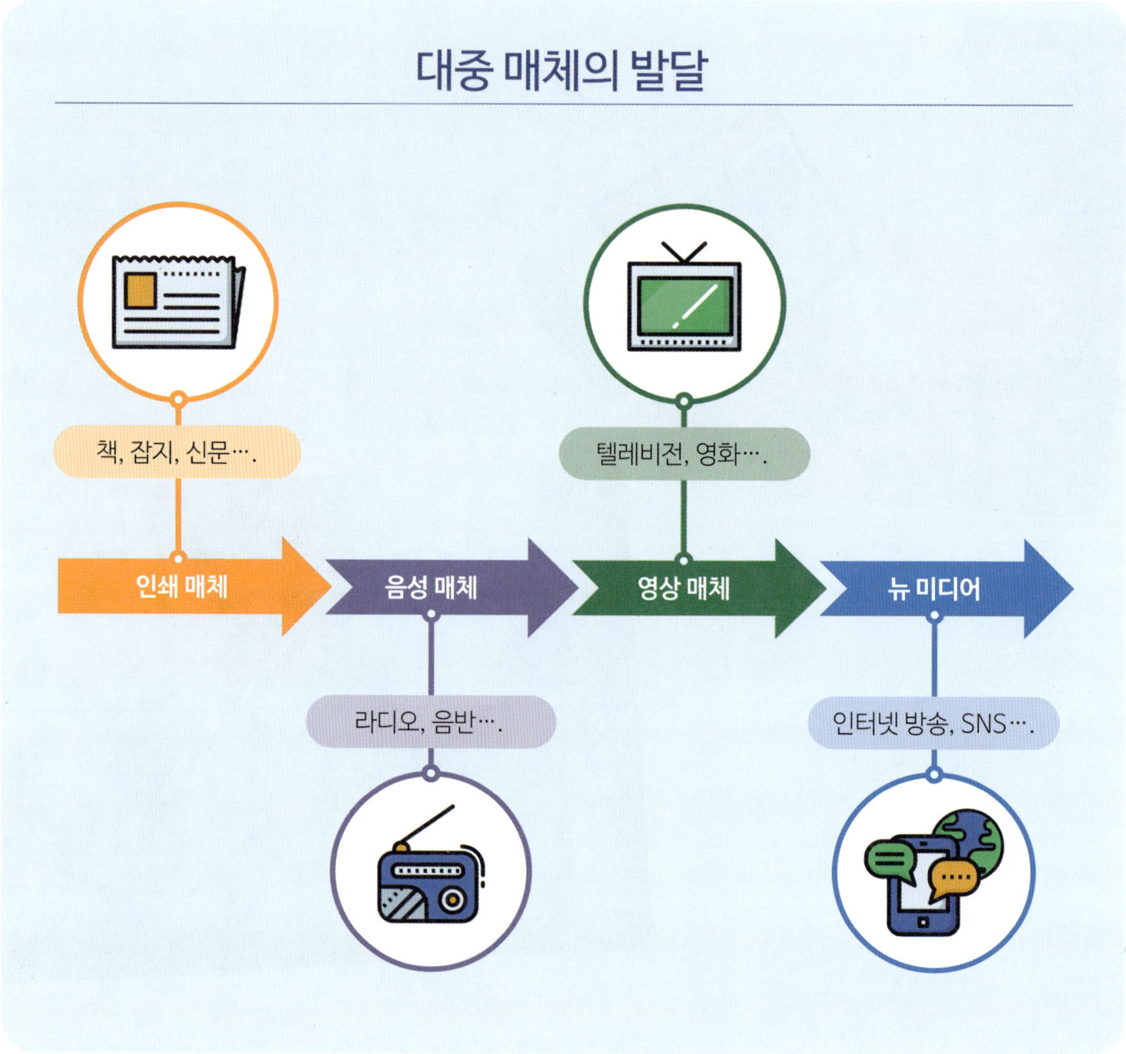
대중 매체의 발달
책, 잡지, 신문….
인쇄 매체
음성 매체
라디오, 음반….
텔레비전, 영화….
영상 매체
뉴 미디어
인터넷 방송, SNS….

1 뉴 미디어란 어떤 것을 말합니까?

2 위에서 제시한 매체 중 여러분이 많이 이용하는 매체는 무엇입니까? 그 매체를 많이 이용하는 이유는 무엇입니까?

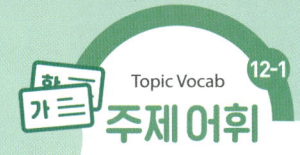

Topic Vocab 12-1 주제 어휘

1 다음은 인터넷 방송의 장점과 관련된 표현입니다. 알맞은 표현을 쓰고 인터넷 방송의 장점에 대해 이야기해 보세요.

1) 방송 중에 진행자와 시청자가 서로 이야기를 나눌 수 있어요. — 실시간으로 소통하다

2) 누구나 인터넷에서 자신의 채널을 만들 수 있어요.

3) 운동하기, 음식 만들기, 반려동물 키우기 등 다양한 내용의 방송이 있어요.

4) 방송을 보는 사람들과 이야기도 하고 정보도 공유할 수 있어요.

5) 시간과 공간의 제약을 받지 않고 방송을 하거나 볼 수 있어요.

6) 젊은 사람이나 나이 든 사람이나 모두 같이 즐길 수 있어요.

7) 방송국 프로그램에 비해 제약이 적어서 다양한 방법과 내용을 시도해 볼 수 있어요.

인터넷 방송의 장점은 **시공간을 초월해서** 언제 어디서나 방송이 가능하다는 거예요.

| 채널을 개설하다 | 시공간을 초월하다 | 사람들과 교류하다 | 실시간으로 소통하다 |
| 세대 차이를 극복하다 | 다양한 콘텐츠를 보유하다 | 형식에 구애를 받지 않다 | |

2 다음은 인터넷 방송의 문제점과 관련된 표현입니다. 알맞은 것을 연결하고 인터넷 방송의 문제점에 대해 이야기해 보세요.

1) 사람들에게 피해를 줬을 때 어떻게 처리해야 할지 정해 놓은 규칙이 없어요.	•	• 선정적이다
2) 정확하지 않은 정보를 알려 줄 때가 있어요.	•	• 자극적이다
3) 시청자를 많이 모으려고 사람들을 흥분시키는 말이나 내용으로 방송을 하기도 하고요.	•	• 폭력적이다
4) 사람들의 눈길을 끌려고 신체 노출을 심하게 하기도 해요.	•	• 상업적이다
5) 힘을 사용해서 심하게 싸우는 모습을 보여 주는 방송도 있어요.	•	• 유해하다
6) 이런 방송은 특히 청소년들에게 나쁜 영향을 줘요.	•	• 부정확한 정보를 전달하다
7) 방송하기에 적절하지 않은 내용이나 주제도 많고요.	•	• 방송에 부적합하다
8) 상품을 홍보하거나 판매하려는 목적의 방송을 하거나	•	• 관련 규정이 마련되어 있지 않다
9) 다른 사람이 만든 음악이나 영상, 사진, 그림 등을 허락 없이 사용해서 큰 문제가 되기도 해요.	•	• 저작권을 침해하다

돈을 벌기 위해 **자극적인** 내용만 골라서 방송을 하는 경우가 많아요.

듣기

🎧 들어 보세요 1

준비

1. 여러분은 인터넷 방송을 본 적이 있습니까? 어떤 소재의 방송을 봤습니까?

   요리 | 패션 및 미용 | 음악 | 반려동물 | 영화 소개 | ?

2. 사람들이 인터넷 방송을 많이 보는 이유는 무엇이라고 생각합니까?
   - ☐ 방송 진행자와 소통할 수 있어서
   - ☐ 다양한 내용의 방송을 볼 수 있어서
   - ☐ 언제든지 자신이 원하는 시간에 볼 수 있어서
   - ☐ _____

듣기 다음은 인터넷 방송입니다. 잘 듣고 질문에 답해 보세요.

중심 내용 파악하기

1. 실시간 방송을 하는 목적은 무엇입니까?

세부 내용 파악하기

2. 방송에 나온 질문과 대답을 메모해 보세요.

	질문	대답
1)	인기를 실감하는가?	
2)		나이가 많은데도 도전하는 모습을 좋게 봐 주는 것 같음.
3)		
4)		

12-1. 뉴 미디어

3 이 사람에 대한 설명으로 맞는 것을 모두 고르세요.

☐ 인터넷 방송은 힘들기 때문에 추천하지 않는다.
☐ 하나의 주제로 오랫동안 방송해서 인기를 얻었다.
☐ 일을 그만둔 뒤 처음에는 활동적으로 지내지 못했다.
☐ 인터넷 방송을 통해 여러 세대와 교류할 수 있다고 생각한다.

추론하기 | 확장 활동하기

4 이 방송을 듣고 알 수 있는 인터넷 방송의 장점은 무엇입니까? 여러분도 인터넷 방송이 많은 장점을 가지고 있다고 생각합니까?

들어 보세요 2

준비

1 여러분은 1인 미디어를 자주 봅니까? 어떤 종류의 1인 미디어를 좋아합니까?

글

음성

영상

2 1인 미디어에 문제점이 있다고 생각합니까? 무엇인지 이야기해 보세요.

☐ 광고가 너무 많다.
☐ 유해한 내용이 많다.
☐ 부정확한 정보를 전한다.
☐ 저작권을 침해하는 경우가 많다.
☐ _____ .

문법과 표현

동-는다든가, 형-다든가, 명-이라든가 ☞ 10쪽

유행을 타지 않고 오래도록 잘 입을 수 있는 옷 등 패션 정보를 알려 드린다든가 여러분의 고민을 듣고 조언을 해 드리는 방송은 어떨까요?

듣기 다음은 1인 미디어에 대한 토의입니다. 잘 듣고 질문에 답하세요.

[중심 내용 파악하기]

1 무엇에 대해 토의하고 있습니까?

[세부 내용 파악하기]

2 토의에서 언급한 1인 미디어의 문제점과 해결 방안을 쓰세요.

	문제점	해결 방안
여자	유해한 방송이 많음.	• 법적으로 규제하는 방안을 마련해야 함.
남자		•

3 이 토의에서 사회자가 한 역할이 아닌 것을 고르세요.

① 토의의 주제를 제시했다.　　② 토의 참여자의 의견에 동의했다.
③ 토의 내용을 요약, 정리하여 말했다.　　④ 토의 참여자에게 말할 기회를 주었다.

4 토의를 듣고 알 수 있는 것을 모두 고르세요.

☐ 인터넷 방송은 특정 분야의 전문가들이 진행하고 있다.
☐ 문제를 일으킨 인터넷 방송은 일정 기간 방송이 금지되고 있다.
☐ 이용자가 늘어나면서 1인 미디어는 강한 영향력을 갖게 되었다.
☐ 인터넷 방송을 규제하는 것은 표현의 자유를 침해할 가능성이 있다.

[확장 활동하기]

5 토의에서 이야기하는 인터넷 방송의 문제점 외에 어떤 문제점이 있습니까?

이야기해 보세요

1 여러분이 자주 보거나 여러분 나라에서 인기 많은 인터넷 방송이 있습니까? 그 방송을 소개하고, 자주 보는 이유도 이야기해 보세요.

2 여러분이 인터넷 방송을 한다면 어떤 콘텐츠를 다루는 방송을 하고 싶습니까?

지금 한국에서 유학하고 있기 때문에 한국 유학과 관련된 콘텐츠를 제작하고 싶어요.

문법과 표현

동 -으려고 들다 ☞ 10쪽
규제하려고 들면 규제할 것은 끝없이 많겠지만 표현의 자유를 침해할 수도 있으므로 이 문제는 조심스럽게 다뤄야 합니다.

Speaking 말하기 12-1

뉴 미디어와 관련된 주제로 토의해 보세요. 이때 돌아가며 사회자의 역할을 해 보세요.

준비해 보세요

1 토의에서 사회자는 어떤 역할을 합니까?

- 토의 시작과 끝 알리기
- 주제 제시하기
- 안건 제시하기
- 발언 기회 주기
- ?

표현을 연습해 보세요

1 다음은 토의 시작을 알리고 주제를 제시할 때 사용하는 표현입니다. 다음 표현을 사용하여 이야기해 보세요.

토의 시작을 알리고 주제 제시하기
- 토의 시작을 알립니다.
- 토의 주제를 제시합니다.

- 지금부터 토의를 시작하겠습니다
- 오늘 토의 주제는 …입니다
- 많은 의견 부탁드립니다

1) 지금부터 토의를 시작하겠습니다. 오늘 토의 주제는 '1인 미디어의 문제점과 해결 방안'입니다. 많은 의견 부탁드립니다.

1) 1인 미디어의 문제점과 해결 방안
2) 인터넷 방송의 문제점과 해결 방안

2 다음은 안건을 제시할 때 사용하는 표현입니다. 다음 표현을 사용하여 이야기해 보세요.

안건 제시하기
- 토의가 원활하게 이루어지도록 실태, 원인, 해결 방안 순으로 안건을 제시합니다.

- 먼저 …에 대해 이야기해 보도록 하겠습니다
- 그렇다면 …은 무엇이라고 생각하십니까?
- 이제부터는 …에 대한 이야기를 해 보겠습니다

1) **먼저** 1인 미디어와 관련한 문제에는 어떤 것들이 있고 또 문제가 얼마나 심각한지 그 **실태에 대해 이야기해 보도록 하겠습니다.**
그렇다면 이런 문제가 생기는 **원인은 무엇이라고 생각하십니까?**
여러 요인이 있을 수 있겠군요. **이제부터는** 해결 **방안에 대한 이야기를 해 보겠습니다.**

1) 1인 미디어의 문제점과 해결 방안
2) 인터넷 방송의 문제점과 해결 방안

3 다음은 발언 기회를 줄 때 사용하는 표현입니다. 다음 표현을 사용하여 이야기해 보세요.

발언 기회 주기
> 모든 사람이 의견을 말할 수 있도록 발언 기회를 줍니다.

- …부터 말씀해 주시겠어요?
- 이번에는 …의 의견을 들어 보겠습니다
- 그럼 이번에는 …이 …는지 이야기해 주시겠습니까?

1) 마리 **씨부터 말씀해 주시겠어요?**
   이번에는 테오 **씨의 의견을 들어 보겠습니다.**
   그럼 이번에는 크리스 **씨가** 1인 미디어의 문제점을 해결하는 좋은 방법은 무엇이라고 **생각하는지 이야기해 주시겠습니까?**

1) 1인 미디어의 문제점과 해결 방안
2) 인터넷 방송의 문제점과 해결 방안

4 다음은 의견을 정리하고 마무리할 때 사용하는 표현입니다. 다음 표현을 사용하여 이야기해 보세요.

의견 정리하고 마무리하기
> 토의에서 나온 의견을 정리하여 제시합니다.
> 토의가 끝났음을 알립니다.

- 지금까지 나온 의견들을 정리해 보면 다음과 같습니다
- …은 크게 세 가지로 볼 수 있습니다. 첫 번째로 …을 이야기해 주셨습니다
- …었으면 하는 바람입니다
- 이상으로 토의를 마치겠습니다

1) **지금까지 나온 의견들을 정리해 보면 다음과 같습니다.** 먼저 1인 미디어의 **문제점은 크게 세 가지로 볼 수 있습니다. 첫 번째로** 유해성을 이야기해 주셨습니다.
   오늘 토의한 내용이 실제로 반영되어 이상적인 1인 미디어 환경이 조성**었으면 하는 바람입니다.**
   이상으로 토의를 마치겠습니다.

1) 1인 미디어의 문제점과 해결 방안
2) 인터넷 방송의 문제점과 해결 방안

이야기해 보세요

1 뉴 미디어와 관련된 주제로 토의를 한다면 무엇에 대해 토의를 하고 싶습니까? 그 주제에 대해 어떤 생각을 가지고 있습니까?

- 인터넷 방송
- 가짜 뉴스
- 악성 댓글
- 유해한 방송
- ?

2 자신이 선택한 주제에 대해 사회자가 되었을 때와 토의자가 되었을 때 이야기할 내용을 메모해 보세요.

메모하기 1

사회자일 때	
토의 시작을 알리고 주제 제시하기	
안건 제시하기	
발언 기회 주기	
의견 정리하고 마무리하기	

메모하기 2

토의자일 때	
실태 제시하기	
원인 제시하기	
해결 방안 제시하기	

3 같은 주제를 선택한 친구들끼리 모여 토의를 해 보세요. 돌아가며 사회자 역할을 해 보세요.

> 보기

지금부터 토의를 시작하겠습니다. 오늘 토의 주제는 '인터넷 방송의 문제점과 해결 방법'입니다. **먼저** 인터넷 방송과 관련하여 어떤 문제점이 있고 또 문제가 얼마나 심각한지 그 **실태에 대해 이야기해 보도록 하겠습니다.** 줄리앙 **씨부터 말씀해 주시겠어요?**

저는 가장 심각한 문제로 인터넷 방송이 인기를 위해 자극적인 방송을 한다는 점을 들고 싶습니다. 지금 인터넷 방송 중 인기가 많은 방송들을 보면….

그렇다면 이런 일이 일어나는 **원인은 무엇이라고 생각하십니까?** 이번에는 수잔 씨 의견을 들어 보겠습니다.

누구나 쉽게 인터넷 방송을 할 수 있는 현실과 사람들이 많이 보기만 하면 돈을 벌 수 있는 인터넷 방송의 구조가 원인이라고 생각합니다. …

이제부터는 해결 **방안에 대한 이야기를 해 보겠습니다.** 이런 문제를 해결할 수 있는 방법이 있을까요?

제 생각에는….

지금까지 나온 의견을 정리하면 다음과 같습니다. 먼저…. **이상으로 토의를 마치겠습니다.** 감사합니다.

Intro 들어가기 12-2 신문과 뉴스

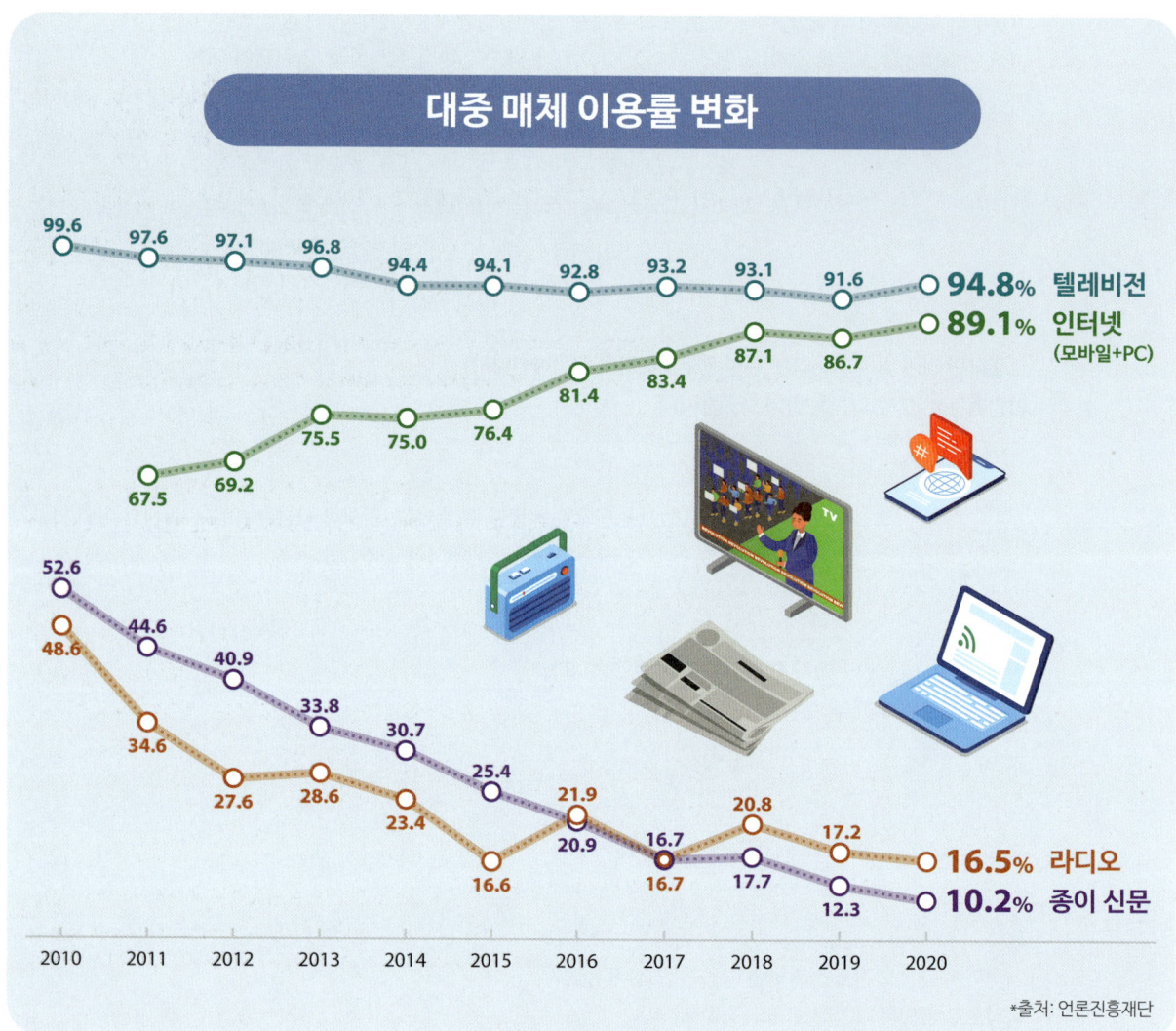

1. 위의 그래프에서 텔레비전, 인터넷, 라디오, 종이 신문 이용률은 어떻게 변화했습니까?

2. 여러분 나라는 과거와 비교할 때 대중 매체 이용률에 어떤 변화가 있습니까?

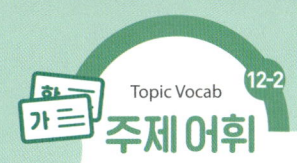

Topic Vocab 12-2 주제 어휘

1 다음은 언론의 위기와 관련된 표현입니다. 알맞은 것을 연결하고 여러분 나라에도 아래와 같은 현상이 있는지 이야기해 보세요.

 우리 나라에는 신문을 보는 사람이 별로 없어요. 그래서 해마다 신문 **구독률이 하락하고** 있어요.

1) **돈을 내고** 신문을 보는 **사람들이 점점 사라지고 있어요.** • • 사실을 왜곡하다

2) TV 뉴스 **시청자 수도 점점 줄고 있고요.** • • 구독률이 하락하다

3) 젊은 세대들은 전통 언론보다 **새로 등장한 미디어를 더 좋아해요.** • • 시청률이 떨어지다

4) 그런데 인터넷에서 뉴스 기사를 보면 **한쪽으로 기울어진 의견을 이야기하는** 기사도 많은 것 같아요. • • 뉴 미디어를 선호하다

5) **많은 사람들이 클릭해서 보는** 기사를 쓰는 데만 관심이 있는 것 같기도 하고요. • • 대중의 신뢰를 잃다

6) **사실과 다른** 보도를 하기도 해요. • • 편향성을 갖다

7) 그래서 뉴스나 신문의 내용은 **점점 더 많은 사람들이 믿지 않게 되었어요.** • • 조회 수가 높다

2 다음은 언론의 역할과 관련된 표현입니다. 여러분이 생각하는 언론의 중요한 기능에 표시하고 이야기해 보세요.

 **진실을 추구하는** 것이 언론의 가장 중요한 기능이라고 생각해요. 요즘에는….

☐ 언론 윤리를 지키며 진실만을 추구합니다.   ☐ 사건을 신속하고 공정하게 보도합니다.

☐ 사건의 본질을 파악하기 위해 심층 취재를 합니다.   ☐ 대중의 알 권리를 보장하기 위해 노력합니다.

☐ 논란이 있는 문제에 대해서는 균형 잡힌 시각을 가지고 다양한 관점을 제시합니다.   ☐ 책임 의식을 갖고 정치, 경제, 사회적 권력을 감시해야 합니다.

진실을 추구하다	본질을 파악하다	권력을 감시하다	책임 의식을 갖다
공정하게 보도하다	언론 윤리를 지키다	사건/사고를 보도하다	심층적인 취재를 하다
균형 잡힌 시각을 갖다	대중의 알 권리를 보장하다		

읽기 12-2

읽어 보세요 1

준비

1. 여러분은 어떤 매체를 통해 뉴스 및 시사 정보를 얻습니까?

   텔레비전   종이 신문   SNS   ?

2. 뉴스를 볼 때 그 매체를 이용하는 이유는 무엇입니까?

   ☐ 뉴스 내용이 정확하다.
   ☐ 새로운 뉴스를 빨리 전해 준다.
   ☐ 사건에 대한 분석이 깊이 있다.
   ☐ 흥미로운 뉴스를 많이 전해 준다.
   ☐ _____.

읽기 다음은 전통 언론의 위기에 대한 칼럼입니다. 잘 읽고 질문에 답해 보세요.

전통 언론의 위기, 균형 잡힌 시각이 필요한 때

가 이제 TV 뉴스나 신문으로만 뉴스를 접한다는 사람은 찾아 보기 힘든 시대가 되었다. 가장 전통적인 뉴스 매체인 종이 신문은 1990년대 이후 구독률이 끊임없이 **하락하다 못해** 이제는 찾아 보기 어려운 일이 되었다. TV 뉴스의 시청률도 2000년대 이후 꾸준히 하락세를 보이고 있는 상태이다.

나 사람들이 더 이상 뉴스를 보지 않기 때문일까? 여러 통계 결과를 보면 신문 구독률과 TV 뉴스 시청률이 떨어지고 있지만 뉴스를 보는 사람은 줄지 않았다는 것을 알 수 있다. 뉴스를 보지 않는 것이 아니라 뉴스 및 시사 정보를 얻는 채널이 변화한 것이다. 즉, 뉴 미디어의 이용 비율이 높아짐에 따라 TV나 신문을 통해 뉴스를 접하는 사람들은 점점 적어지고 있다고 할 수 있다. 전통 언론의 위기라는 말이 나오는 이유이다.

다 지금의 위기는 전통 언론이 스스로 불러온 면이 있다. 뉴 미디어가 사람들의 생활에 깊숙이 들어오면서 전문적인 언론인이 아닌 사람도 여러 채널을 통해 뉴스를 전달할 수 있는 시대가 되었다. 실시간으로 생산되는 뉴스는 조회 수가 높아야만 인터넷 포털 사이트의 메인 화면에 나타날 수 있다. 조회 수가 곧 돈으로 연결되는 환경에서 수많은 뉴스 생산 업체는 더 자극적이고 선정적인 내용의 기사를 싣기 위해 경쟁한다. 문제는 보도 윤리를 지켜 온 전통 언론까지 이러한 경쟁에 뛰어들었다는 것이다. 전통 언론의 존재 가치는 심층적인 취재를 통해 진실에 다가가기 위해 노력하고 문제의 본질을 파악하여 다양한 관점을 제시하는 데 있다. 그러나 현재 전통 언론의 뉴스는 비언론인이 만든 뉴스와 아무런 차이를 보여 주지 못하고 있으며 이로 인해 대중의 신뢰를 잃고 있다.

라 대중 또한 이 상황에 대한 책임이 있다. 최근 자신들이 좋아하는 내용의 뉴스만을 골라 보는 현상이 더욱 심해졌다. 자신과 의견이 비슷한 뉴스만 골라 보는 것이 무슨 문제냐고 반문하는 사람도 있겠으나 이런 행동은 편향성으로 이어질 위험이 있다. 실제로 오늘날 나타나는 여러 세대 갈등, 남녀 갈등, 정치 갈등 등은 이런 편향성이 원인인 경우가 많다. 자기 생각과 다르더라도 상대방의 의견을 귀 기울여 들어야 사회가 건강하게 유지될 수 있다. 대중이 깨어 있지 않는 한 공정한 시각을 갖지 못한 허위 뉴스나 자극적인 뉴스는 없어지지 않을 것이다.

마 균형 잡힌 시각이 그 어느 때보다도 필요하다. 언론은 균형 있는 시각으로 진실을 구하고 전달하는 역할을 하기 위해 노력해야 한다. 대중 또한 진실을 전달하고자 하는 뉴스와 자극적인 소재로 관심을 끌려고만 하는 뉴스를 구분하려는 노력을 해야 할 것이다.

중심 내용 파악하기

1 '전통 언론의 위기'라는 말이 나오는 이유는 무엇입니까?

개요 파악하기

2 가~마의 중심 내용을 연결하세요.

가	•	•	대중의 책임
나	•	•	전통 언론의 현 상황
다	•	•	선호 뉴스 채널의 변화
라	•	•	전통 언론 및 대중이 해야 할 일
마	•	•	전통 언론의 문제점

세부 내용 파악하기

3 글쓴이는 전통 언론의 어떤 점을 비판하고 있습니까?

4 전통 언론의 위기와 관련된 대중의 문제점은 무엇입니까?

세부 내용 파악하기 | 확장 활동하기

5 균형 잡힌 시각을 갖기 위해 글쓴이가 제시한 방법을 쓰고 여러분은 이런 노력을 하고 있는지 이야기해 보세요.

언론	
대중	

문법과 표현

동형 -다 못해 ☞ 11쪽

종이 신문은 1990년대 이후 구독률이 끊임없이 하락하다 못해 이제는 찾아 보기도 어려운 일이 되었다.

Reading 읽기 12-2

읽어 보세요 2

준비

1. SNS에 뉴스 기사를 공유하거나 공유된 것을 본 적이 있습니까? 어떤 내용의 기사였습니까?

정치　경제　사회　생활/문화　세계　IT/과학　연예　?

2. 사람들이 뉴스를 공유하는 이유는 무엇이라고 생각합니까?

읽기 다음은 SNS에 공유된 기사와 그에 대한 의견입니다. 잘 읽고 질문에 답해 보세요.

LET통신의 김지훈 기자가 다음 달 11일 미국의 권위 있는 보도상인 퓰리처상을 수상하게 되었다. 김 기자는 난민들과 함께 생활하며 그들의 모습을 사진에 담았는데 이 중 국경을 넘기 위해 아기를 안고 달리는 엄마의 모습을 찍은 사진이 퓰리처상 수상작으로 뽑히게 되었다. 퓰리처상 위원회는 이 사진이 난민들의 슬픔과 절박함을 생생하게 드러내고 있다고 평가했다. 김 기자는 수상 소식을 접한 후 "상을 타게 되어 영광이고, 난민의 실태를 사람들에게 알리는 역할을 해서 기쁘다. 전 세계적으로 8,000만 **명에 달하는** 난민에 대한 관심이 높아지기를 바란다."라고 말했다. 시상식은 다음 달 뉴욕에서 개최된다.

김지훈 기자가 난민의 절박함을 알린 사진으로 퓰리처상을 수상했습니다.

#난민 #고통 #사진 #언론의힘 #퓰리처상수상 #한국인

- 사진을 보니 난민의 불안하고 힘든 현실이 느껴지네요. 빨리 이 문제가 해결되기를 바랍니다.
  좋아요 10개 답글 달기

- 한국인 수상자시군요. 축하드립니다!
  좋아요 5개 답글 달기

- 난민들과 생활하며 그들의 사진을 찍으셨다니 대단하네요.
  좋아요 7개 답글 달기

- 퓰리처상 수상작 사진전에 간 적이 있는데 사진 한 장이 갖는 놀라운 힘을 경험할 수 있었습니다. 수상 진심으로 축하드립니다.
  좋아요 21개 답글 달기

좋아요 101개

댓글 달기... 게시

중심 내용 파악하기

1 기사는 어떤 내용입니까?

세부 내용 파악하기

2 이 사진은 왜 수상작으로 뽑히게 되었습니까?

3 김 기자는 수상 후 어떻게 말했습니까?

- 상을 타게 되어 영광임.
- _____.
- _____.

4 내용과 일치하는 것을 모두 고르세요.

☐ 뉴욕에서 퓰리처상 시상식이 열렸다.
☐ 퓰리처상은 난민에게 주는 권위 있는 상이다.
☐ 전 세계적으로 난민의 수는 8,000만 명이나 된다.
☐ 김지훈 기자는 난민들과 같이 지내며 사진을 찍었다.

이야기해 보세요

1 인터넷에 기반한 매체의 뉴스와 전통 언론 매체에서 제공하는 뉴스의 질에 차이가 있다고 생각합니까? 왜 그렇게 생각합니까?

> 저는 별 차이가 없다고 생각해요. 지금도 SNS를 통해서 뉴스를 보고 있는데요. 새로운 소식을 늦게 알게 되거나 몰라서 불편했던 적이 한 번도 없어요.

> 저는 분명한 차이가 존재한다고 생각해요. 인터넷 매체는 사건, 사고를 있는 그대로 전달하는 역할을 할 수는 있지만 깊이 있는 시각을 보여 주지는 못하거든요.

2 미래에 텔레비전 뉴스나 종이 신문이 사라질 거라고 생각합니까? 왜 그렇게 생각합니까?

문법과 표현

명에 달하다, **명**에 그치다   ☞ 11쪽

전 세계적으로 8,000만 명에 달하는 난민에 대한 관심이 높아지기를 바란다.

쓰기 (Writing) 12-2

📋 육하원칙에 맞춰 기사를 요약해 보세요.

준비해 보세요

1. 인터넷을 통해 오늘 여러분 나라의 뉴스를 확인해 보세요. 어떤 내용이 있습니까?

2. 친구들에게 여러분 나라의 뉴스를 요약하여 전달하려면 무엇을 이야기해야 할까요?

- 누가 그 일이 일어나게 했는지
- 언제 그 일이 일어났는지
- 어디서 그 일이 일어났는지
- 무슨 일이 일어났는지
- 어떻게 그 일이 일어났는지
- ?

표현을 연습해 보세요

1. 다음은 육하원칙을 사용하여 요약할 때 사용하는 표현입니다. 다음 표현을 사용하여 기사를 요약해 보세요.

육하원칙 사용하여 요약하기

▶ 육하원칙(누가, 언제, 어디서, 무엇을, 어떻게, 왜)에 따라 기사를 요약합니다.
▶ 한두 가지는 빠질 수도 있습니다. 최대한 명확하게 요약하려고 노력하면 됩니다.

• **누가**: 화물차 운전자가	• …이 • …은
• **언제**: 오늘 오후 3시쯤	• 오늘 • …일 • 오전/오후 …시(쯤)에
• **어디서**: 한국대학교 정문 앞 도로에서	• …에서
• **무엇을**: 사고를 냈다.	• …을 …었다
• **어떻게**: 앞차를 들이받아	• …어(서) • …으로 • …다고
• **왜**: 졸음운전을 하다가	• …다가 • …으로 인해 • …어(서)

→ 오늘 오후 3시쯤 한국대학교 정문 앞 도로에서 화물차 운전자가 졸음운전을 하다가 앞차를 들이받아 사고를 냈다.

연습1

박수진 기자, 올해의 기자상 수상

20일 오후 3시 한국언론센터에서 열린 한국언론인상 시상식에서 박수진 기자가 올해의 기자상을 수상했다. 박수진 기자는 "장애인 차별 없는 도시"라는 기사로 독자 투표에서 많은 표를 얻고 위원회에서도 좋은 평가를 받아 올해의 기자상 수상자로 선정되었다.

육하원칙으로 내용 정리해 보기

누가	박수진 기자가
언제	
어디서	
무엇을	
어떻게	
왜	

한 문장으로 요약하기

연습2

새벽 교통사고, 과속 차량이 정차 중인 차 들이받아

26일 새벽 3시 10분쯤 서울시 관악구 봉천동에 있는 한 도로에서 승용차를 몰던 60대 A 씨가 정차 중인 차를 들이받아 사고를 냈다. 이 사고로 A 씨가 다쳐 119 구급대에 의해 병원으로 옮겨졌다. 사고 당시 A 씨는 과속하다가 정차해 있던 차를 보지 못하고 들이받은 것으로 조사됐다.

육하원칙으로 내용 정리해 보기

누가	60대 A 씨가
언제	
어디서	
무엇을	
어떻게	
왜	

한 문장으로 요약하기

연습3

서울 신림동 오피스텔 화재 발생

5일 오후 4시 30분쯤 서울시 관악구 신림동 오피스텔에서 화재가 발생하여 세 개 층이 불에 탔다. 이 사고로 인명 피해는 발생하지 않았으나 5억여 원의 재산 피해가 발생했다. 경찰은 누전으로 인해 불이 난 것으로 보고 조사를 진행하고 있다.

육하원칙으로 내용 정리해 보기

누가	
언제	
어디서	
무엇을	
어떻게	
왜	

한 문장으로 요약하기

연습4

최근 30년간 연평균 기온, 크게 상승

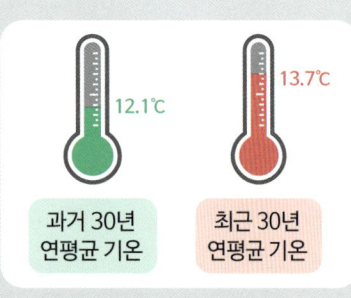

기상청은 28일 최근 30년간(1991~2020년)은 과거 30년간(1912~1940년)에 비해 연평균 기온이 1.6℃ 더 상승했다고 발표했다. 이것은 서울·인천·부산·대구·강릉·목포 여섯 개 도시의 기후 변화를 분석한 결과로 기온 상승의 원인은 지구온난화와 급속한 도시화에 있는 것으로 분석됐다.

육하원칙으로 내용 정리해 보기

누가	
언제	
어디서	
무엇을	
어떻게	
왜	

한 문장으로 요약하기

- 써 보세요

여러분 나라의 기사를 검색해서 요약하여 써 보세요.

쓰기		
육하원칙으로 내용 정리해 보기	누가	
	언제	
	어디서	
	무엇을	
	어떻게	
	왜	
한 문장으로 요약하기		

12-1. 뉴 미디어

주제 어휘

관련(關聯/關連) 규정(規定)이 마련되지 않다 [괄련]
어떤 것에 관해 정해 놓은 규칙이 갖춰져 있지 않다.
선정적인 1인 방송에 대한 관련 규정이 마련되어 있지 않아 많은 문제가 발생하고 있다.
to have no rules in place

다양(多樣)한 콘텐츠를 보유(保有)하다
소비자에게 제공하는 영상이나 정보 등을 다양하게 가지고 있다.
1인 미디어는 음악, 요리, 일상생활 등 다양한 콘텐츠를 보유하고 있다는 것이 장점이다.
to have a variety of content

방송(放送)에 부적합(不適合)하다
라디오나 텔레비전 등의 매체를 통하여 내보내지기에 알맞지 않다.
이번에 방영된 프로그램 중 일부 내용은 방송에 부적합하다는 평가를 받았다.
to be unsuitable for broadcasting

부정확(不正確)한 정보(情報)를 전달(傳達)하다
바르지 않거나 확실하지 않은 정보를 전하다.
인터넷 방송은 새로운 것을 알게 해 주는 면이 있지만 때로는 부정확한 정보를 전달하는 경우도 있어 주의가 필요하다.
to convey inaccurate information

사람들과 교류(交流)하다
사람들과 문화나 사상 등을 서로 주고받으며 어울려 지내다.
인터넷이 발달하면서 사람들과 교류하는 방식이 많이 달라졌다.
to interact with people

상업적(商業的)
관 명 상품을 사고파는 행위를 통하여 이익을 얻는 (것).
어떤 영화가 상업적으로 성공했다고 해서 반드시 좋은 영화라고 할 수는 없다.
commercial

선정적(煽情的)
관 명 마음속에 일어나는 성적 욕망이나 욕구를 자극하여 일으키는 (것).
그 영화는 선정적인 장면이 많아 방영되지 못했다.
lascivious

세대(世代) 차이(差異)를 극복(克服)하다 [극뽀카다]
서로 다른 세대 사이에서 나타나는 생각이나 행동의 차이를 이겨 내다.
오늘 이 자리는 세대 차이를 극복하자는 의미에서 마련되었습니다.
to overcome the generation gap

시공간(時空間)을 초월(超越)하다
시간과 장소의 한계를 뛰어넘다.
이 작가의 새로운 소설은 시공간을 초월한 남녀의 사랑 이야기를 소재로 하고 있다.
to transcend time and space

실시간(實時間)으로 소통(疏通)하다
실제 시간과 같은 시간에 서로 통하다.
나는 유학 중인 그녀와 시차 때문에 실시간으로 소통하기가 어려워 답답했다.
to communicate in real time

유해(有害)하다
형 해로움이 있다.
이 음료에는 인체에 유해한 성분이 포함되어 있다.
to be harmful

자극적(刺戟的)
관 명 몸에 어떤 반응을 일으키게 하는 성질이 있는 (것).
요즘 건강 관리를 위해서 커피나 술 등 자극적인 음식을 먹지 않고 있다.
provocative

저작권(著作權)을 침해(侵害)하다
문학, 예술, 학문에 속하는 창작물에 대한 작가의 권리를 침범하여 피해를 주다.
작가의 허락 없이 사진을 복사하는 것은 저작권을 침해하는 행위이다.
to infringe copyrights

채널을 개설(開設)하다
1인 방송과 같은 인터넷으로 소통할 수 있는 경로를 새로 마련하고 그에 관한 일을 시작하다.
그 가수는 채널을 개설한 뒤에 방송을 진행하면서 새로운 앨범에 대한 소식을 전했다.
to open a channel

폭력적(暴力的) [퐁녁쩍]
관 명 남을 거칠게 대하거나 억누르는 (것).
지나치게 폭력적인 장면은 아이들의 정서에 부정적인 영향을 미칠 수 있다.
violent

형식(形式)에 구애(拘礙)를 받지 않다
일정한 절차나 양식에 제한을 받지 않다.
온라인에서는 누구나 형식에 구애를 받지 않고 자신의 생각을 말할 수 있다.
to not be limited to formality

듣기

들어 보세요 1

녹화(錄畫)
명 실제 모습이나 움직임 등을 나중에 다시 볼 수 있도록 카메라 등의 기계 장치에 담아 둠.
회의 녹화 영상을 다운로드하려면 어떻게 해야 하나요?
recording

어느새
부 어느 틈에 벌써.
입학한 지가 엊그제 같은데 어느새 졸업이다.
before one knows it

유행(流行)을 타다
사람들 사이에서 큰 인기를 끌었다가 잃는 등 유행에 큰 영향을 받다.
이 신발은 디자인이 독특해서 유행을 탄다.
to be fashionable

채팅 창(窓)
컴퓨터나 스마트폰 등의 화면에서, 채팅을 위한 프로그램이 실행되는 부분.
요즘 연예인들은 실시간 방송을 통해 채팅 창에 올라오는 질문에 답을 하며 팬들과 소통한다.
chat window

들어 보세요 2

단계적(段階的)
관 명 일의 순서나 과정에 따르는 (것).
이 일은 규모가 크고 복잡하기 때문에 단계적으로 진행하기로 했다.
step by step

대중화(大衆化)
명 대중 사이에 널리 퍼져 친숙해짐. 또는 그렇게 되게 함.
교육이 대중화되면서 사람들의 지식수준이 높아졌다.
popularization

덧붙이다 [덛뿌치다]
동 원래 있던 것에 다른 것을 붙이다.
덧붙여서 말씀드리면 일회용품 사용을 줄이는 것이 가장 중요하다고 생각합니다.
to add onto

일으키다
동 어떤 사건이나 일을 벌이거나 터뜨리다.
사고방식이 다른 두 사람이 토론장에서 의견 충돌을 일으켰다.
to spark

말하기

발언(發言)
명 말을 꺼내어 의견을 나타냄. 또는 그 말.
그 정치인은 자신의 무책임한 발언에 대하여 국민들에게 사과했다.
remark

사회자(司會者)
명 모임이나 예식에서 진행을 맡아보는 사람.
토론자들은 사회자의 말에 귀를 기울였다.
moderator

악성(惡性)
명 악한 성질.
유명 연예인뿐만 아니라 많은 사람이 인터넷의 악성 댓글로 인해 피해를 보고 있다.
maliciousness

안건(案件) [안껀]
명 토의하거나 조사하여야 할 사실.
회의 참석자의 과반수가 그 안건에 찬성했다.
agenda

원활(圓滑)하다
형 일의 진행이 잘되어 가는 상태에 있다.
이웃 나라와 원활한 관계를 유지하고 있다.
to be smooth

12-2. 신문과 뉴스

주제 어휘

공정(公正)하게 보도(報道)하다
텔레비전, 라디오, 신문 등 대중 매체를 통하여 사람들에게 새로운 소식을 공평하고 올바르게 알리다.
이번 사건에 대해서 공정하게 보도해 달라고 언론 기관에 요청했다.
to report fairly

구독률(購讀率)이 하락(下落)하다 [구동뉼]
신문, 잡지 등을 구입하여 읽는 비율이 떨어지다.
요즘은 젊은 독자들의 신문 구독률이 하락하고 있다.
subscription rate decreases

권력(權力)을 감시(監視)하다 [궐력]
남을 지배할 수 있게 인정된 권리와 힘을 통제하기 위해 주의 깊게 살피다.
언론의 다양한 역할 중 하나는 국가 권력을 감시하는 것이다.
to monitor power

균형(均衡) 잡힌 시각(視角)을 갖다
사물을 바라보고 파악할 때 어느 한쪽으로 기울거나 치우치지 않다.
이 책의 저자는 균형 잡힌 시각을 갖고 문제 상황을 해결해 나가야 한다고 강조하고 있다.
to have a balanced view

뉴 미디어를 선호(選好)하다
과학 기술이 발달하면서 등장한 새로운 전달 매체를 더 좋아하다.
요즘 사람들은 블로그, SNS처럼 정보의 전달이 상호적으로 이루어지는 뉴 미디어를 선호하는 경향을 보인다.
to prefer new media

대중(大衆)의 신뢰(信賴)를 잃다 [실뢰/실뤠]
수많은 사람의 믿음이 사라지다.
연말 시상식이 공정성 논란에 휩싸이면서 대중의 신뢰를 잃었다.
to lose the public's trust

대중(大衆)의 알 권리(權利)를 보장(保障)하다 [알 꿜리]
수많은 사람의 사실에 대해 알고 있을 권리를 보호하다.
대중의 알 권리를 보장하기 위해 연예인의 사생활을 과도하게 침해하는 것이 옳은가에 대한 논란이 있다.
to guarantee the public's right to know

본질(本質)을 파악(把握)하다
사물이나 현상의 근본적인 성질을 이해하여 알다.
그는 여러 번 되묻고 나서야 문제의 본질을 파악할 수 있었다.
to grasp the essence

사건(事件)을 보도(報道)하다 [사껀]
사회적으로 문제를 일으키거나 주목받을 만한 일을 텔레비전, 라디오, 신문 등 대중 매체를 통하여 사람들에게 알리다.
신문에서는 관계자들의 말을 빌려 이 사건을 보도했다.
to report an incident

사고(事故)를 보도(報道)하다
예상과 달리 일어난 불행한 일을 텔레비전, 라디오, 신문 등 대중 매체를 통하여 사람들에게 알리다.
텔레비전, 인터넷 등 모든 뉴스에서 어제 일어난 사고를 보도했다.
to report an accident

사실(事實)을 왜곡(歪曲)하다
실제로 있었던 일이나 현재에 있는 일을 진실과 다르게 해석하다.
그들은 역사적 사실을 왜곡하여 퍼뜨리고 있다.
to distort the truth

시청률(視聽率)이 떨어지다 [시청뉼]
텔레비전에서 특정한 프로그램이 시청되고 있는 정도가 내려가다.
드라마의 전개가 느리고 지루해지면서 시청률이 떨어졌다.
viewer rating drops

심층적(深層的)인 취재(取材)를 하다
작품이나 기사에 필요한 재료를 겉으로 드러나지 않은 내부의 깊숙한 곳까지 조사하여 얻다.
주요 신문사를 대상으로 심층적인 취재를 하지 않는 것에 대한 비판이 쏟아졌다.
to do an in-depth coverage

언론(言論) 윤리(倫理)를 지키다 [얼론뉼리]
언론으로서 당연히 지켜야 할 사회적 기능, 역할, 의무를 다하다.
언론사들은 언론의 자유를 지키는 동시에 언론 윤리도 지켜야 한다.
to uphold journalistic ethics

조회(照會) 수(數)가 높다
인터넷 등에 올려진 게시물을 확인한 횟수가 높다.
동영상 사이트에서 이 영상이 조회 수가 높은 이유는 유명 연예인의 출연 때문이라고 볼 수 있다.
to have high views

진실(眞實)을 추구(追求)하다
거짓이 없는 사실을 끝까지 구하다.
종교와 과학은 대립하는 것 같지만 진실을 추구한다는 점에서 동일하다.
to seek the truth

책임(責任) 의식(意識)을 갖다
맡아서 해야 할 일이나 의무를 중시하는 의식을 갖다.
의사는 생명을 다루기 때문에 직업에 대한 책임 의식을 갖고 일해야 한다.
to have a sense of responsibility

편향성(偏向性)을 갖다
한쪽으로 치우친 성질을 갖다.
그는 정치적 편향성을 가지고 이야기하는 경우가 많아 사람들이 그와 대화하기 불편해한다.
to have a bias tendency

읽기

읽어 보세요 1

뛰어들다
동 어떤 일이나 사건에 적극적으로 관련을 맺다.
프로 야구에 뛰어든 그는 큰 성공을 거두었다.
to jump into

반문(反問)하다
동 상대의 주장이나 의견에 대하여 동의하지 않는 부분이 있어 다른 의견을 말하며 질문하다.
그 방법을 선택해야 한다는 친구의 말에 왜 그 방법을 선택해야 하느냐고 반문하자 당황스러워했다.
to ask back

시사(時事)
명 그 당시에 일어난 여러 가지 사회적 사건.
그는 오랫동안 기자 생활을 해 온 덕분에 시사에 밝다.
current affairs

포털 사이트
인터넷을 통하여 정보 검색, 커뮤니티 등의 다양한 서비스를 이용하는 데 입구가 되는 사이트.
김 감독의 영화는 영화 개봉과 동시에 주요 인터넷 포털 사이트 검색 1위에 올랐다.
portal site

하락세(下落勢)
명 물가 등이 떨어지는 추세.
부동산 가격이 하락세를 보이고 있다.
downturn

향후(向後)
명 이것에 뒤이어 오는 때.
이 전자 제품은 향후 3년간은 무상 수리를 받을 수 있다.
hereafter

읽어 보세요 2

개최(開催)되다
동 모임이나 회의 등이 주최되어 열리다.
이번 행사는 성공적으로 개최되었다.
to be held

국경(國境)
명 나라와 나라의 영역을 가르는 경계.
두 나라는 서로 국경이 접해 있다.
border

난민(難民)
명 전쟁이나 재난 등을 당하여 어려운 상황에 빠진 사람.
난민들을 돕기 위해 음식과 옷 등 물품을 마련했다.
refugee

수상작(受賞作)
명 상을 받은 작품.
이번 대상 수상작은 평가자들의 전원일치로 결정되었다.
award-winning work

영광(榮光)
명 빛날 정도로 아름답고 자랑스러운 명예.
우리는 대상의 영광을 차지한 그에게 박수를 보냈다.
glory

위원회(委員會)
명 독립된 분야에서 어떤 일의 처리를 맡아서 의논하는 기관.
위원회는 중요한 회의 내용을 회의록에 기록하여 보관했다.
committee

절박(切迫)하다
형 어떤 일이나 때가 가까이 되어 몹시 급하다.
아픈 아이를 둔 그는 아이를 살리겠다는 절박한 마음으로 치료 약을 찾아 헤맸다.
to be desperate

퓰리처상(Pulitzer賞)
명 미국의 언론인 퓰리처의 유산으로 제정된 언론·문학상.
이 사진은 난민 문제를 국제 사회에 알리는 데 중요한 역할을 했고, 다음 해 퓰리처상을 수상했다.
Pulitzer Prize

쓰기

구급대(救急隊)
명 위험한 상황에 처한 사람을 구해 내는 일을 하는 단체.
구급대는 현장에 도착하자마자 환자들을 신속하게 이동시켰다.
emergency medical services (EMS)

급속(急速)하다 [급쏘카다]
형 급하고 빠르다.
요즘에는 모든 분야가 급속하게 자동화되고 있다.
to be rapid

들이받다
동 함부로 받거나 부딪치다.
버스가 길에 있는 나무를 들이받는 사고가 있었다.
to crash into

승용차(乘用車)
명 사람이 타고 다니는 데 쓰는 자동차.
승용차로 출근하는 사람들이 늘어나면서 길이 심하게 막히게 되었다.
car

연평균(年平均)
명 1년을 단위로 하여 내는 평균.
우리나라는 연평균 강수량이 1,000mm를 넘는다.
annual average

육하원칙(六何原則)
명 기사의 문장을 쓸 때에 지켜야 하는 기본적인 원칙으로 '누가, 언제, 어디서, 무엇을, 어떻게, 왜'의 여섯 가지를 이른다.
기사문을 작성할 때는 육하원칙에 따라 써야 한다.
5W1H (5W and 1H questions)

정문(正門)
명 건물의 정면에 있는 주된 출입문.
회사 정문에 사원 모집을 알리는 광고가 붙어 있다.
front door

정차(停車)하다
동 차가 멎다. 또는 차를 멈추다.
그는 가게 앞에 차를 정차하고 친구를 기다리고 있었다.
to stop (a car)

졸음운전(졸음運轉)
명 졸면서 하는 운전.
졸음운전으로 버스가 뒤집히는 사고가 일어났다.
falling asleep behind the wheel

화물차(貨物車)
명 물품을 실어 나르는 자동차, 기차 등을 통틀어 이르는 말.
운전기사는 화물차에 잔뜩 짐을 싣고는 바로 출발했다.
freight vehicle

화재(火災)
명 불이 나는 재앙. 또는 불로 인한 재난.
날씨가 건조할 때는 화재가 발생하지 않도록 주의해야 한다.
fire

❖ 자유롭게 써 보세요.

13

역사와 인물

13-1 나라의 건국과 멸망

13-2 역사 속 인물

13-1 나라의 건국과 멸망

- **듣기 1** 삼국 시대에 대한 방송 프로그램을 듣고 역사적 의미 파악하기
- **듣기 2** 고려와 조선에 대한 방송 프로그램을 듣고 역사적 사건의 개요와 내용 파악하기
- **말하기** 역사적 사건 이야기하기

13-2 역사 속 인물

- **읽기 1** 도서 소개를 읽고 인물의 업적과 평가 파악하기
- **읽기 2** 세종 대왕 전기를 읽고 일화의 내용과 의미 파악하기
- **쓰기** 역사적 인물을 소개하는 글 쓰기

Intro 들어가기

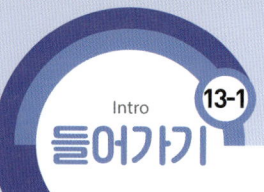

13-1 나라의 건국과 멸망

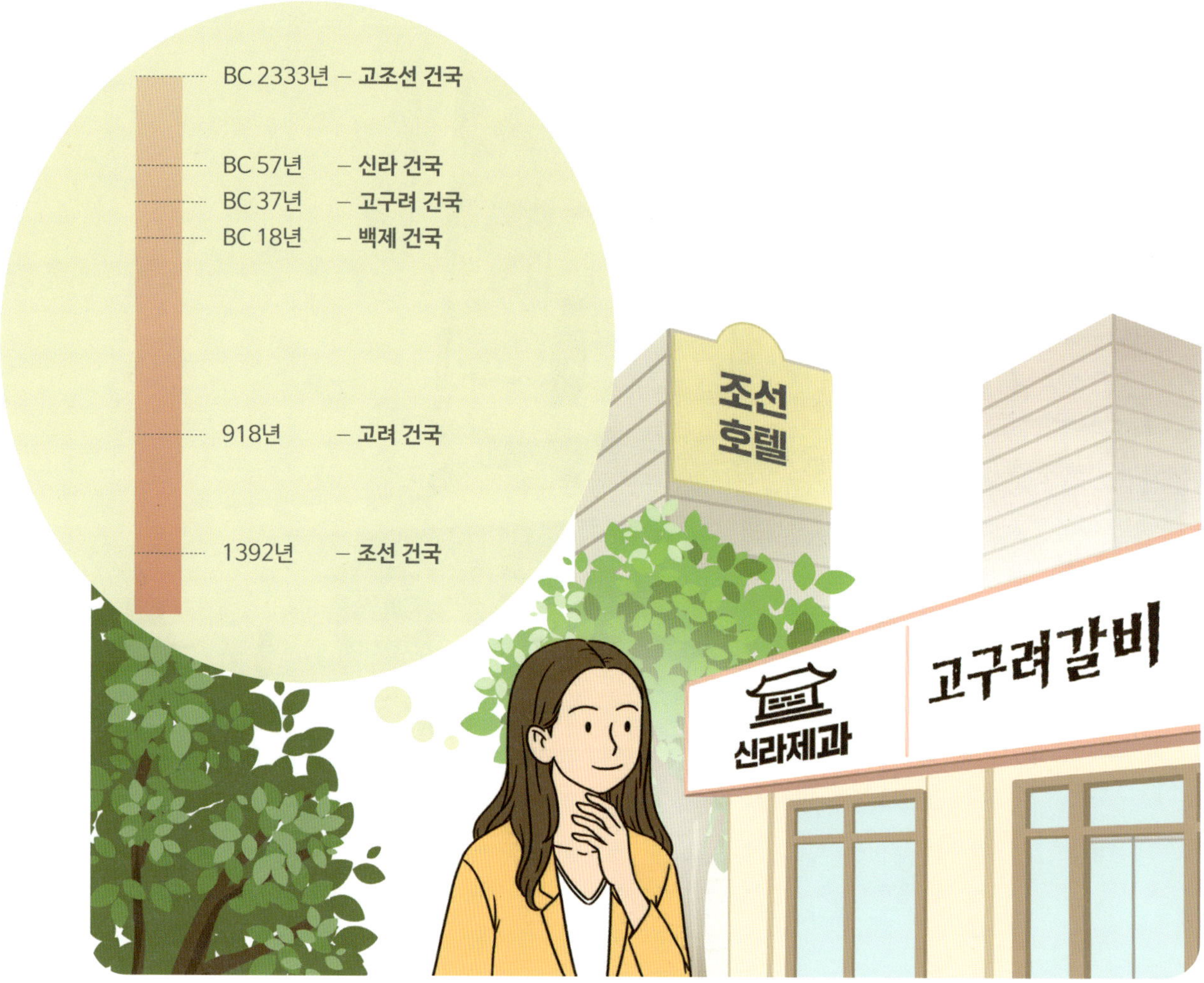
BC 2333년 – 고조선 건국
BC 57년 – 신라 건국
BC 37년 – 고구려 건국
BC 18년 – 백제 건국
918년 – 고려 건국
1392년 – 조선 건국
조선 호텔
신라제과
고구려갈비

1 여러분은 위 간판에 나오는 '조선', '신라', '고구려'라는 나라 이름을 들어 본 적이 있습니까?

2 한국의 역사에 대해서 알고 있습니까? 지금의 '한국'이라는 이름이 생기기 전에는 어떤 이름의 나라가 있었습니까?

주제 어휘 13-1 Topic Vocab

1 다음은 삼국 시대의 연표입니다. 아래 표현을 사용하여 어떤 일이 있었는지 이야기해 보세요.

 신라는 BC 57년에 **건국되었어요**.

백제는 4세기에 한강**을 차지하면서 전성기를 맞이했어요**.

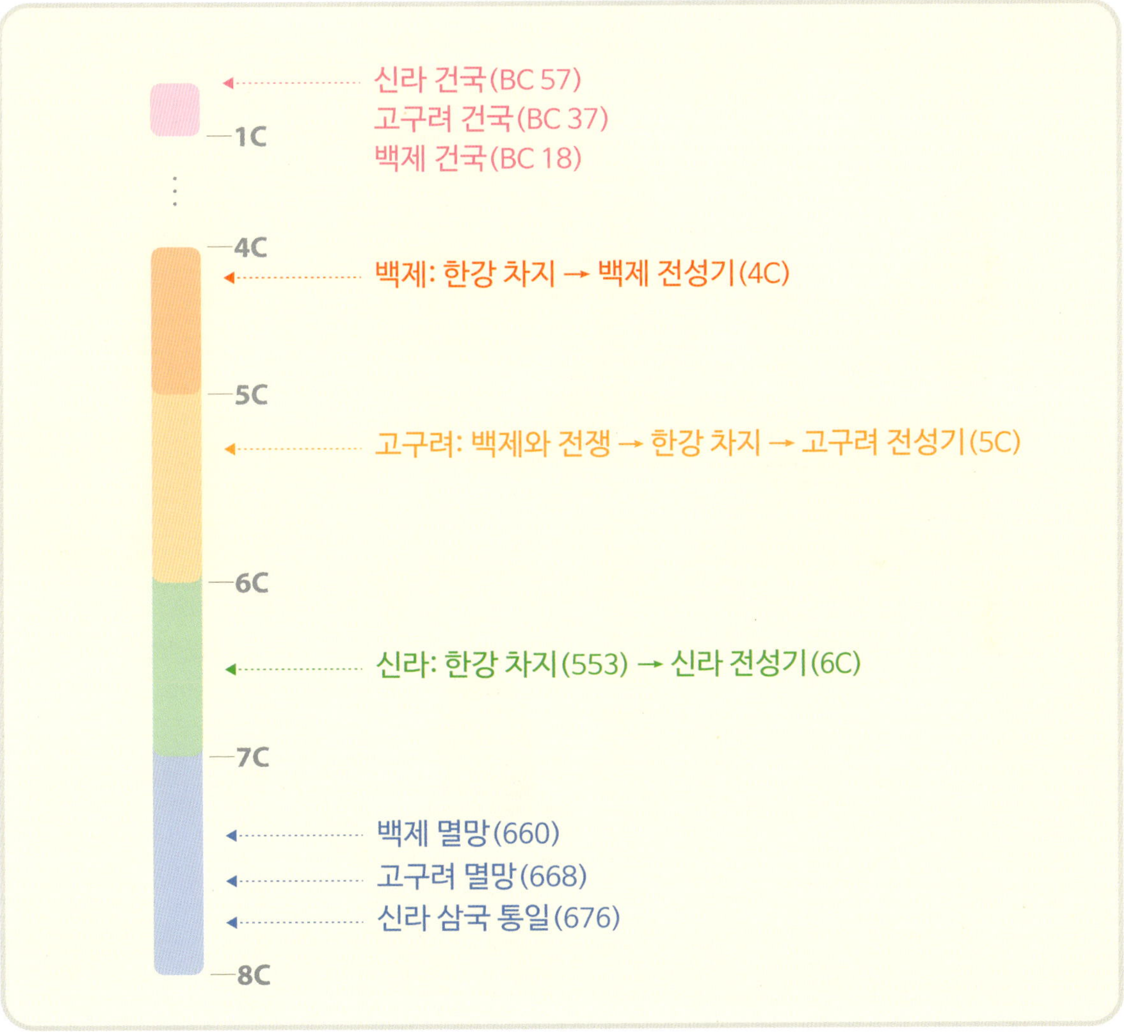

— 1C ← 신라 건국(BC 57)
　　　고구려 건국(BC 37)
　　　백제 건국(BC 18)

— 4C ← 백제: 한강 차지 → 백제 전성기(4C)

— 5C ← 고구려: 백제와 전쟁 → 한강 차지 → 고구려 전성기(5C)

— 6C ← 신라: 한강 차지(553) → 신라 전성기(6C)

— 7C ← 백제 멸망(660)
　　　← 고구려 멸망(668)
　　　← 신라 삼국 통일(676)

— 8C

| 초(기)/중(기)/후(기)/말(기) | 건국되다 | 전쟁하다 | 멸망하다 |
| 영토를 차지하다 | 전성기를 맞이하다/이루다 | | |

13-1. 나라의 건국과 멸망　**131**

2 예전부터 강 주변에는 사람들이 모여 살았습니다. 다음 그림을 보고 아래 표현을 사용하여 강 유역의 장점을 이야기해 보세요.

강 유역은 땅이 기름져서 농사를 짓기에 좋았어요.

유역	상류/하류	농사를 짓다	땅이 기름지다
중심지가 되다	문명이 발생하다	물품을 운송하다	손쉽게 이동하다
지리적으로 유리하다	주변 국가와 교역하다	수상 교통이 발달하다	

들어 보세요 ①

준비

1. 4대 문명에 대해서 알고 있습니까? 발생지는 어디이며 왜 4대 문명이라 불립니까?

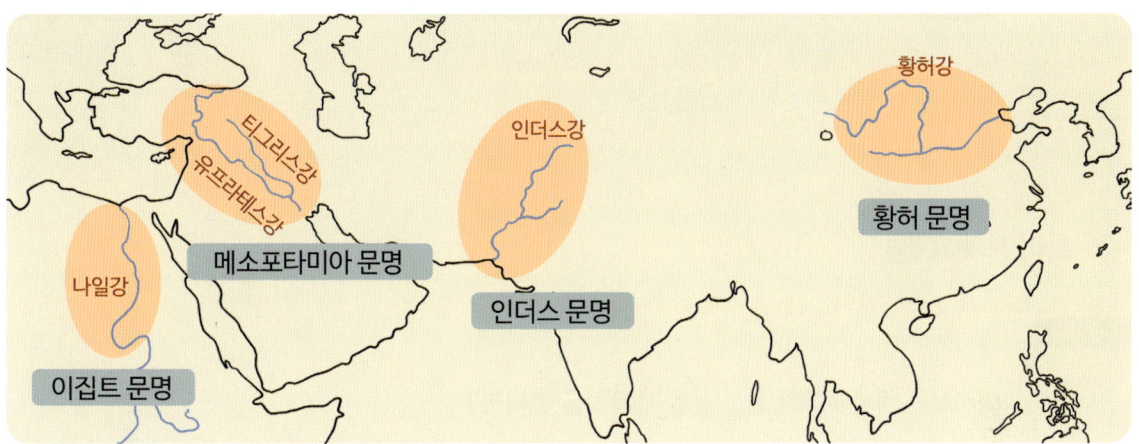

2. 왜 큰 강 유역에서 4대 문명이 일어났다고 생각합니까?

듣기 다음은 역사 상식을 소개하는 방송 프로그램입니다. 잘 듣고 질문에 답해 보세요.

중심 내용 파악하기

1. 4대 문명이 큰 강 유역에서 발생한 이유는 무엇입니까?

   · _____.
   · _____.

세부 내용 파악하기

2. 한강을 차지하여 전성기를 이룬 나라의 이름과 그 시기를 순서대로 쓰세요.

   백제 , ___세기 ➡ _____ , ___세기 ➡ _____ , ___세기

3. 들은 내용과 일치하는 것을 모두 고르세요.

   ☐ 한강 하류는 농사를 짓기에 좋은 땅이었다.
   ☐ 신라는 한강을 차지한 후 삼국을 통일했다.
   ☐ 한강을 차지하지 않은 나라가 더 쉽게 발전할 수 있었다.
   ☐ 4대 문명과 삼국의 건국과 멸망은 서로 관련된 점을 찾을 수 없다.

> 확장 활동하기

4 삼국 시대에 한강이 중요했던 것처럼 여러분 나라에도 역사적으로 중요한 강이 있습니까?

한강

나일강

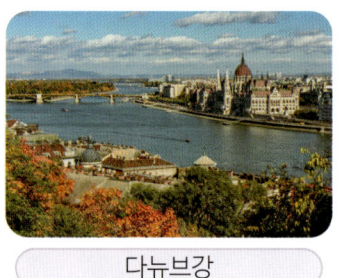
다뉴브강

들어 보세요 2

> 준비

1 여러분은 역사에 대해 알고 싶을 때 무엇을 합니까?

☐ 인터넷 검색하기　　☐ 역사책 읽기　　☐ 역사 관련 방송 보기　　☐ _____

2 주로 어떤 역사 이야기에 관심이 있습니까?

건국　　멸망　　통일　　위인　　악인　　?

> 듣기

다음은 역사와 관련된 이야기를 들려주는 방송 프로그램입니다. 잘 듣고 물음에 답해 보세요.

> 중심 내용 파악하기

1 무엇에 대해 이야기하고 있습니까?

> 세부 내용 파악하기

2 고려 말기의 상황은 어땠습니까?

다른 나라와 _____, 귀족들이 _____.

문법과 표현

동-으려야 **동**-을 수(가) 없다　☞ 12쪽

강은 우리 인류가 이룬 문명과 떼려야 뗄 수 없는 관계에 있다고 해도 과언이 아닌데요.

3 다음을 시간 순서대로 쓰세요.

- 고려를 개혁하고자 하는 사람들은 급진파와 온건파로 나뉘었다. (1)
- 정몽주는 이방원의 제안을 거절했다. ( )
- 이성계를 중심으로 조선이 건국되었다. ( )
- 정몽주는 이방원에 의해 제거되었고 고려는 무너졌다. ( )
- 급진파인 이방원은 온건파인 정몽주에게 새 나라를 건국하자고 했다. ( )

4 다음 시조와 관련이 있는 것을 연결하세요.

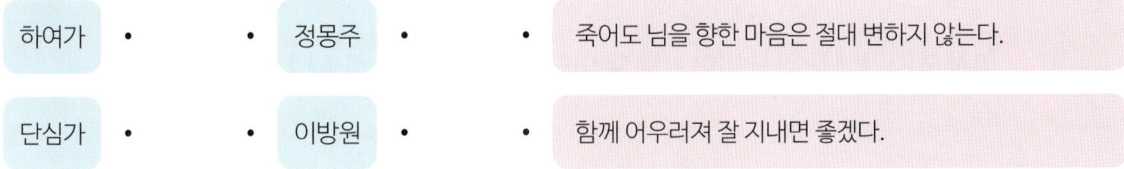

5 조선 건국 후 이방원은 정몽주에게 어떻게 했습니까? 그것을 통해 알 수 있는 것은 무엇입니까?

이방원은 자신이 제거한 정몽주에게 _____ 고 전해진다.
이것을 통해 이방원이 _____ 을 알 수 있다.

확장 활동하기

6 정몽주가 끝까지 충성심을 지킨 것에 대해 어떻게 생각합니까? 여러분 나라에도 정몽주처럼 왕 또는 나라에 대한 충성심을 끝까지 지킨 인물이 있습니까?

이야기해 보세요

1 여러분 나라의 전성기는 언제였습니까? 왜 그렇다고 생각합니까?

2 여러분 나라의 역사에서 가장 길게 또는 가장 짧게 존재했던 나라에 대해 이야기해 보세요.

문법과 표현

동 형 -은들, **명** 인들 ☞ 12쪽

'이런들 어떠하며 저런들 어떠하리'로 시작하는 하여가는 "우리 함께 어우러져 잘 살아 봅시다"라는 내용을 담고 있습니다.

13-1. 나라의 건국과 멸망

말하기 (Speaking) 13-1

🔖 강과 관련하여 역사적으로 중요한 사건이나 나라의 건국과 멸망에 관련된 사건에 대해 이야기해 보세요.

준비해 보세요

1 삼국 시대에 한강은 어떤 의미였습니까? 조선 건국은 어떻게 이루어졌습니까?

2 역사적 사건에 대해서 이야기할 때 어떤 내용을 말하면 좋습니까?

| 배경 | 주요 인물 | 사건의 내용 | 의미 | ? |

표현을 연습해 보세요

1 다음은 역사적 사건의 배경 및 개요를 제시할 때 사용하는 표현입니다. 다음 표현을 사용하여 삼국 시대 한강과 관련된 사건과 조선 건국에 대해 이야기해 보세요.

> **배경 및 개요 제시하기**
> ▶ 시대적 배경이나 사건의 개요를 제시합니다.
> - … 시대는 …던 때입니다
> - … 시대 [세기]에는
> - 초(기)/중(기)/후(기)/말(기)에는

1) 삼국 **시대는** 한반도에 신라, 고구려, 백제가 **있었던 때입니다**. 삼국 **시대에는** 삼국이 한강을 차지하기 위해 서로 전쟁을 했습니다.

1) **삼국 시대와 한강**
- 삼국 시대는 한반도에 신라, 고구려, 백제가 있었던 때임.
- 삼국이 한강을 차지하기 위해 전쟁을 함.

2) **조선 건국**
- 14세기 고려 시대에는 나라 상황이 혼란스러워 백성들이 살기 힘들었음.
- 고려 말, 개혁을 원하는 세력이 많았는데 이성계를 중심으로 한 급진파는 새로운 나라를 세우고자 함.

2 다음은 사건을 서술할 때 사용하는 표현입니다. 다음 표현을 사용하여 삼국 시대 한강과 관련된 사건과 조선 건국에 대해 이야기해 보세요.

사건 서술하기

> 역사적인 사건의 전개와 결말을 시간 순으로 서술합니다.

- …으로 …게 됐습니다
- …에 의해 …어졌습니다
- 결국 …었습니다

1) 제일 처음 한강을 차지한 나라는 백제였으나 고구려의 **공격으로** 한강 유역을 **빼앗기게 됐습니다**. 고구려 또한 **신라에 의해** 한강 유역을 빼앗기면서 힘이 **약해졌습니다**. **결국** 한강 유역을 차지한 신라는 삼국을 통일하고 전성기를 **맞이했습니다**.

1) 삼국 시대와 한강
① 백제가 제일 먼저 한강을 차지했으나 고구려의 공격으로 한강 유역을 빼앗기게 됨.
② 고구려는 신라에 의해 한강 유역을 빼앗기고 힘이 약해짐.
③ 결국 신라는 삼국을 통일하고 전성기를 맞이함.

2) 조선 건국
① 정몽주의 반대로 조선 건국이 어려워지자 급진파인 이방원은 정몽주를 설득하고자 함.
② 정몽주는 같이 조선을 세우자는 제안을 거절하여 이방원에 의해 제거됨.
③ 결국 급진파는 조선을 건국하고 이성계는 왕이 됨.

3 다음은 역사적 사건의 의미를 설명할 때 사용하는 표현입니다. 다음 표현을 사용하여 삼국 시대 한강과 관련된 사건과 조선 건국에 대해 이야기해 보세요.

의미 설명하기

> 역사적인 사건이 가지는 의미에 대해 설명합니다.

- …다고 해도 과언이 아닙니다
- …을 볼 때 …다고 할 수 있습니다
- …에게 큰 감동[교훈]을 줍니다

1) 결국 한강 유역을 차지하는 나라가 전성기를 **맞이했다고 해도 과언이 아닙니다**. 이와 같이 삼국의 **역사를 볼 때** 한강이 갖는 의미는 매우 **컸다고 할 수 있습니다**.

1) 삼국 시대와 한강
- 한강 유역을 차지하는 나라가 전성기를 맞이했음.
- 삼국의 역사에서 한강이 갖는 의미는 매우 큼.

2) 조선 건국
- 이방원이 조선의 왕이 된 후 정몽주에게 높은 관직을 준 것은 그가 정몽주의 충성심을 높이 평가한 것임.
- 적을 감동하게 한 정몽주의 충성심은 우리에게 큰 감동을 줌.

말하기

- 이야기해 보세요

1 강과 관련하여 역사적으로 중요한 사건이나 나라의 건국과 멸망에 관련된 사건을 알고 있습니까? 어떤 사건입니까?

2 보기와 같이 이야기할 내용을 메모해 보세요.

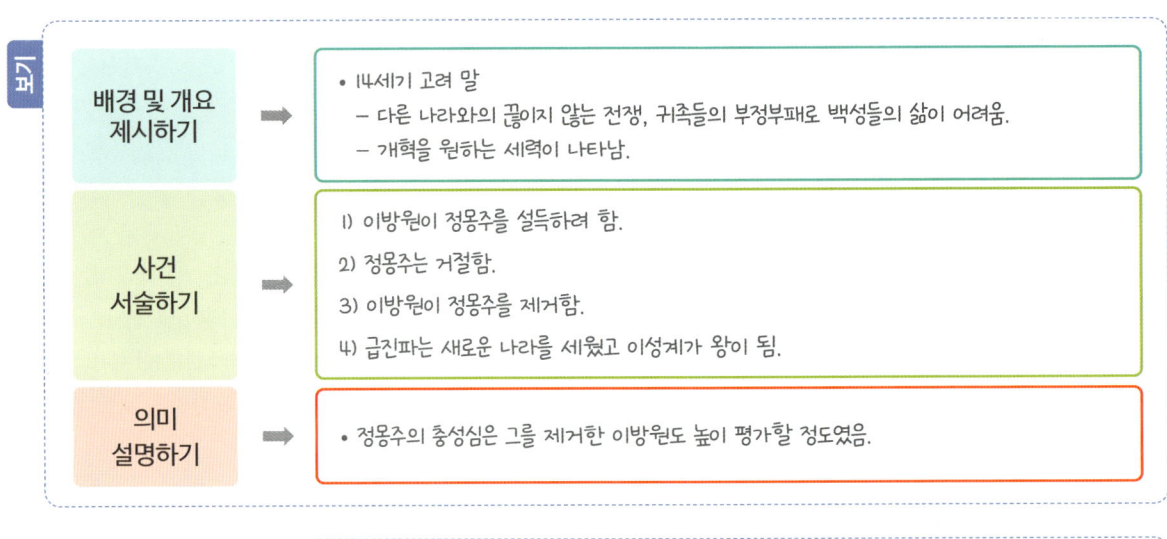

[보기]

- 배경 및 개요 제시하기 →
  - 14세기 고려 말
    - 다른 나라와의 끊이지 않는 전쟁, 귀족들의 부정부패로 백성들의 삶이 어려움.
    - 개혁을 원하는 세력이 나타남.
- 사건 서술하기 →
  1) 이방원이 정몽주를 설득하려 함.
  2) 정몽주는 거절함.
  3) 이방원이 정몽주를 제거함.
  4) 급진파는 새로운 나라를 세웠고 이성계가 왕이 됨.
- 의미 설명하기 →
  - 정몽주의 충성심은 그를 제거한 이방원도 높이 평가할 정도였음.

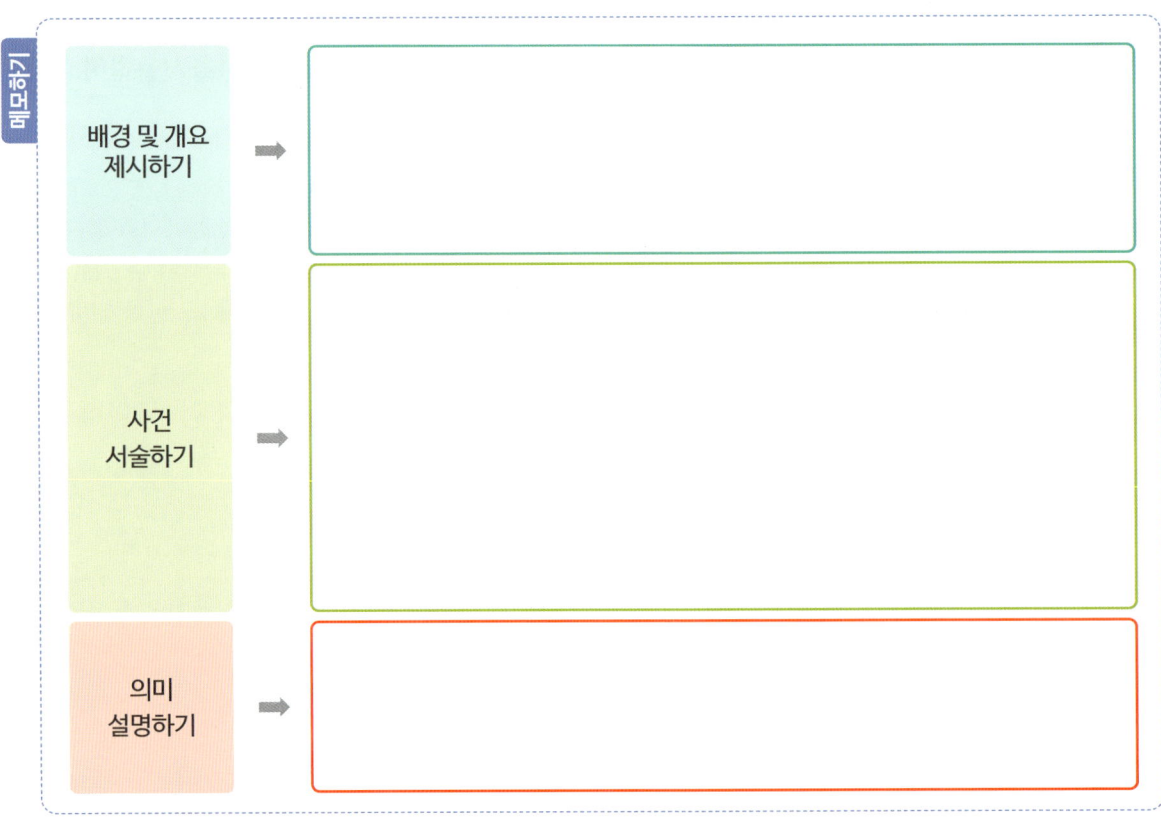

[메모하기]

- 배경 및 개요 제시하기 →
- 사건 서술하기 →
- 의미 설명하기 →

3 메모한 내용을 바탕으로 친구들에게 이야기해 보세요.

> 보기
>
> - **배경 및 개요 제시하기**: 고려 말기에는 다른 나라와 전쟁이 끝이지 않았고 귀족들이 부정부패를 저질러 백성들이 매우 살기 힘들었습니다. 이때 개혁을 하고자 하는 사람들이 있었는데 이들은 크게 급진파와 온건파로 나뉘었습니다. 급진파는 이성계를 중심으로 새로운 나라를 세워 개혁을 실행하고자 했습니다. 이에 반해 온건파는 정몽주를 중심으로 하여 고려를 무너뜨리지 않고 유지한 상태에서 개혁을 하려고 했습니다.
>
> - **사건 서술하기**: 이들의 대립은 오랜 시간 지속됩니다. 이때 이성계의 다섯째 아들인 이방원은 아버지를 대신하여 정몽주를 설득하려고 합니다. 그러나 정몽주는 시조를 통해 새로운 나라를 세울 마음이 없음을 전합니다. **결국** 이방원은 정몽주가 있으면 새로운 나라를 세우는 데 큰 방해가 될 것이라 생각하고 정몽주를 **제거했**습니다. 정몽주의 **죽음으로** 온건파는 급격히 **무너지게 되고 결국** 급진파의 중심인물이었던 이성계는 새로운 나라 조선의 왕이 **되었습니다**.
>
> - **의미 설명하기**: 이후 이방원은 조선의 제3대 왕이 되었습니다. 이방원은 왕이 된 후에 자신이 제거한 정몽주의 충성심을 높이 평가해 최고의 관직을 내렸다고 전해집니다. 적을 감동하게 한 정몽주의 충성심은 오늘날 우리에게 **큰 울림을 줍니다**.

Intro 들어가기 13-2

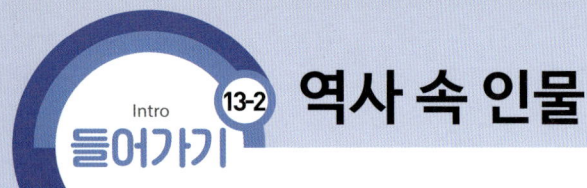

역사 속 인물

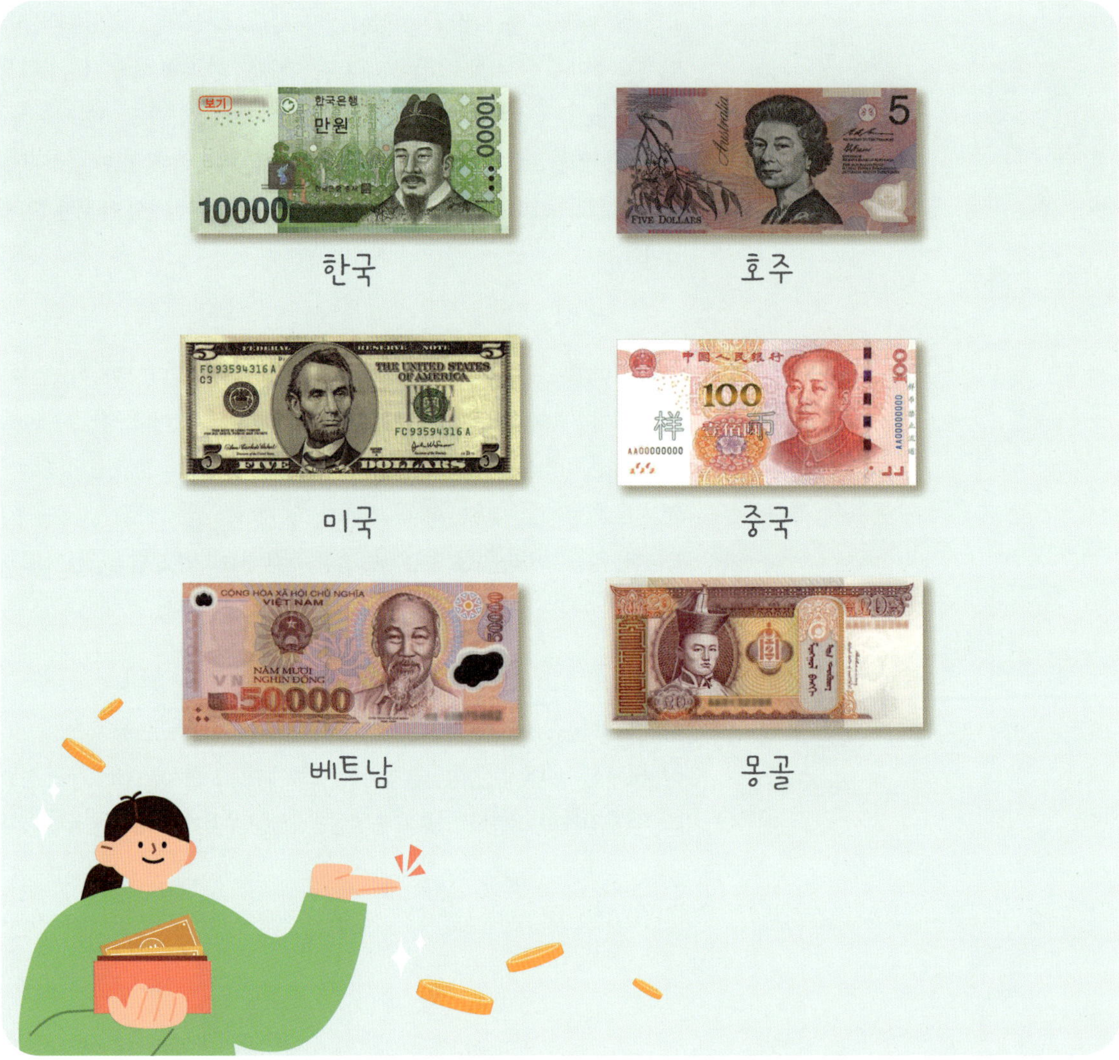

1 **한국 화폐에 나오는 인물은 누구입니까?**

2 **여러분 나라의 화폐에는 어떤 인물이 실려 있습니까? 그 인물을 소개해 보세요.**

주제 어휘 (Topic Vocab 13-2)

1 다음은 위인의 행동이나 업적과 관련된 표현입니다. 알맞은 것을 연결하세요.

1) 나라의 첫 번째 왕이었던 그는 **국민을 잘 보살피고 국가의 일을 잘 관리하고 처리했으며**	•	• 연구에 힘쓰다
2) **본받아 배울 만한 일들을 많이 한** 것으로 알려져 있습니다.	•	• 온 힘을 바치다
3) 건국 후, 그는 나라를 제대로 다스리기 위해 **가장 중요하고 기본적인 것들부터 마련했습니다.**	•	• 나라를 다스리다
4) 가장 먼저 **나라를 다른 나라로부터 안전하게 지키기 위한 힘을 키우고자** 했습니다.	•	• 모범을 보이다
5) **사회 전체의 조직과 제도를 정리하여 제대로 갖추었고**	•	• 국방을 강화하다
6) 잘못된 사람들을 벌하는 **법을 만드는** 등	•	• 체제를 정비하다
7) 백성들이 지켜야 하는 **법칙과 기준을 제시했습니다.**	•	• 인재를 선발하다
8) 신분과 관계없이 **능력 있는 사람을 뽑았으며**	•	• 규범을 제시하다
9) 백성들이 편안한 삶을 살 수 있도록 **열심히 연구했습니다.**	•	• 기틀을 마련하다
10) 그는 죽을 때까지 좋은 나라를 만들기 위해 **최선을 다해 노력했던** 왕이었습니다.	•	• 법을 제정하다

2 다음은 인물에 대한 평가와 관련된 표현입니다. 여러분이 알고 있는 위인은 어떤 사람인지 이야기해 보세요.

정약용은 조선 시대의 **천재적인** 학자로 **여러 분야에 능통해** 500여 권의 책을 썼다고 해요.

이분은….

ⓒ연합뉴스

인자하다	강직하다	지혜롭다	용감하다
천재적이다	충성심이 강하다	지도력이 뛰어나다	여러 분야에 능통하다

읽어 보세요 1

준비

1. 역사적 인물에 대해 쓴 책을 읽어 본 적이 있습니까? 누구에 대한 이야기였습니까?

2. 그 인물에게서 배워야 할 점은 무엇이라고 생각합니까?

지도력   지혜로움   강직함   충성심   능력   ?

읽기 다음은 인터넷 서점에서 판매 중인 도서를 소개하는 글입니다. 글을 읽고 질문에 답해 보세요.

역사에서 배우는 조선의 지도력 ★★★★★ (별점 4.8/5, 후기 11개)

책 소개
정치, 경제, 예술 등 각 분야를 이끌었던 조선 시대 인물들이 어떤 지도력을 발휘하여 뛰어난 업적을 세웠는지 구체적으로 제시하고 있다.

🛒 장바구니   ♥ 관심 도서 담기   🔍 관련 도서 찾기

목차
1. 왕의 지도력 | 2. 장군의 지도력 | 3. 정치가의 지도력 | 4. 학자의 지도력 | 5. 예술가의 지도력

책 속으로

이순신은 나라와 백성을 위해 온 힘을 바쳐 싸운 용감한 장군이었다. 그는 "죽기를 각오하면 살고, 살려고 하면 죽을 것이다."라는 말로 군사들의 용기를 북돋아 주곤 했다. 이순신은 자기 자신에게 엄격한 것으로도 널리 알려져 있다. 당시 군사들은 근무 중에 면회가 금지되어 있었는데 장군들은 이 규칙을 지키지 않는 경우가 많았다. 그러나 이순신은 군사들에게 모범을 보이기 위해 자신을 찾아온 아내와 아이를 근무 시간이 끝날 때까지 기다리게 했다는 일화가 전해진다. 그의 강직함을 알 수 있는 부분이다.

- 본문 89쪽

정도전은 고려 말 조선 초의 유능한 학자였다. 그는 조선 건국 후 조선을 설계하는 역할을 맡아 수도를 옮기고 나라를 잘 다스리기 위한 규범을 제시하는 등 조선의 기틀을 마련했다. 정치, 경제, 법 등 다양한 분야에 깊은 지식을 가진 정도전이 없었다면 조선을 건국하고 체제를 정비하는 데 더욱 어려움이 많았을 것이다.

- 본문 173쪽

정약용은 백성들의 삶에 직접적으로 도움이 되는 일을 하기 위해 선진국의 기술을 적극적으로 익혀야 한다고 생각했다. 그는 다양한 분야의 학문과 기술을 공부하여 500여 권의 책을 쓴 천재적인 인물로 평가받고 있다. 수원 화성 건설이라는 큰일을 2년 6개월 만에 할 수 있었던 것은 여러 분야에 능통했던 정약용이 만든 거중기가 **있었기에** 가능한 일이었다.

- 본문 265쪽

중심 내용 파악하기

1 이 글에 소개된 책은 무엇에 대한 책입니까?

세부 내용 파악하기

2 이 글에 나타난 역사 속 인물의 업적과 행동, 인물에 대한 평가를 정리해 보세요.

역사 속 인물	업적 및 행동	평가
이순신	• 나라와 백성을 위해 온 힘을 바쳐 싸웠으며 군사들의 용기를 북돋아 줌. •	• 용감함.
정도전	• •	•
정약용	• •	• •

3 이 글의 내용과 일치하는 것을 고르세요.

① 이 글에 나오는 인물들은 조선 시대 정치가들이다.
② 거중기를 통해 수원 화성을 빠르게 건설할 수 있었다.
③ 조선은 고려와 수도가 같았고 고려의 규범도 그대로 이어받았다.
④ 당시 군대 규칙에 따르면 장군들은 근무 중에 가족을 만나는 것이 허용됐다.

추론하기

4 "죽기를 각오하면 살고, 살려고 하면 죽을 것이다."는 무슨 뜻인 것 같습니까?

문법과 표현

동 형 -기에, 명 이기에 ☞ 13쪽

수원 화성 건설이라는 큰일을 2년 6개월 만에 할 수 있었던 것은 여러 분야에 능통했던 정약용이 만든 거중기가 있었기에 가능한 일이었다.

읽어 보세요 2

준비

1. 다음 사진 속 동상은 누구의 동상입니까?
   이 인물을 동상으로 만든 이유는 무엇일까요?

2. 여러분은 세종 대왕의 업적을 알고 있습니까? 어떤 업적이 있습니까?

읽기 다음은 한국의 역사적 인물을 소개하는 글입니다. 글을 읽고 질문에 답해 보세요.

조선의 왕, 세종

한글을 창제한 세종 대왕은 조선의 제4대 왕이다. 1418년 즉위한 세종은 과학, 어학, 예술, 농업, 국방 등 많은 분야에서 뛰어난 업적을 남겼다. 어렸을 때부터 총명하고 책 읽는 것을 좋아하여 밤새워 책을 읽는 날이 많았는데 책을 읽다가 눈병이 날 정도였다고 전해진다.

세종은 그 어느 왕보다 백성을 사랑했다. 세종은 국방을 강화하는가 하면 나라 안의 여러 제도를 정비하여 백성들이 편안하게 살 수 있게 했다. 집현전을 설치하고 인재를 선발하여 학문 연구에 힘쓰도록 했으며 과학 기술에도 관심을 기울여 농사를 짓는 데 도움이 되는 여러 가지 기구를 발명하도록 했는데 이 역시 백성들이 좀 더 편안하게 살기를 바랐던 세종의 뜻에서 비롯된 것이었다. 세종의 대표적인 업적인 한글을 만든 이유 역시 백성들이 글을 몰라 불편하게 생활하는 것을 안타깝게 여겼기 때문이라고 한다. 어버이 같은 마음으로 백성을 보살피고자 했던 세종의 인자한 성품이 없었다면 한글은 탄생하지 못했을지도 모른다.

세종이 신하를 진심으로 아끼는 훌륭한 왕이었음을 보여 주는 일화가 있다. 집현전의 학자였던 신숙주와 관련된 이야기이다. 집현전 학자들은 매일 밤 돌아가며 숙직을 했는데 어느 날 밤 세종은 내관을 시켜 숙직하는 사람이 무엇을 하는지 알아보게 했다. 그날은 신숙주가 숙직을 하는 날이었는데 내관이 지켜보는 줄도 모르고 계속 글을 읽고 있었다. 그가 글 읽는 데 몰두하다 잠이 들자 내관이 이 사실을 세종에게 알렸다. 그러자 세종은 자신의 어의를 벗어 내관에게 주며 신숙주가 깊이 잠들 때까지 기다렸다가 옷을 덮어 주고 오라고 했다. 아침에 **일어나서야** 어의를 본 신숙주는 크게 감동하여 더욱 학문에 힘쓰게 되었다고 한다.

세종의 인자한 성품은 신하를 대하는 태도에서만 볼 수 있는 것이 아니었다. 세종은 주인에게 맞아 길거리에 쓰러져 있는 노비를 보고 불쌍히 여겨 노비를 함부로 처벌하지 못하게 하는 법을 제정하고, 출산을 앞두거나 출산을 한 여자 노비에게 휴가를 주는 법을 제정하는 등 신분이 낮은 백성들의 삶도 보살피는 왕이었다.

백성들도 읽을 수 있도록 쉬운 글자를 직접 만든 왕, 인자한 성품으로 신분이 낮은 백성의 삶까지 보살폈던 왕이 세종이다. 우리가 세종을 '세종 대왕'이라고 부르는 이유가 바로 여기에 있다.

중심 내용 파악하기

1 글쓴이는 세종 대왕에 대해 어떻게 소개하고 있습니까?

> 세종은 백성을 사랑하고 신하를 진심으로 아끼는 _____ 성품의 왕이었다.

세부 내용 파악하기

2 이 글의 내용을 다음 표와 같이 구분하여 정리해 보세요.

	질문	내용
기본 정보	세종은 누구인가?	조선의 제4대 왕
업적	세종은 무슨 일을 했나?	• 국방을 강화함. • • •
	세종의 대표적인 업적은 무엇인가?	
일화	무슨 일이 있었나?	
평가	세종을 '세종 대왕'이라 부르는 이유는 무엇인가?	

3 세종 대왕이 노비와 관련하여 시행한 일 두 가지는 무엇입니까?

• _____ .

• _____ .

4 이 글에서 세종 대왕에 대해 언급한 것을 모두 고르세요.

☐ 총명하다   ☐ 인자하다   ☐ 강직하다   ☐ 용감하다
☐ 천재적이다 ☐ 충성심이 강하다 ☐ 백성을 사랑하다 ☐ 신하를 아끼다

이야기해 보세요

1 여러분 나라의 역사 속 인물 중에서 뛰어난 지도력을 가진 인물이 있습니까? 그 인물은 어떤 일을 했습니까?

2 세계 여러 나라의 인물 중 여러분에게 깊은 인상을 남긴 인물이 있습니까? 그 인물의 어떤 점이 인상 깊었습니까?

문법과 표현

문형 -어서야 ☞ 13쪽

아침에 일어나서야 어의를 본 신숙주는 크게 감동하여 더욱 학문에 힘쓰게 되었다고 한다.

쓰기

역사적으로 유명한 인물을 소개하는 글을 써 보세요.

준비해 보세요

1 앞서 배운 내용을 생각하며 세종 대왕과 이순신에 대해 이야기해 보세요.

2 역사적으로 유명한 인물에 대해 이야기할 때는 어떤 내용을 말하면 좋습니까?

업적   성품   일화   평가   ?

표현을 연습해 보세요

1 다음은 인물의 기본 정보 및 업적을 서술할 때 사용하는 표현입니다. 다음 표현을 사용하여 세종 대왕과 이순신에 대해 이야기해 보세요.

기본 정보 및 업적 서술하기

▶ 인물이 살았던 배경이나 인물에 대한 기본 정보와 업적 등을 씁니다.

- …은 …의 왕[학자/장군]이다
- …는 데 힘쓰다
- …는 데 큰 역할을 하다

1) 세종 **대왕은 조선의** 제4대 **왕이다**. 그는 국방을 강화하고 나라 안의 여러 제도들을 정비함으로써 백성들의 삶을 안정되고 편안하게 **만드는 데 힘썼다**.

1) 세종 대왕
- 조선의 제4대 왕
- 국방을 강화하고 여러 제도를 정비하여 백성들의 삶을 안정되고 편안하게 만듦.

2) 이순신
- 조선 시대의 장군
- 나라와 백성을 위해 온 힘을 바쳐 싸움.

2 다음은 인물의 일화를 소개할 때 사용하는 표현입니다. 다음 표현을 사용하여 세종 대왕과 이순신에 대해 이야기해 보세요.

일화 소개하기
▶ 인물의 능력 또는 성품을 보여 주는 일화를 소개합니다.

- …었음을 보여 주는 일화가 있다
- 어느 날
- …을 때의 일이다

1) 세종이 신하를 아끼는 훌륭한 **왕이었음을 보여 주는 일화가 있다. 어느 날**, 세종은 신숙주가 집현전에서 늦게까지 글을 읽다 잠들었다는 말을 듣고 내관을 시켜 자신의 옷을 덮어 주게 했다. 아침에 일어난 신숙주는 세종의 옷을 보고 크게 감동했다고 한다.

1) 세종 대왕
- 신하를 아끼는 훌륭한 왕
- 집현전에서 글을 읽다가 잠든 신숙주에게 자신의 옷을 덮어 주게 함.

2) 이순신
- 강직함.
- 가족들이 면회를 왔는데 근무 시간이라고 만나지 않음.

3 다음은 인물에 대해 평가할 때 사용하는 표현입니다. 다음 표현을 사용하여 세종 대왕과 이순신에 대해 이야기해 보세요.

평가하기
▶ 인물에 대한 평가를 서술합니다.

- …은 …는 왕[학자/장군]이었다
- 존경의 의미를 담아 …이라고 부르다
- …의 마음속에 …으로 자리하고 있다

1) **세종은** 백성을 사랑하는 마음으로 글자를 직접 **만든 왕**, 신분이 낮은 백성의 삶까지 보살폈던 **인자한 왕이었다**. 오늘날 많은 사람들은 **존경의 의미를 담아** 세종을 '**세종 대왕**'이라고 부른다.

1) 세종 대왕
- 백성을 사랑하고 백성의 삶을 보살폈던 왕
- 존경의 의미로 '세종 대왕'이라고 부름.

2) 이순신
- 강직하고 용감했던 장군
- 한국인들의 마음속 최고의 장군임.

써 보세요

1 여러분은 어떤 역사적 인물에 대한 글을 쓰고 싶습니까?

2 그 인물과 관련된 일화가 있습니까? 그 일화를 통해 인물의 어떤 점을 알 수 있었습니까?

3 여러분이 소개할 인물에 대해 어떤 내용을 쓸지 생각하고 보기와 같이 개요를 써 보세요.

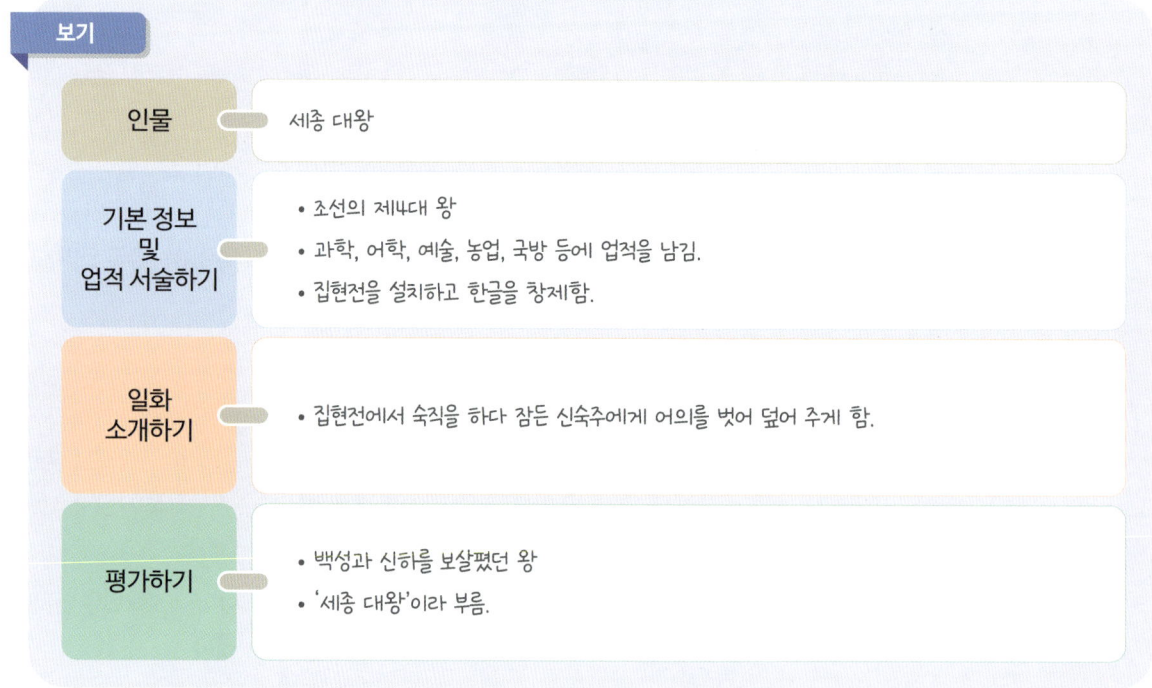

보기	
인물	세종 대왕
기본 정보 및 업적 서술하기	• 조선의 제4대 왕 • 과학, 어학, 예술, 농업, 국방 등에 업적을 남김. • 집현전을 설치하고 한글을 창제함.
일화 소개하기	• 집현전에서 숙직을 하다 잠든 신숙주에게 어의를 벗어 덮어 주게 함.
평가하기	• 백성과 신하를 보살폈던 왕 • '세종 대왕'이라 부름.

3 개요를 바탕으로 보기와 같이 글을 써 보세요.

보기		
제목	세종 대왕	
처음	한글을 창제한 세종 대왕은 조선의 제4대 왕이다. 1418년 즉위한 세종은 과학, 어학, 예술, 농업, 국방 등 많은 분야에서 뛰어난 업적을 남겼다. 그는 집현전을 설치하고 한글을 창제하는 등 학문 연구에 힘썼고 백성들의 삶을 안정되고 편안하게 만들고자 여러 방면에서 노력했다.	기본 정보 및 업적 서술하기
중간	세종이 신하를 진심으로 아끼는 훌륭한 왕이었음을 보여 주는 일화가 있다. 집현전의 학자였던 신숙주와 관련된 이야기이다. 집현전 학자들은 매일 밤 돌아가며 숙직을 했는데 어느 날 밤 세종은 내관을 시켜 숙직하는 사람이 무엇을 하는지 알아보게 했다. 그날은 신숙주가 숙직을 하는 날이었는데 내관이 지켜보는 줄도 모르고 계속 글을 읽고 있었다. 그가 글 읽는 데 몰두하다 잠이 들자 내관이 이 사실을 세종에게 알렸다. 그러자 세종은 자신의 어의를 벗어 내관에게 주며 신숙주가 깊이 잠들 때까지 기다렸다가 옷을 덮어 주고 오라고 했다. 아침에 일어나서야 어의를 본 신숙주는 크게 감동하여 더욱 학문에 힘쓰게 되었다고 한다.	일화 소개하기
끝	백성들도 읽을 수 있도록 쉬운 글자를 직접 만든 왕, 인자한 성품으로 백성과 신하를 아끼고 보살폈던 왕이 세종이다. 우리가 세종을 '세종 대왕'이라고 부르는 이유가 바로 여기에 있다.	평가하기

13-1. 나라의 건국과 멸망

주제 어휘

건국(建國)되다
동 나라가 세워지다.
신라가 망하고 고려가 건국되었다.
to be founded

농사(農事)를 짓다
땅에 씨를 뿌려 기르고 거두는 일을 하다.
고향에 돌아와 유기농으로 농사를 짓고 있다.
to farm

땅이 기름지다
땅의 영양 상태가 좋다.
이 지역은 땅이 기름져 농작물이 잘 자란다.
land be fertile

말(기)(末(期))
명 정해진 기간이나 일의 끝이 되는 때나 시기.
암이 말기일 때 발견되면 사망률이 높다.
end

멸망(滅亡)하다
동 망하여 없어지다.
전쟁과 환경 파괴 등으로 인해 세계가 멸망할지도 모른다.
to come to an end

문명(文明)이 발생(發生)하다 [발쌩하다]
자연 그대로의 상태에서 기술적·물질적으로 발전된 사회가 생겨나다.
강 유역에서 모든 고대 문명이 발생했다.
civilization arises

물품(物品)을 운송(運送)하다
물건을 실어 보내다.
내 동생은 트럭으로 물품을 운송하는 일을 하고 있다.
to transport goods

상류(上流) [상뉴]
명 강의 흐르는 물줄기가 처음 시작한 곳에 가까운 부분.
우리는 배를 타고 강의 상류로 거슬러 올라갔다.
upstream

손쉽게 이동(移動)하다
어렵지 않게 물건 등을 옮기거나 자리를 바꾸다.
대중교통 시스템이 잘되어 있어 손쉽게 이동할 수 있다.
to move easily

수상(水上) 교통(交通)이 발달(發達)하다
물 위로 가는 교통이 높은 수준에 이르다.
그 지역은 강과 연결된 수많은 운하로 인해 수상 교통이 발달했다.
water transportation develops

영토(領土)를 차지하다
국가가 다스리는 지역으로 가지다.
광개토 대왕은 한국 역사상 가장 넓은 영토를 차지했던 왕이다.
to occupy territory

유역(流域)
명 강이 흐르는 둘레의 근처 부분.
강 유역의 평야는 농경지로 사용된다.
basin

전성기(全盛期)를 맞이하다
세력이 가장 크고 활발한 시기를 맞다.
이 가수는 요즘 무명 생활을 끝내고 가수로서 전성기를 맞이하고 있다.
to achieve one's prime

전성기(全盛期)를 이루다
세력이 가장 크고 활발한 시기가 되게 하다.
백자의 제조 기술은 조선 시대에 전성기를 이루었다.
to reach one's prime

전쟁(戰爭)하다
동 국가와 국가, 또는 단체 사이에 무력을 사용하여 싸우다.
서로 이웃한 두 나라는 국경선 문제로 오랫동안 전쟁하고 있다.
to go to war

주변(周邊) 국가(國家)와 교역(交易)하다
근처에 있는 나라와 물건을 사고팔며 서로 바꾸다.
여러 가지 필요한 물건을 주변 국가와 교역하고 있다.
to trade with an adjacent country

중(기)(中(期))
명 처음과 끝 사이의 가운데 시기.
오래도록 전해 내려오던 속담이나 민요는 조선 중기 이후에야 기록되었다.
mid(dle)

중심지(中心地)가 되다
어떤 일이나 활동의 중심이 되는 곳이 되다.
할리우드는 미국 영화 산업의 중심지가 되었다.
to be the center of

지리적(地理的)으로 유리(有利)하다
지형이나 길과 관련하여 이익이 있다.
전투를 할 때에는 지리적으로 유리한 자리를 차지하는 것이 매우 중요하다.
to be geographically advantageous

초(기)(初(期))
명 정해진 기간이나 일의 처음이 되는 때나 시기.
암 같은 병도 초기에 발견하면 완전히 치료할 수 있다.
early

하류(下流)
명 강의 아래쪽 부분.
홍수로 불어난 물이 강 하류로 쏟아져 내려갔다.
downstream

후(기)(後(期))
명 일정 기간을 둘이나 셋으로 나누었을 때의 맨 뒤 기간.
그 소설은 조선 후기를 배경으로 한 작품이다.
late

듣기

들어 보세요 1

거치다
동 어떤 과정이나 단계를 겪다.
학생들은 초등학교부터 중학교, 고등학교를 거쳐 대학에 입학하게 된다.
to go through

고구려(高句麗)
명 우리나라 삼국 시대의 삼국 가운데 하나로, 기원전 37년에 동명왕 주몽이 세운 나라.
고구려 시대 때 여자들은 남자만큼 씩씩했다고 한다.
Goguryeo

고조선(古朝鮮)
명 우리나라 최초의 국가.
단군 신화는 우리나라 최초의 국가인 고조선의 건국 과정을 알려 주는 건국 신화이다.
Gojoseon

기원전(紀元前)
명 기준 연도의 이전. 주로 예수가 태어난 해를 기준으로 한다.
고대 올림픽이 처음 시작된 것은 기원전 8세기쯤이라고 한다.
BC (Before Christ)

발생지(發生地) [발쌩지]
명 어떤 일이나 사물이 생겨난 곳.
사건을 조사하기 위해 지금 사건의 발생지인 부산으로 이동 중입니다.
place of occurrence

백제(百濟)
명 우리나라 삼국 시대의 삼국 가운데 하나로, 기원전 18년에 온조왕이 세운 나라.
백제의 미술은 우아하고 세련되었다.
Baekje

삼국 시대(三國時代)
4세기 초기에서 7세기 중기까지 고구려, 백제, 신라의 세 나라가 있던 시대.
삼국 시대는 우리 민족의 문화가 시작된 때이다.
Three Kingdoms Period

신라(新羅) [실라]
명 우리나라 삼국 시대의 삼국 가운데 하나로, 기원전 57년에 박혁거세가 지금의 영남 지방을 중심으로 세운 나라.
경주는 신라의 수도였다.
Silla

운명(運命)
명 인간을 포함한 모든 것을 지배하는 초인간적인 힘. 또는 그것에 의하여 이미 정해져 있는 목숨이나 상태.
사람이 늙어서 죽는 것은 피할 수 없는 운명이다.
fate

적합(適合)하다
형 일이나 조건 등에 꼭 알맞다.
그 옷감은 따뜻해서 겨울용으로 적합하다.
to be suitable

최초(最初)
명 맨 처음.
서양에서 최초로 번역된 우리 소설은 '춘향전'이다.
the first

통일(統一)하다
동 나누어진 것들을 합쳐서 하나의 조직이나 체계 아래로 모이게 하다.
남북을 통일하는 일은 꼭 이루어야 할 우리 민족의 과제이다.
to unify

한복판
명 한가운데를 강조하여 이르는 말.
시내 한복판은 언제나 사람들로 가득하다.
in the heart of

들어 보세요 2

개혁(改革)하다
동 제도나 기구 등을 새롭게 고치다.
잘못된 제도를 개혁하려는 정부의 정책에 반대하는 사람은 아무도 없다.
to reform

고려(高麗)
명 통일 신라 이후 나눠진 한반도를 다시 통일하여 세운 나라.
고려는 918년에 왕건에 의해 건국되었다.
Goryeo

관직(官職)
명 공무원 등이 국가로부터 받아서 하는 일이나 그 일에 따른 지위.
그는 관직에서 쫓겨난 후 시골에서 조용히 살고 있다.
government post

귀족(貴族)
명 타고난 신분이나 사회적 계급이 높은 계층. 또는 그런 계층에 속한 사람.
그는 귀족의 신분으로 태어나 평생을 부유하게 살았다.
aristocrat

급진파(急進派)
명 현재의 사회 질서나 정치 제도 등을 급하게 바꾸는 것을 주장하거나 지지하는 사람들의 집단.
개혁을 하고자 하는 사람들은 온건파와 급진파로 나뉘었다.
radicals

님
명 '임'의 옛말로, 그리워하는 사람을 뜻한다.
님을 향한 나의 마음은 변함이 없다.
thee

대(代)
한 집안이나 나라에서 지위를 이어받은 순서를 나타내는 단위.
4대를 이어 살아온 고향을 두고 어떻게 떠날 수 있겠니?
generation

대립(對立)
명 의견이나 입장 등이 서로 반대되거나 모순됨.
찬반의 대립이 심해 회의장 내의 분위기가 매우 긴장되었다.
conflict

무너뜨리다
동 권력을 빼앗거나 나라를 멸망하게 하다.
한 나라의 권력을 한 사람이 모두 차지하는 독재 정치는 무너뜨려야 한다.
to bring down

병문안(病問安)
명 아픈 사람을 찾아가 안부를 묻고 위로하는 일.
교통사고로 입원해 있는 친구의 병문안을 다녀왔다.
sick person visit

부정부패(不正腐敗)
명 바르지 못하고 잘못된 길로 빠지는 일.
우리 모두 힘을 모아 부정부패를 막아냅시다.
corruption

술자리 [술짜리]
명 술을 마시며 노는 자리.
직장 동료끼리 퇴근 후에 자주 술자리를 갖는다.
drink gathering

시조(時調)
명 고려 말기부터 발달하여 온 우리나라 고유의 시.
최근에는 시조를 짓는 사람이 거의 없다.
sijo (poem)

실행(實行)하다
동 계획, 명령 등을 실제로 행하다.
시간과 공간의 제약으로 이 계획은 실행하기가 어렵다.
to execute

악인(惡人)
명 인간의 도덕적 기준에 어긋나는 나쁜 사람.
드라마에서 악인의 최후는 대부분 안 좋게 마무리된다.
evil person

온건파(穩健派)
명 사상이나 행동 등이 급하거나 강하지 않은 사람들의 집단.
온건파는 시간이 좀 걸리더라도 사람들을 설득해서 문제를 해결하고자 했다.
moderates

읊다 [읍따]
동 시를 짓다.
그는 고향이 그리워 고향의 경치를 노래하며 고향에 대한 사랑을 읊었다.
to compose

저지르다
동 죄를 짓거나 잘못이 생겨나게 행동하다.
그의 실수로 돈을 잃어버리긴 했지만 일부러 저지른 일은 아니니 용서해 주기로 했다.
to commit

제거(除去)하다
동 없애 버리다.
화장실에 냄새를 제거하는 방향제를 놓았다.
to eliminate

충성심(忠誠心)
명 왕이나 국가에 대해 마음 깊이 생겨나는 정성스러운 마음.
그는 왕에 대한 절대적인 충성심을 보였다.
loyalty

말하기

배경(背景)
명 드라마나 영화, 문학 작품 등의 시간적·공간적·사회적 환경.
그 소설은 조선 후기를 배경으로 한다.
background

세력(勢力)
명 어떤 속성이나 힘을 가진 집단.
정부에 반대하는 세력이 다시 형성되고 있다.
force

울림
명 소리가 무엇에 부딪혀 다시 울리는 것처럼 예술 작품 등이 마음에 닿아 일으키는 감동.
음악을 들어도, 전시회에 가도 마음속 깊은 곳에 감동을 주는 울림이 없다.
resonance

전개(展開)
명 내용을 진행시켜 펴 나감.
그 드라마는 내용의 전개가 너무 느려서 지루하게 느껴진다.
unfolding

13-2. 역사 속 인물

주제 어휘

강직(剛直)하다
형 마음이 굳세고 곧다.
선생님은 성품이 강직하셔서 많은 사람에게 존경을 받았다.
to be upright

국방(國防)을 강화(强化)하다
외국의 침략에 대비하고 막아서 지키는 일을 더 강하고 튼튼하게 하다.
정부는 국방을 강화하기 위해 다른 나라와의 협력을 강조하고 있다.
to strengthen national defense

규범(規範)을 제시(提示)하다
인간이 행동하거나 판단할 때에 당연히 따르고 지켜야 할 가치 판단의 기준을 말이나 글로 나타내어 보이다.
환자들이 규칙적으로 생활할 수 있도록 규범을 제시해 주는 보호자가 필요합니다.
to present norms

기틀을 마련하다
어떤 일의 가장 중요한 계기나 조건을 갖추다.
언제 이루어질지 알 수 없지만 지금부터 통일의 기틀을 마련해야 한다.
to lay the groundwork

나라를 다스리다
나라의 일을 보살펴 관리하고 통제하다.
그는 진실한 마음으로 나라를 다스렸다.
to rule the country

모범(模範)을 보이다
본받아 배울 만하게 하다.
부모는 아이들에게 모범을 보여야 한다.
to set an example

법(法)을 제정(制定)하다
법을 만들어서 정하다.
국회 의원들은 법을 제정하는 임무를 맡고 있다.
to enact a law

여러 분야(分野)에 능통(能通)하다
여러 분야에 막힌 데가 없이 잘 알거나 익숙하고 솜씨가 있다.
그 변호사는 여러 분야에 능통한 인재이다.
to be proficient in various fields

연구(研究)에 힘쓰다
연구에 힘을 들여 노력하다.
그녀는 평생을 학문 연구에 힘썼다.
to devote on research

온 힘을 바치다
모든 힘을 쓰다.
그는 그의 마지막 무대에서 온 힘을 바쳐 열창했다.
to give one's all

용감(勇敢)하다
형 용기가 있으며 씩씩하고 기운차다.
그는 위험한 상황 속에서도 용감한 모습을 보여 줬다.
to be brave

인자(仁慈)하다
형 마음이 크고 너그럽다.
그 교수님은 학생에게 늘 인자한 미소로 대한다.
to be benevolent

인재(人材)를 선발(選拔)하다
많은 사람 중에서 어떤 일을 할 수 있는 지식이나 능력을 갖춘 사람을 골라 뽑다.
그 회사에서는 뛰어난 인재를 선발하기 위해 선발 기준을 엄격히 적용하고 있다.
to select talented people

지도력(指導力)이 뛰어나다
다른 사람을 이끌 수 있는 능력이 훌륭하거나 앞서 있다.
그 사장은 지도력이 뛰어나서 회사를 지금까지 아무 문제 없이 이끌어 왔다.
to have outstanding leadership skills

지혜(智慧)롭다
형 어떤 일을 빨리 깨닫고 옳고 그름을 잘 이해하여 처리하는 능력이 있다.
우리 어머니는 어려운 문제를 지혜롭게 해결하신다.
to be wise

천재적(天才的)
관 명 천재와 같이 뛰어난 재주를 가진 (것).
그녀는 일찍부터 음악에 천재적인 재능을 보여 왔다.
genius

체제(體制)를 정비(整備)하다
사회의 조직이나 상태를 정리하여 제대로 갖추다.
국가 체제를 정비하여 통일의 기반을 마련했다.
to overhaul the system

충성심(忠誠心)이 강(強)하다
왕이나 국가에 대하여 진정으로 우러나오는 정성스러운 마음이 크다.
진돗개는 영리하고 충성심이 강하다.
to have strong loyalty

읽기

읽어 보세요 ①

거중기(擧重機)
명 예전에 무거운 물건을 들어 올리는 데에 쓰던 기계.
옛날에는 성을 짓기 위해 무거운 돌을 들어 올릴 때 거중기를 사용했다.
crane

군사(軍士)
명 예전에 군인이나 군대를 이르던 말.
장군은 군사들을 이끌고 싸움터로 나아갔다.
military

면회(面會)
명 일반인의 출입이 제한되는 어떤 기관이나 집단생활을 하는 곳에 찾아가서 사람을 만나 봄.
이 병원은 환자의 면회가 오후 1시부터 2시까지로만 제한되어 있다.
visit

설계(設計)하다
동 건축, 기계 제작 등에서 실제적인 계획을 세워 그림 등으로 나타내다.
친환경적인 아파트를 설계하는 건축 회사가 많아지고 있다.
to design

수원(水原) 화성(華城)

경기도 수원시에 있는, 조선 시대에 적의 공격을 막기 위해서 흙이나 돌로 높이 쌓은 담.
수원 화성은 조선 시대 때 일어난 전쟁에서 적의 공격으로부터 수도 서울을 보호하는 역할을 했다.
Suwon Hwaseong Fortress

엄격(嚴格)하다
형 말, 태도, 규칙 등이 매우 무섭고 철저하다.
우리 학교에서 선후배 사이의 예절은 엄격한 편이다.
to be strict

업적(業績)
명 어떤 사업이나 연구 등에서 수고와 노력으로 이룬 훌륭한 결과.
세종 대왕은 역사에 영원히 남을 많은 업적을 이루었다.
achievement

이어받다
동 이미 이루어진 일의 결과나 해 오던 일 또는 그 정신 등을 전하여 받다.
그는 아버지께 가업을 이어받을 생각이 없다고 말씀드렸다.
to inherit

일화(逸話)
명 세상에 널리 알려지지 않은 흥미 있는 이야기.
김 선생님은 위인에 대한 이야기를 할 때 꼭 감동적인 일화도 함께 들려주신다.
anecdote

장군(將軍)
명 군대에서 최고의 지위에 있으면서 군대를 이끌고 지휘하는 사람.
이순신 장군의 일생을 그린 영화가 만들어졌다.
general

정치가(政治家)
명 정치를 맡아서 하는 사람.
정치가는 국민의 소리를 들을 줄 알아야 한다.
politician

학문(學問)
명 어떤 분야를 제대로 배워서 익힘. 또는 그런 지식.
논리적 사고력은 모든 학문의 기초가 된다.
studies

학자(學者)
명 학문에 능통한 사람. 또는 학문을 연구하는 사람.
나는 내 전공인 경제학을 계속 공부해 훌륭한 학자가 되고 싶다.
scholar

읽어 보세요 2

내관(內官)
명 조선 시대에 왕의 심부름을 하거나 숙직 등의 일을 맡아보던 남자.
왕은 신하들을 번거롭게 하지 않으려고 내관 한 명만 데리고 마을로 향했다.
eunuch

노비(奴婢)
명 옛날에 대를 이어 남의 집에서 일을 하던, 낮은 신분에 속한 사람.
옛날에 노비는 인간으로 대접받지 못했고 주인은 노비를 사고팔 수 있었다.
slave

농업(農業)
명 땅을 이용하여 인간 생활에 필요한 식물을 가꾸거나 유용한 동물을 기르는 산업.
농사 기술이 향상됨에 따라 농업 생산량이 크게 증가했다.
agriculture

맞다
동 외부로부터 어떤 힘이 가해져 몸에 해를 입다.
그는 상대 선수에게 주먹으로 얼굴을 맞아 입술에서 피가 흐르고 있었다.
to be hit

발명(發明)하다
동 아직까지 없던 기술이나 물건을 새로 생각하여 만들어 내다.
에디슨은 전구를 발명했다.
to invent

비롯되다 [비롣뙤다/비롣뛔다]
동 처음으로 시작되다.
그들의 싸움은 아주 사소한 오해에서 비롯된 것이었다.
to be originated from

숙직(宿直)하다 [숙찌카다]
동 회사, 학교 등의 직장에서 밤에 교대로 잠을 자면서 지키다.
급한 일이 생겨서 대신 숙직할 사람을 구해 보았지만 적당한 사람이 없었다.
to be on night duty

신분(身分)
명 개인의 사회적인 위치나 계급.
옛날에 있었던 차별적인 신분 제도는 없어진 지 오래되었다.
social position

신하(臣下)
명 왕을 잘 따르고 모시며 나랏일을 맡아서 하는 자리에 있는 사람.
모든 신하들은 왕의 말에 그대로 따라야 했다.
subject

앞두다 [압뚜다]
동 목적까지 일정한 시간이나 거리를 남겨 놓다.
추석을 이틀 앞둔 밤이라 달이 매우 밝다.
to have something ahead

어의(御衣) [어의/어이]
명 왕이 입던 옷.
왕관을 포함한 왕의 어의 한 벌이 필요합니다.
Korean King's royal mantle

ⓒ연합뉴스

어학(語學)
명 언어를 연구하는 학문.
그는 어학에 재능이 있어서 한국말을 금방 익혔다.
linguistics

즉위(卽位)하다
동 왕의 자리에 오르다.
새 왕이 즉위한 뒤로 나라가 발전하여 평화로운 시절이 이어졌다.
to ascend to the throne

집현전(集賢殿) [지편전]
명 조선 시대에 학자를 길러 내고 학문을 연구하기 위해 만든 기관.
세종 대왕은 집현전을 설치하여 인재를 길러 냈다.
The Hall of Worthies

창제(創製)하다
동 전에 없던 것을 처음으로 만들거나 제도나 법 등을 만들어 정하다.
일찍이 세종 대왕은 우리나라만의 글자가 필요하다는 것을 깨닫고 한글을 창제했다.
to create

처벌(處罰)하다
동 범죄를 저지른 사람에게 국가 등이 벌을 주다.
문구점 사장님은 물건을 훔친 아이를 처벌하지 않기를 바랐다.
to punish

총명(聰明)하다
형 매우 영리하고 재주가 있다.
아이가 하나를 가르쳐 주면 열을 알 만큼 총명하다.
to be intelligent

함부로
부 조심하거나 깊이 생각하지 않고 마음대로.
휴지를 함부로 버리면 안 된다.
recklessly

❖ 자유롭게 써 보세요.

14 전통문화

14-1 전통과 장인

14-2 전통과 현대의 만남

14-1 전통과 장인

- **듣기 1** 라디오 방송을 듣고 장인이 만든 물건의 가치 파악하기
- **듣기 2** 문화 해설을 듣고 갓의 특징 파악하기
- **말하기** 전통 공예품에 대해 설명하기

14-2 전통과 현대의 만남

- **읽기 1** 퓨전 문화에 대한 설명문을 읽고 내용 파악하기
- **읽기 2** 퓨전 한복에 대한 기사를 읽고 주장의 근거 파악하기
- **쓰기** 근거를 들어 주장하는 글 쓰기

Intro 들어가기 14-1

전통과 장인

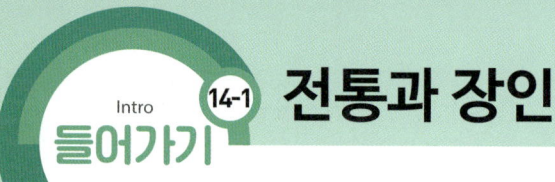

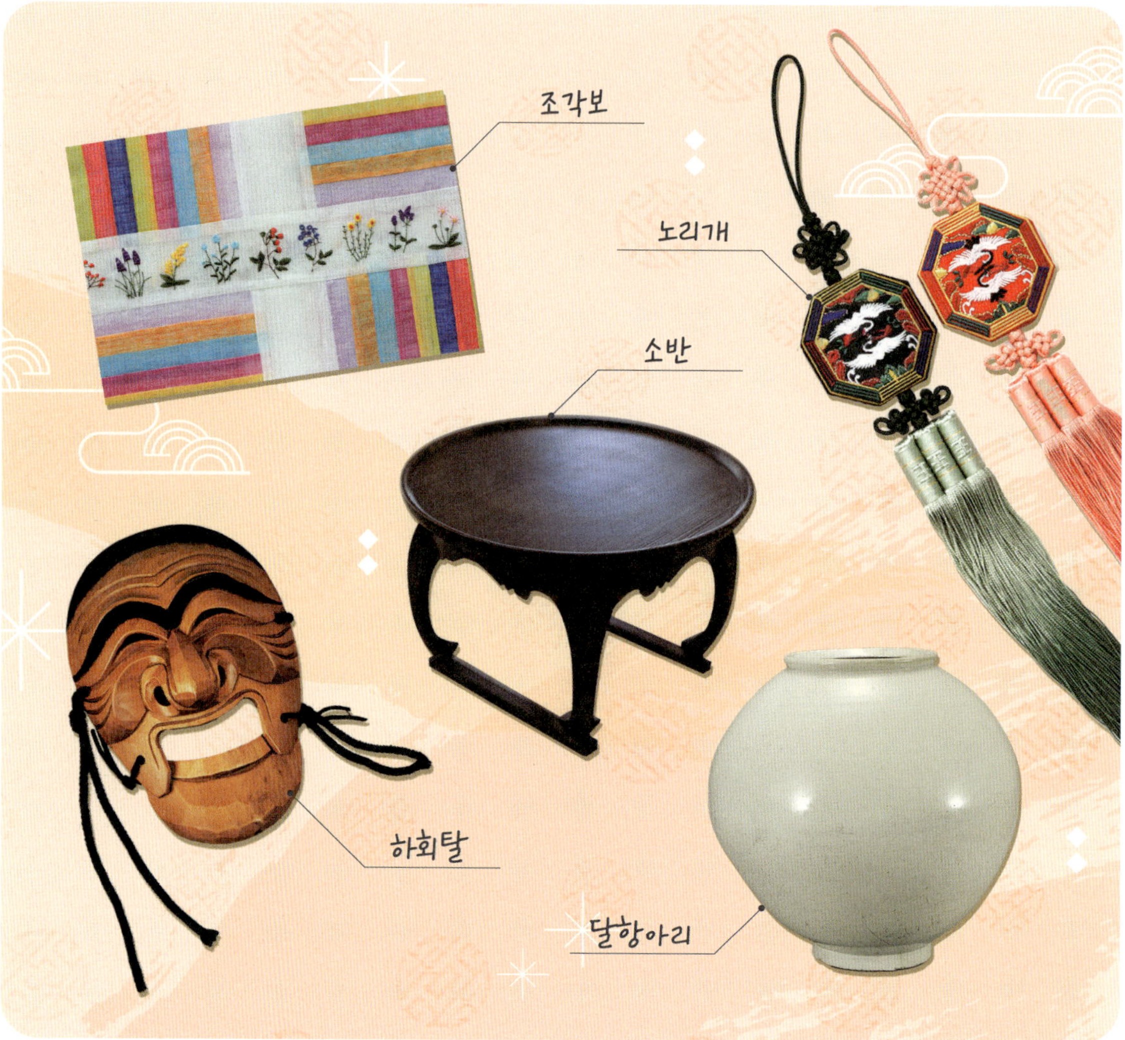

1 위의 공예품을 본 적이 있습니까? 어디에서 봤습니까?

2 위의 물건들은 어떤 용도로 쓰일 것 같습니까?

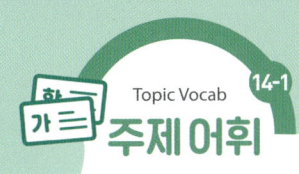

Topic Vocab 14-1
주제 어휘

1 다음은 공예품과 관련된 표현입니다. 알맞은 표현을 써 보세요.

1) 놀라울 정도로 아름다워요. — 미적으로 뛰어나다

2) 높은 수준의 솜씨를 가진 사람만이 만들 수 있어요.

3) 처음부터 끝까지 사람의 손으로 만들어요.

4) 전통적인 방법으로만 만들려고 해요.

5) 실생활에서 사용할 수 있어서 좋아요.

6) 여러 가지 재료나 액세서리로 멋지게 꾸며요.

7) 평범한 것과 달리 특별한 점이 있어요.

8) 좋은 작품을 완성하기 위해서는 기다림이 필요해요.

9) 하트 모양은 '사랑'을 의미해요.

상징하다　　　　장식하다　　　　실용적이다
특색이 있다　　　미적으로 뛰어나다　　인내심이 요구되다
수작업으로 제작하다　전통 제작 방식을 고수하다　고난도 기술이 필요하다

2 다음은 공예품을 묘사할 때 쓰는 표현입니다. 아래 사진을 보고 표현을 사용하여 이야기해 보세요.

도자기는 **우아하고 멋스럽게** 보입니다.

도자기

다기

삼국 시대 귀걸이

신라 시대 왕관

한지 전등갓

고가구

간결하다　멋스럽다　세련되다　수수하다　우아하다　정교하다　고급스럽다　고풍스럽다

Listening 듣기 14-1

🎧 들어 보세요 1

준비

1. 여러분은 '장인'의 뜻을 알고 있습니까? 장인은 무엇을 하는 사람입니까?

2. 여러분 나라에는 어떤 장인들이 있습니까?

도자기

가구

구두

듣기 다음은 '장인'에 대해 이야기하는 방송 프로그램입니다. 잘 듣고 질문에 답해 보세요.

중심 내용 파악하기

1. 전통문화 장인은 무엇을 하는 사람입니까?

   > 전통문화 장인이란 _____.

세부 내용 파악하기

2. 어떤 전통문화 장인들을 예로 들고 있습니까?

   - 나무에 옻칠을 하는 장인
   - _____
   - _____

3. 산업화 이후에 장인들을 찾아 보기 힘들어진 이유는 무엇입니까?

4. 여자는 최근 장인의 물건을 사려는 사람들이 많아지는 이유를 무엇이라고 했습니까?

문법과 표현

동 형 -길래, 명 이길래 ☞ 14쪽

요즘 서울의 한 거리에 젊은 장인들이 운영하는 여러 공방이 생겼다길래 가 봤는데요.

14-1. 전통과 장인 163

5 만년필 공방에 대한 설명으로 맞는 것을 모두 고르세요.

☐ 대부분의 작업을 기계로 진행한다.　　　☐ 직접 방문해서 제작 과정을 보기는 어렵다.
☐ 제작한 만년필의 품질이 좋지 않으면 폐기한다.　　　☐ 손의 감각을 느끼며 좋은 물건을 만들고자 한다.

> 확장 활동하기

6 여러분은 장인이 만든 물건을 사 본 적이 있습니까? 대량 생산된 물건과 어떤 점이 다르다고 생각합니까?

들어 보세요 2

> 준비

1 여러분 나라에는 전통 모자가 있습니까? 어떻게 생겼습니까?

2 아래는 '갓'이라고 하는 한국의 전통 모자입니다. 각 부분의 이름은 무엇일까요?

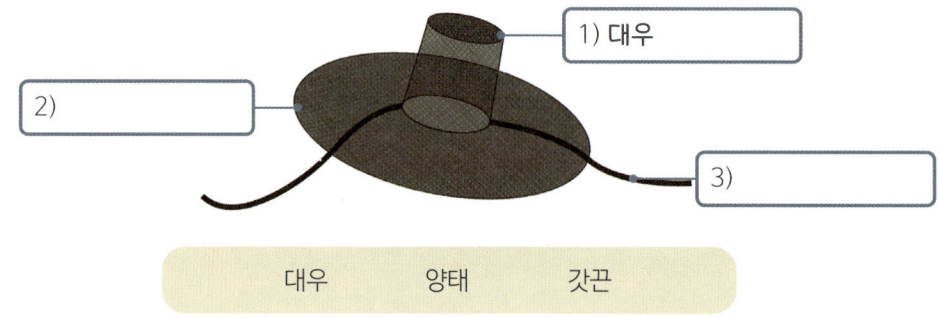

대우　　양태　　갓끈

> 듣기 — 다음은 '갓'에 대한 문화 해설의 일부분입니다. 잘 듣고 질문에 답해 보세요.

> 세부 내용 파악하기

1 갓은 언제부터 썼습니까?

2 갓을 써서 잘 입은 의복은 무엇을 상징했습니까?

3 갓은 어떤 특징을 가지고 있습니까?

- _____ : 안쪽 부분이 은은하게 보임.
- _____ : 햇볕, 비, 바람을 막으면서도 통풍이 되어 답답하지 않음.

4 어떤 순서로 갓을 제작한다고 이야기했습니까?

대우를 만듦. ➡ ⬜ ➡ ⬜

|세부 내용 파악하기| |확장 활동하기|

5 갓의 형태는 용도, 신분, 시대나 개성에 따라 어떤 차이가 있었습니까? 여러분 나라의 전통 의복에도 이런 차이가 있었습니까?

용도	외출할 때, 농사를 지을 때, 집에 있을 때 쓰는 갓의 형태가 달랐음.
신분	
시대	
개성	

|이야기해 보세요|

1 한국 전통 기념품 중 사거나 선물하고 싶은 것이 있습니까? 왜 그 기념품이 마음에 듭니까?

하회탈 액자 / 다기 / 나전 칠기 보석함

2 세계의 유명 공예품이나 장인이 만든 물건에는 어떤 것이 있습니까? 나라별로 유명한 물건에 어떤 것이 있는지 이야기해 보세요.

마트료시카 / 카펫 / 유리 공예품 / 시계

문법과 표현

동-기조차, 명조차 ☞ 14쪽

갓 만드는 일은 뛰어난 기술과 섬세함이 요구되는 과정이므로 이제 전통 방식으로 갓을 만드는 장인은 찾아 보기조차 힘든 상황이다.

말하기 Speaking 14-1

🎤 전통 공예품이나 장인이 만든 물건에 대해 설명해 보세요.

준비해 보세요

1 다음은 장인이 만든 물건입니다. 이러한 물건을 어디에서 봤습니까?

2 사진 속 물건에 대해 소개한다면 어떤 내용을 이야기하고 싶습니까?

(역사) (용도) (특징) (제조 방법) (가치) (?)

표현을 연습해 보세요

1 다음은 역사 및 유래를 설명할 때 사용하는 표현입니다. 다음 표현을 사용하여 맞춤 양복과 갓에 대해 이야기해 보세요.

> **역사 및 유래 설명하기**
> ▸ 물건의 역사, 유래 등을 이야기합니다.
>
> - …세기[시대]에 …었습니다
> - 이에 따라 …어졌습니다
> - …으면서 널리 …게 되었습니다

1) 이탈리아 맞춤 양복은 **18세기**에 나폴리에서 **시작됐습니다**. 부자들은 유명한 휴양지인 나폴리에서 몇 개월 동안 머물면서 옷을 맞춰 입곤 했습니다. **이에 따라** 맞춤 양복점이 많이 생기게 되었고 맞춤 양복도 **유명해졌습니다**.

1) 맞춤 양복
- 18세기에 이탈리아의 나폴리에서 시작됨.
- 맞춤 양복점도 많이 생기고 맞춤 양복도 유명해짐.

2) 갓
- 삼국 시대에 쓰기 시작함.
- 조선 시대에 성인 남자들이 꼭 입어야 하는 의복이 되면서 널리 사용하게 됨.

2 다음은 특징을 설명할 때 사용하는 표현입니다. 다음 표현을 사용하여 맞춤 양복과 갓에 대해 이야기해 보세요.

특징 설명하기

▶ 소재, 색깔이나 모양, 장점 등 그 물건만의 특징을 설명합니다.

- …다는 장점이 있습니다
- 기존 …과 달리 …다는 특징이 있습니다
- …는 특색을 가지고 있습니다

1) 나폴리의 맞춤 양복은 옷을 입는 사람의 몸에 맞게 만들어 멋스러워 **보인다는 장점이 있습니다**. 그뿐만 아니라 얇은 원단으로 만들고 어깨에 주름이 있어서 **기존 양복과 달리** 입었을 때 셔츠처럼 **편안하다는 특징이 있습니다**.

1) 맞춤 양복
- 입는 사람 몸에 맞게 만들어 멋스러워 보임.
- 얇은 원단을 쓰고 어깨에 주름이 있어서 셔츠처럼 편안함.

2) 갓
- 반투명해서 안이 은은하게 보이는 특색을 가지고 있음.
- 햇볕, 비를 피할 수 있으면서도 통풍이 된다는 장점이 있음.

3 다음은 가치를 설명할 때 사용하는 표현입니다. 다음 표현을 사용하여 맞춤 양복과 갓에 대해 이야기해 보세요.

가치 설명하기

▶ 대상의 의미나 가치를 이야기합니다.

- …다는 점에서 의미를 갖습니다
- …다는 평가를 받고 있습니다

1) 나폴리의 맞춤 양복은 이전까지 딱딱하고 불편한 옷이라 여겨졌던 양복에 대한 관점을 **바꾸었다는 점에서 의미를 갖습니다**. 맞춤 양복을 입으면서 사람들은 양복도 편안한 옷이 될 수 있다고 생각하게 되었습니다.

1) 맞춤 양복
- 양복은 원래 불편한 옷이라 여겨졌는데 그러한 관점을 바꾸었음.

2) 갓
- 갓은 외국에서도 미적으로 뛰어나다는 평가를 받고 있음.

이야기해 보세요

1 여러분 나라의 전통 공예품을 소개한다면 무엇을 소개하고 싶습니까? 왜 그 공예품을 소개하고 싶습니까?

2 보기와 같이 이야기할 내용을 메모해 보세요.

[보기]

물건	➡	갓
역사 및 유래 설명하기	➡	• 삼국 시대부터 씀. • 고려 시대: 관리들이 쓰던 모자 • 조선 시대: 성인 남자들이 꼭 입어야 하는 의복
특징 설명하기	➡	• 햇볕과 비를 막음, 신분을 나타냄. • 반투명함: '빛과 바람이 통하는 모자'
가치 설명하기	➡	• 미적으로 뛰어나다는 평가를 받음.

[메모하기]

물건	➡	
역사 및 유래 설명하기	➡	
특징 설명하기	➡	
가치 설명하기	➡	

3 메모한 내용을 바탕으로 친구들에게 이야기해 보세요.

> 보기
>
> **물건**
> 저는 한국의 전통 모자인 '갓'에 대해서 이야기하고자 합니다.
>
> **역사 및 유래 설명하기**
> 역사 기록에 따르면 갓은 삼국 시대부터 썼으며 고려 시대에는 관리들의 모자로 쓰였다고 합니다. 이후 조선 시대에 들어 성인 남성이 꼭 차려입어야 하는 의복이 되면서 널리 사용하게 되었습니다.
>
> **특징 설명하기**
> 갓은 햇볕과 비를 막는 실용적인 용도로 쓰였으며 신분을 나타내는 기능도 했습니다. 19세기에 조선에 왔던 외국인들은 갓을 '빛과 바람이 통하는 모자'라고 불렀다고 합니다. 대나무나 말총으로 만들어진 갓은 반투명하여 안쪽 부분이 은은하게 보이는 특색이 있기 때문입니다. 햇볕, 비를 피할 뿐만 아니라 통풍이 된다는 장점도 있었습니다.
>
> **가치 설명하기**
> 조선 시대에는 갓을 써야 격식에 맞게 입었다고 생각했고 잘 입은 의복은 바른 자세를 상징한다고 여겼습니다. 최근에는 조선을 배경으로 한 한국 드라마가 인기를 얻으면서 외국에서도 미적으로 뛰어나다는 평가를 받고 있습니다.

14-2 전통과 현대의 만남

1   위의 두 옷과 아래의 두 음식은 각각 어떤 공통점과 차이점이 있습니까?

2   오른쪽에 있는 사진들처럼 기존의 것에 변화를 주어 새롭게 만드는 것에 대해 어떻게 생각합니까?

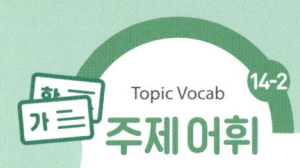

Topic Vocab 14-2 주제 어휘

1 다음은 퓨전 문화와 관련된 표현입니다. 알맞은 표현을 써 보세요.

1)	퓨전 한복은 도대체 **어느 나라 옷인지 모르겠어요**.	국적 불명
2)	한복은 **옛날부터 가지고 있던 한복만의** 특성이 있었는데	
3)	옷을 너무 많이 변형해서 **한복만이 가지고 있는 특성을 완전히 잃어버렸어요**.	
4)	이건 **전통을 망가뜨린 것이라고** 생각해요.	
5)	글쎄요, 한복이라고 해서 **모두 같은 디자인으로 다른 점이 없게** 만들어질 필요는 없다고 생각해요.	
6)	**새로운 것을 시도하면서 전통을 이어 나갈** 수 있는 거 아닐까요?	
7)	전통 한복이 현대적인 모습으로 **다시 태어났다고** 보면 될 것 같아요.	
8)	퓨전 한복 덕분에 **많은 사람들이 한복을 즐겨 입게 된** 장점도 있잖아요.	
9)	또, 세계의 많은 사람들이 한복을 알게 하는 데에도 도움을 줬다고 생각해요.	
10)	퓨전 한복이 많은 인기를 얻게 되면서 한복의 **의미를 다시 발견하게** 됐다고 이야기하는 사람도 많아요.	
11)	앞으로도 **동양과 서양의 특성을 모두 가지거나**	
12)	여러 다른 문화가 **녹아 하나로 만들어진** 멋진 문화가 탄생하기를 기대해요.	

국적 불명	고유하다	융합되다	재탄생하다
대중화되다	획일화되다	정체성을 잃다	전통을 훼손하다
동서양을 아우르다	세계화에 기여하다	가치를 재발견하다	창조적으로 계승하다

2 요즘 사람들 사이에서 논란이 되고 있는 문제가 있습니까? 여러분은 그 문제에 대해서 어떤 입장을 가지고 있습니까?

요즘 반려견을 데리고 외출할 때 반드시 반려견에게 입마개를 채워야 하는지에 대한 **논란이 뜨거워요**.

논란이 뜨겁다   논란이 가라앉다   의견이 엇갈리다   우려하는 목소리가 높다   긍정적/부정적 입장을 가지다

읽기

읽어 보세요 1

준비

1. 퓨전 문화를 접해 본 경험이 있습니까? 어떤 문화를 경험해 봤습니까?

ⓒ 블랙스트링

ⓒ 연합뉴스

ⓒ 봉황재 한옥 게스트하우스

읽기 다음은 퓨전 문화에 대해서 설명하는 글입니다. 글을 읽고 질문에 답해 보세요.

서로 다른 문화의 만남, 퓨전 문화

가 퓨전 문화 열풍이 **부는 가운데** 전 세계의 문화가 획일화되는 것이 아니냐는 비판의 목소리도 나오고 있다. 그러나 세계화에 의한 문화의 융합은 비슷한 것 같으면서도 지역에 따라 특색이 있는 새로운 문화를 형성한다.

나 퓨전 문화의 대표적인 예로 햄버거를 꼽을 수 있다. 미국에서 시작된 것으로 알려진 햄버거는 처음 만들어질 때부터 퓨전 음식이었다. 빵에 보통의 고기 대신 햄버그스테이크를 넣은 것이 햄버거의 시작인데, 햄버그스테이크는 18세기에 미국으로 건너온 독일 출신 이민자를 통해 알려진 독일 음식이었다. 독일 함부르크 지역의 스테이크가 바로 햄버그스테이크였던 것이다. 그런데 이 햄버그스테이크도 함부르크 지역의 고유한 음식이 아니었다. 본래 몽골 지역에서는 생고기를 다져 먹었는데 이 고기를 독일 함부르크 지역의 사람들이 구워 먹으며 햄버그스테이크라고 불렀던 것이다. 이후 미국으로 간 독일 이민자들에 의해 햄버그스테이크가 미국 곳곳으로 퍼지고, 빵과 함께 먹게 되면서 '햄버거'라는 이름으로 불리게 되었다. 사람들은 미국에서 시작된 햄버거가 전 세계로 퍼져 대중화된 것이라고 생각하지만 햄버거는 이미 여러 차례 변신을 계속한 퓨전 음식이었던 것이다.

다 그렇다면 한국에 들어온 햄버거는 어떻게 변신했을까? 햄버거는 한국의 대표 음식과 만나 다른 나라에는 없고 한국에서만 먹을 수 있는 메뉴로 재탄생하게 되었다. 김치버거, 불고기버거, 떡갈비버거 등이 바로 그것이다. 또한 햄버거의 빵을 한국인의 주식인 밥으로 대신한 '밥버거'가 등장하기도 했다.

라 이처럼 서로 다른 여러 문화가 만나 특색 있는 새로운 문화로 재탄생하는 일은 오래전부터 있었다. 요즘도 전통 공예품에 현대적인 디자인을 입히거나 전통 악기와 서양 악기로 협연을 하는 등 전통과 현대, 동양과 서양을 아우르는 퓨전 문화가 여러 분야에서 꽃피고 있다. 전통문화에 새로운 것을 더함으로써 잊혀 가던 전통문화의 가치를 재발견하고 창조적으로 계승하려는 시도가 계속 이어지고 있는 것이다.

중심 내용 파악하기

1 글쓴이가 이야기하고 있는 것은 무엇입니까?

> 서로 다른 문화가 만나 탄생하는 _____는 오래전부터 존재했으며, 지금도 전통문화의 가치를 _____ 시도가 계속 이어지고 있다.

개요 파악하기

2 가~라의 중심 내용을 연결하세요.

- 가 • • 햄버거의 유래
- 나 • • 퓨전 문화 열풍
- 다 • • 한국에 들어온 햄버거의 변신
- 라 • • 전통문화를 창조적으로 계승하려는 시도

세부 내용 파악하기

3 시간 순서대로 번호를 쓰세요.

- 몽골 지역에서는 생고기를 다져서 먹곤 했다. (1)
- 독일 이민자를 통해 햄버그스테이크가 미국에 알려졌다. ( )
- 빵에 햄버그스테이크를 넣어 먹으면서 햄버거라고 부르게 되었다. ( )
- 몽골에서 다져 먹던 생고기를 독일 함부르크 사람들이 구워 먹으며 햄버그스테이크라고 불렀다. ( )

4 한국에 들어온 햄버거는 어떻게 변신했습니까?

5 라에서 제시한 퓨전 문화의 예로 무엇이 있습니까?

- _____
- _____

확장 활동하기

6 여러분 나라에도 햄버거처럼 유명한 퓨전 음식이 있습니까?

문법과 표현

동-는 가운데, 형-은 가운데 ☞ 15쪽

퓨전 문화 열풍이 부는 가운데 전 세계의 문화가 획일화되는 것이 아니냐는 비판의 목소리도 나오고 있다.

읽기

읽어 보세요 2

준비

1. 한복을 입어 본 적이 있습니까? 입었던 한복은 전통 한복이었습니까, 퓨전 한복이었습니까?

2. 아래에서 각 부분의 이름은 무엇일까요?

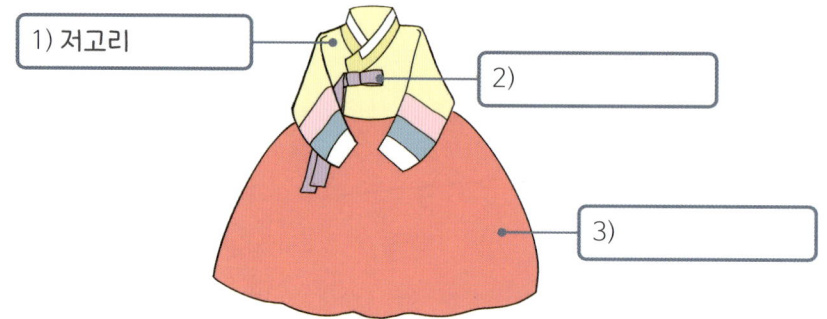

1) 저고리
2)
3)

읽기 다음은 퓨전 한복에 대한 기사입니다. 잘 읽고 질문에 답해 보세요.

'퓨전 한복' 전통의 계승인가, 훼손인가?

가 젊은 층과 외국인들 사이에서 퓨전 한복이 인기를 모으는 가운데 퓨전 한복이 전통을 훼손한다는 의견이 나와 논란이 되고 있다. 입기 불편한 전통 한복과 달리 퓨전 한복은 편하면서도 화려함을 갖췄기 때문인지 요즘 한복을 입고 길을 거니는 사람들 대부분이 퓨전 한복을 입고 있다.

나 지난 11일 개최된 '우리 옷 바로 입기' 토론회에서 퓨전 한복에 반대하는 한 토론자는 퓨전 한복은 국적 불명의 옷에 불과하다며 퓨전 한복이 전통을 훼손하고 있다고 주장했다. 퓨전 한복은 색과 형태가 전통 한복과 달라 한복이라고 하기 어렵다는 것이다. 한복의 저고리는 본래 고름을 매어 입어야 하는데 퓨전 한복은 사람들이 매기 힘들어하는 고름을 없애고, 치마 뒤에 큰 리본을 다는 등 전통 한복의 형태를 크게 변형한 경우가 많은 것이 사실이다.

다 퓨전 한복에 찬성하는 쪽에서는 퓨전 한복이 한복의 대중화, 세계화에 기여한다는 점을 강조한다. 퓨전 한복은 전통 한복의 불편을 개선했을 뿐 아니라 전통 한복에서는 볼 수 없던 화려한 색상과 새로운 디자인을 선택함으로써 그동안 한복을 외면하던 사람들의 관심을 다시 끌게 되었다는 것이다.

라 토론회를 지켜본 시민들의 의견도 엇갈렸다. 한 시민은 퓨전 한복이 입기 편리하고 예쁘기는 하지만 원래의 한복과 전혀 다른 옷 같다며 부정적인 견해를 밝혔다. 요즘의 퓨전 한복에서는 전통적인 한복의 모습을 찾기 힘들기 때문에 이를 한복이라고 부를 수 있을지 의문이라는 것이다. 이에 대해 또 다른 시민은 그 전통이라는 것이 도대체 무엇이냐고 반문했다. 우리가 지금 전통 한복이라고 부르는 옷은 조선 시대 후기의 형태를 따르고 있어 신라 시대나 고려 시대에 입었던 옷들과는 모양과 색상이 다르다. 그러니 앞으로 만들어질 한복도 얼마든지 바뀔 수 있는 것이 아니냐는 것이다.

마 퓨전 한복이 전통을 훼손한 것인지, 창조적으로 계승한 것인지에 대한 논란은 쉽게 가라앉지 않을 것으로 보인다. 세계화에 따른 문화의 융합이 문화 전반에서 일어나고 **있는 만큼** 전통을 둘러싼 의견 차이는 다양한 분야에서 지속해서 나타날 것으로 예상된다.

중심 내용 파악하기

1 이 기사는 어디를 다녀온 후 썼습니까?

개요 파악하기

2 가~마의 중심 내용을 연결하세요.

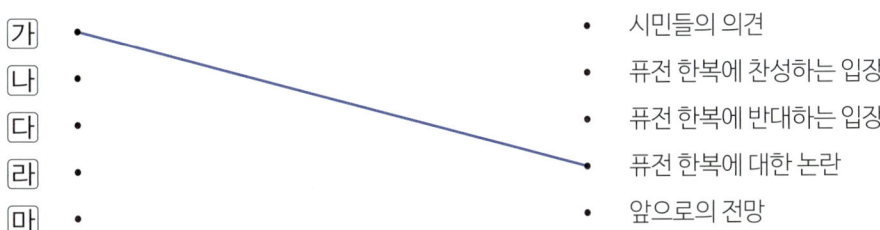

- 시민들의 의견
- 퓨전 한복에 찬성하는 입장
- 퓨전 한복에 반대하는 입장
- 퓨전 한복에 대한 논란
- 앞으로의 전망

세부 내용 파악하기

3 퓨전 한복에 찬성하는 입장과 반대하는 입장의 근거를 연결해 보세요.

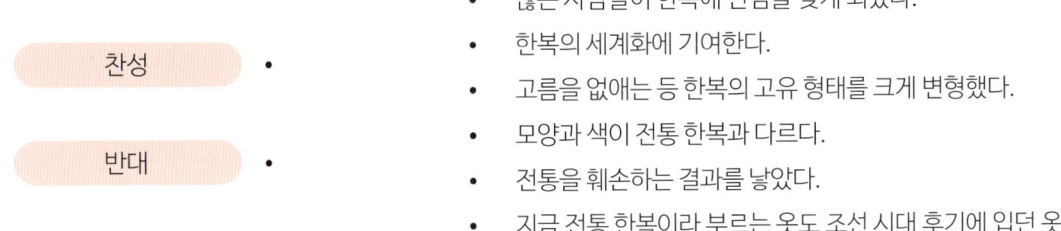

- 많은 사람들이 한복에 관심을 갖게 되었다.
- 한복의 세계화에 기여한다.
- 고름을 없애는 등 한복의 고유 형태를 크게 변형했다.
- 모양과 색이 전통 한복과 다르다.
- 전통을 훼손하는 결과를 낳았다.
- 지금 전통 한복이라 부르는 옷도 조선 시대 후기에 입던 옷이다.

4 글의 내용과 같은 것을 고르세요.

① 전통 한복은 퓨전 한복보다 색이 화려하다.
② 현재 퓨전 문화에 대한 논란은 가라앉은 상태이다.
③ 퓨전 한복은 국적이 불확실한 옷이라는 의견이 있다.
④ 한복을 입고 다니는 사람들은 대부분 전통 한복을 입는다.

이야기해 보세요

1 여러분 나라의 전통 의복 중에도 현대적으로 변화된 것이 있습니까? 현대적으로 변형한 전통 의복에 대해 어떤 생각을 가지고 있습니까?

2 여러분 나라의 전통문화가 다른 나라의 문화와 융합된 예가 있습니까?

문법과 표현

동 -는 만큼, **형** -은 만큼, **명** 인 만큼   ☞ 15쪽

세계화에 따른 문화의 융합이 문화 전반에서 일어나고 있는 만큼 전통을 둘러싼 의견 차이는 다양한 분야에서 지속해서 나타날 것으로 예상된다.

쓰기 Writing 14-2

📄 퓨전 문화에 대해서 자신의 의견을 써 보세요.

준비해 보세요

1 여러분은 퓨전 한복에 대해 긍정적인 입장입니까, 부정적인 입장입니까?

> 퓨전 한복은 한복에 거리감을 느꼈던 사람들이 한복을 입게 하는 데 큰 역할을 했어요.

> 요즘은 전혀 한복 같지 않은 옷까지 퓨전 한복이라고 부르는 것 같아요.

2 여러분의 입장을 이야기할 때 어떤 것을 근거로 들고 싶습니까?

표현을 연습해 보세요

1 다음은 많은 사람들이 인정하는 사실을 제시하여 근거를 들 때 사용하는 표현입니다. 다음 표현을 사용하여 퓨전 한복에 대한 입장을 밝혀 보세요.

근거 들기 유형 1: 많은 사람들이 인정하는 사실 제시하기	
▶ 많은 사람들이 알고 있는 사실을 제시합니다. ▶ 일반적으로 인정되는 사실이기 때문에 객관적인 자료를 제시하지 않아도 됩니다.	• 역사적으로 …어 왔다 • 알다시피

1) 퓨전 한복은 자연스러운 문화 현상이다. **역사적으로** 인간은 끊임없이 문화 교류를 함으로써 문화를 발달시키고 **변형해 왔다**. 퓨전 한복과 같은 퓨전 문화는 문화 교류 과정에서 일어나는 자연스러운 현상이다.

1) 주장: 퓨전 한복은 자연스러운 문화 현상임.
   • 근거: 인간은 끊임없이 문화 교류를 하면서 문화를 발달시키고 변형해 옴.

2) 주장: 퓨전 한복은 전통 한복의 아름다움을 훼손함.
   • 근거: 우리가 보통 한복이라고 부르는 전통 한복과 디자인이 다른 경우가 많음.

2 다음은 객관적 자료를 제시하여 근거를 들 때 사용하는 표현입니다. 다음 표현을 사용하여 퓨전 한복에 대한 입장을 밝혀 보세요.

> **근거 들기 유형 2: 객관적 자료 제시하기**
> ▶ 객관적으로 증명된 구체적인 사실을 제시합니다.
> ▶ 조사 결과, 연구 결과, 역사 자료, 사례 등 객관적인 자료를 함께 제시하면 좋습니다.
>
> - …을 보면 …음을 알 수 있다
> - 조사 결과[연구 결과]를 살펴보면 …는 것으로 나타나다
> - …은 …을 잘 나타내는[보여 주는] 사례라 할 수 있다

1) 퓨전 한복이 전통 한복과 너무 다르다는 주장은 조선 시대의 한복만을 기준으로 이야기한 것이다. 사실 전통 한복은 계속 변화해 왔는데 **'한국 의복의 역사'를 보면** 삼국 시대의 한복은 저고리가 길고 소매통이 넓었고 이후 고려 시대에서 조선 시대로 가면서 저고리의 길이는 짧아지고 치마폭은 **넓어졌음을 알 수 있다.**

1) 주장: 퓨전 한복이 전통 한복과 다르다는 주장은 조선 시대 한복만을 기준으로 하는 것임.
   - 근거: '한국 의복의 역사'를 보면 삼국 시대, 고려 시대, 조선 시대 한복의 모양이 모두 다른 것을 알 수 있음.

2) 주장: 퓨전 한복은 전통 한복을 사라지게 만듦.
   - 근거: 조사 결과를 살펴보면 경복궁 앞 한복 대여점에서 빌리는 한복의 85% 이상이 퓨전 한복임.

3 다음은 전문가의 의견을 제시하여 근거를 들 때 사용하는 표현입니다. 다음 표현을 사용하여 퓨전 한복에 대한 입장을 밝혀 보세요.

> **근거 들기 유형 3: 전문가의 의견 제시하기**
> ▶ 특정 분야의 전문가로 평가받는 사람의 의견을 인용하여 제시합니다.
>
> - …은 …다고 이야기하다[조언하다/지적하다]
> - …은 …다고 한 바 있다

1) 퓨전 한복은 사람들이 한복에 대해 긍정적인 인식을 갖는 데 도움을 준다. 한복 연구가 김민수 **씨는** 퓨전 한복은 전통 한복의 불편을 개선했을뿐더러 화려한 색상과 새로운 디자인을 사용함으로써 그동안 한복을 외면해 왔던 많은 사람들이 한복에 관심을 갖도록 **했다고 이야기한다.**

1) 주장: 퓨전 한복은 사람들이 한복에 대해 긍정적인 인식을 갖는 데 도움을 줌.
   - 근거: 한복 연구가 김민수 "전통 한복의 불편을 개선했고 화려한 색상과 디자인을 사용해 많은 사람들이 한복에 관심을 갖도록 했습니다."

2) 주장: 퓨전 한복은 사람들이 한복에 대해 잘못된 생각을 갖도록 함.
   - 근거: 한복 연구가 박보영 "한복 고유의 형태를 너무 많이 변형해서 외국인들이 한복 고유의 모습을 오해하는 경우가 많습니다."

써 보세요

1 여러분 나라의 전통문화 중 다른 나라의 영향을 받아 변화한 것이 있습니까? 여러분은 퓨전 문화에 대해 긍정적인 입장입니까, 부정적인 입장입니까?

2 여러분의 입장을 글로 쓰기 위해 어떤 근거를 들 수 있을까요? 아래의 예는 어떤 유형의 근거를 들고 있습니까?

 긍정적인 입장

퓨전 문화는 자국의 문화를 알리는 좋은 기회가 됩니다. 아시다시피 그동안 퓨전 한복, 퓨전 한식, 퓨전 국악 등 퓨전 문화 덕분에 세계인들에게 우리 문화를 더 많이 알릴 수 있었습니다.

퓨전 한옥은 아름다울 뿐만 아니라 생활하기도 편리해 외국인에게도 숙소로 큰 인기를 끌고 있습니다. 최근 외국인을 대상으로 실시한 숙소 선호도 조사 결과에 따르면 많은 외국인들이 현대식으로 편리하게 고친 전통 주택에서 숙박하기를 선호한다는 것을 알 수 있습니다.

 부정적인 입장

퓨전 국악은 전통 음악의 정체성을 훼손하고 있다고 생각합니다. 국악인 한정원 씨는 퓨전 국악의 멜로디가 서양식 대중음악에 가깝다고 지적하고 있습니다.

많은 퓨전 한식이 한식의 고유한 특성을 살리지 못하고 있다고 생각합니다. 한식은 발효 식품인 여러 종류의 장을 기본으로 해서 맛을 냅니다. 그러나 퓨전 한식은 그러한 특성을 살리지 못하고 이런저런 맛을 섞어 놓아 많은 사람들에게 국적 불명의 음식 같다는 말을 듣습니다.

3 퓨전 문화에 대해 자신의 의견을 밝히는 글을 쓰기 위해 근거로 들 수 있는 자료를 검색하고 보기와 같이 개요를 써 보세요.

보기

중심 생각	퓨전 문화는 전통의 대중화, 세계화에 기여한다.
근거 들기 유형 2	• 의견: 퓨전 의복은 전통 의복의 불편을 개선하여 전통 의복을 외면하던 사람들이 관심을 갖도록 하는 데 도움이 됨. • 근거: 조사 결과 1위(63%) "퓨전 의복 덕분에 일상생활에서도 전통 의복을 입게 되고 관심을 갖게 되었다."
근거 들기 유형 3	• 의견: 퓨전 문화는 전통문화를 세계화하기 위해서 꼭 필요한 과정임. • 근거: 최주하 교수 "자국의 고유한 문화를 그대로 세계인에게 알리면 좋겠지만 더 많은 세계인들에게 자국의 문화를 알리기 위해서는 그들이 공감할 수 있는 방식, 즉 퓨전 문화가 필요하다."

개요 짜기

중심 생각	퓨전 문화는 .
근거 들기 유형 ___	
근거 들기 유형 ___	

4 개요를 바탕으로 글을 완성해 보세요.

쓰기

서론

　퓨전 문화가 인기를 모으는 가운데 퓨전 문화가 전통을 훼손한다는 의견이 있어 논란이 일고 있다. 퓨전 문화를 찬성하는 사람들은 _____ 다고 주장한다. 반면 퓨전 문화에 반대하는 쪽에서는 _____ 다고 이야기한다.
　양측의 입장이 모두 일리가 있으나 나는 _____ 생각한다.

본론

_____
_____
_____   근거 들기 유형 ___

_____
_____
_____   근거 들기 유형 ___

결론

　퓨전 문화에 대한 논란은 쉽게 사라지지 않을 것으로 보인다. 양쪽의 입장에 모두 일리가 있으나 _____ 다는 점을 강조하고 싶다. 퓨전 문화가 시대의 변화에 따른 자연스러운 현상인 만큼 막을 수는 없겠으나 전통의 정체성을 잃지 않으며 창조적으로 계승하는 지혜가 필요한 때이다.

14-1. 전통과 장인

주제 어휘

간결(簡潔)하다
형 간단하고 깔끔하다.
그의 글은 간결하고 분명했다.
to be concise

고급(高級)스럽다
형 물건이나 시설 등의 품질이 뛰어나고 값비싸 보이다.
이번에 새로 산 자동차가 고급스러워 보인다.
to be luxurious

고난도(高難度) 기술(技術)이 필요(必要)하다
매우 어려운 기술이 필요하다.
국제 경기에서 최고점을 받으려면 고난도 기술이 필요하다.
to require a high level of skill

고풍(古風)스럽다
형 보기에 옛것 같은 느낌의 멋이 있다.
역사가 깊은 이 도시에는 고풍스러운 건물이 많이 남아 있다.
to be antique

멋스럽다 [먿쓰럽따]
형 멋진 데가 있다.
겉옷 색깔에 맞춰 두른 스카프가 아주 멋스러웠다.
to be stylish

미적(美的)으로 뛰어나다
사물의 아름다움이 다른 것보다 훌륭하다.
이 작품은 다양한 색을 조화롭게 사용했다는 점에서 미적으로 뛰어나다는 평가를 받는다.
to be aesthetically outstanding

상징(象徵)하다
동 추상적인 개념이나 사물을 구체적인 사물로 나타내다.
비둘기는 사람들에게 평화를 상징하는 동물로 알려져 있다.
to symbolize

세련(洗練/洗鍊)되다
형 모습 등이 깨끗하고 품위 있다.
경주 불국사에 가면 세련되고 균형 잡힌 다보탑을 볼 수 있다.
to be sophisticated

수수하다
형 물건의 품질이나 겉모양 또는 사람의 옷차림이 그렇게 좋지도 나쁘지도 않고 평범하다.
그녀는 수수하고 꾸밈이 없는 옷차림으로 모임에 나왔다.
to be plain

수작업(手作業)으로 제작(製作)하다
물건이나 예술 작품을 손으로 직접 만들다.
모든 제품은 수작업으로 제작하기 때문에 완성하는 데 2주 정도의 시간이 걸린다.
to be handcrafted

실용적(實用的)
관 명 실제로 쓰기에 알맞은 (것).
결혼할 때 입은 이 예복은 일상복으로도 입을 수 있어서 실용적이다.
practical

우아(優雅)하다
형 고상하고 기품이 있으며 아름답다.
패션쇼에서 한복을 입은 모델들이 우아하게 걸어 나왔다.
to be elegant

인내심(忍耐心)이 요구(要求)되다
괴로움이나 어려움을 참고 견디는 마음이 필요하다.
이 음식은 요리하는 데 시간이 오래 걸리기 때문에 만드는 사람의 인내심이 요구된다.
patience be required

장식(裝飾)하다
동 액세서리 등으로 아름답게 꾸미다.
새로 이사한 집의 대문을 꽃으로 장식했다.
to decorate

전통(傳統) 제작(製作) 방식(方式)을 고수(固守)하다
전통적으로 만드는 방법을 굳게 지키다.
이 영상에서는 전통 제작 방식을 고수해서 만든 음식, 악기, 그릇 등이 소개된다.
to adhere to traditional production methods

정교(精巧)하다
형 솜씨나 기술 등이 정확하고 자세하다.
인간의 신체는 복잡하고 정교한 구조로 되어 있다.
to be intricate

특색(特色)이 있다
보통의 것과 다른 점이 있다.
한국을 여행해 보면 도시마다 그 지역만의 특색이 있다.
to have distinct characteristics

듣기

들어 보세요 ①

공방(工房)
명 공예품을 만드는 곳.
전주 여행을 할 때 공방에서 전통 한지로 보석함을 만들어 왔다.
craft shop

금속(金屬)
명 쇠, 금, 은처럼 열과 전기를 잘 전달하며 특유의 광택이 있는 단단한 물질.
이 공예품은 금속으로 만들어졌다.
metal

기성품(旣成品)
명 이미 만들어져 있는 물품. 또는 미리 일정한 규격대로 만들어 놓고 파는 물품.
언니는 대기업에서 만든 기성품보다 개인이 수작업으로 만든 물건을 더 좋아한다.
ready-made product

만년필(萬年筆)
명 잉크를 넣어 쓰는 펜의 하나.
예전에는 졸업 선물로 만년필이 인기가 있었다.
fountain pen

사명감(使命感)
명 주어진 임무를 잘 수행하려는 마음가짐.
그는 불타는 사명감으로 그 일을 모두 끝냈다.
sense of mission

옻칠(옻漆) [온칠]
명 가구나 나무 그릇 등에서 빛이 나게 하기 위해 옻을 바르는 일.
헌 옷장에 옻칠을 하느라 하루 종일 고생했다.
lacquer

잇다
동 어떤 것을 끊어지지 않고 계속되게 하다.
그는 할아버지 때부터 시작한 가업을 잇기로 결심했다.
to continue

장인(匠人)
명 손으로 물건을 만드는 일을 직업으로 하는 사람.
원래 기술 좋은 장인은 도구를 탓하지 않는다.
artisan

들어 보세요 ②

갓
명 예전에, 어른이 된 남자가 머리에 쓰던 모자.
조선 시대 선비들은 갓을 쓰고 다녔다.
Korean traditional hat

갓끈
명 갓에 달려 있는 끈.
그는 바람에 한쪽으로 기울어진 갓을 바로잡고 갓끈을 고쳐 매었다.
Korean traditional hat tie

격식(格式)
명 사회적 모임 등에서 수준이나 분위기에 맞는 일정한 방식.
그는 격식을 갖춘 자리에 정장을 입고 참석했다.
formality

관리(官吏) [괄리]
명 관직에 있는 사람.
관리가 된 후에는 국민을 위해 봉사한다는 마음으로 일하고 있다.
civil servant

나전 칠기(螺鈿漆器)
옻칠한 나무에 조개껍데기를 여러 가지 모양으로 박아 넣어서 장식한 공예품.
통영은 나전 칠기가 생산되는 곳으로 널리 알려져 있다.
mother-of-pearl lacquerware

다기(茶器)
명 차를 마시는 데에 쓰는 여러 기구.
인사동에는 전통 차와 다기를 판매하는 곳이 많이 있다.
tea set

단정(端正)히
부 옷차림새나 몸가짐 등이 얌전하고 바르게.
두 사람은 옷을 단정히 차려입고 어른들께 인사를 드렸다.
neatly

대나무
명 줄기가 곧고 마디가 있으며 속이 비고, 잎이 가늘고 늘 푸른 나무.
대나무를 재료로 하여 만든 부채는 시원해서 인기가 많다.
bamboo

대우
명 갓의 윗부분.
시대에 따라 대우의 높이가 달라졌다.
Korean traditional hat cylindrical crown

머리띠
명 머리에 매는 띠.
회사 앞에서 많은 사원들이 머리띠를 두르고 근무 환경을 개선해 주기를 요구하고 있다.
headband

반투명(半透明)하다
형 어떤 물체를 통하여 볼 때에 그 반대쪽이 흐릿하게 보이는 성질이 있다.
요즘 반투명한 유리 벽으로 공간을 분리하는 인테리어가 유행하고 있다.
to be translucent

섬세(纖細)하다
형 솜씨나 행동 등이 매우 꼼꼼하고 자세하다.
이 흙은 너무 단단해서 섬세한 모양을 만들기가 힘들다.
to be delicate

양태
명 갓에서 얼굴을 가리는 부분.
갓의 양태는 만드는 데 매우 강한 인내심이 요구된다.
Korean traditional hat brim

엮다
동 끈이나 실 등의 여러 가닥을 어긋나게 매어 어떤 물건을 만들다.
실을 엮어서 예쁜 끈을 만들어 가방 손잡이로 사용하고 있다.
to weave

올
하나하나의 실이나 줄을 세는 단위.
디자이너는 옷을 만들 때 한 올 한 올 정성을 다해야 한다고 말했다.
counter for thread or string

용도(用途)
명 쓰이는 곳.
옷의 종류는 용도에 따라 평상복, 외출복, 운동복으로 나눌 수 있다.
purpose

의복(衣服)
명 사람의 몸을 싸서 가리거나 보호하며, 멋을 내기 위해 입는 것.
그는 우리 생활에 알맞은 의복을 연구해 왔다.
clothing

자리 잡다
외부의 변화에도 영향을 받지 않을 정도로 정착하다.
젊은이들의 일상 속 신조어 사용은 그들의 문화 중 하나로 자리 잡은 것 같다.
to settle in

호박(琥珀)
명 투명한 황색을 띤 보석의 일종.
예전에는 사람들이 갓끈을 호박이나 대나무로 장식하기도 했다.
amber

혼(魂)을 불어넣다
모든 정신을 쏟아 영향이나 자극을 주다.
그는 혼을 불어넣어 자신의 마지막 작품을 완성했다.
to put one's soul into something

말하기

유래(由來)
명 사물이나 일이 생겨남. 또는 그 사물이나 일이 생겨난 과정.
이 민속 행사의 유래는 신라 때로 거슬러 올라간다.
origin

주름
명 옷이나 옷감을 접어서 생긴 줄.
요즘 주름이 많은 긴 치마가 유행이다.
pleat

14-2. 전통과 현대의 만남

주제 어휘

가치(價値)를 재발견(再發見)하다
사물이 지니고 있는 가치를 다시 발견하다.
이 강연은 무기력감을 느끼는 직장인들에게 직장 생활의 의미와 가치를 재발견하도록 도움을 줄 것이다.
to rediscover the value

고유(固有)하다
형 본래부터 특별히 가지고 있다.
우리나라의 고유한 전통문화를 잘 보존해야 한다.
to be unique

국적(國籍) 불명(不明)
국적이 분명하지 않음.
청소년들을 중심으로 퍼지고 있는 이 음식은 단 한 번도 먹어 본 적이 없는 국적 불명의 음식이었다.
nationality unknown

긍정적(肯定的) 입장(立場)을 가지다
눈앞에 있는 처지나 상황에 대해 긍정적인 태도를 보이다.
퓨전 문화에 비판적이던 그 평론가가 갑자기 긍정적인 입장을 가지게 된 이유가 밝혀졌다.
to have a positive stance

논란(論難)이 가라앉다 [놀란]
여러 사람이 서로 다른 주장을 내세우며 다투던 것이 사라지다.
범죄자의 얼굴을 공개할 것인지에 대한 논란이 가라앉지 않고 있다.
controversy subsides

논란(論難)이 뜨겁다
여러 사람이 서로 다른 주장을 하며 강하게 다투다.
골프장 건설에 대한 마을 사람들의 찬반 논란이 뜨겁다.
controversy be hot

대중화(大衆化)되다
동 대중 사이에 널리 퍼져 친숙해지다.
인터넷이 대중화되면서 정보의 양이 급격하게 증가하기 시작했다.
to become popular

동서양(東西洋)을 아우르다
동양과 서양을 모아 하나가 되게 하다.
이번 패션쇼는 동서양을 아우르는 현대적인 디자인과 고급스러운 색깔로 사람들의 시선을 사로잡았다.
to encompass the East and West

부정적(否定的) 입장(立場)을 가지다
눈앞에 있는 처지나 상황에 대해 부정적인 태도를 보이다.
여론 조사 결과, 새로운 입시 정책에 대해 다수의 국민은 부정적인 입장을 가지고 있는 것으로 드러났다.
to have a negative stance

세계화(世界化)에 기여(寄與)하다
세계 여러 나라를 이해하고 받아들이는 데에 도움이 되다.
한국 영화 및 드라마의 해외 진출은 한국 문화의 세계화에 기여한 바가 크다.
to contribute to globalization

우려(憂慮)하는 목소리가 높다
근심하거나 걱정하는 의견이 많다.
인터넷에서 검증되지 않은 가짜 뉴스가 널리 퍼지면서 가짜 뉴스로 인한 피해를 우려하는 목소리가 높다.
voice of concern be high

융합(融合)되다
동 다른 종류의 것이 녹아서 서로 구별이 없게 하나로 합해지다.
산소가 일정 비율로 수소와 융합되면 물이 된다.
to be fused

의견(意見)이 엇갈리다 [얻깔리다]
어떤 대상에 대해 가지고 있는 생각이 일치하지 않다.
사건을 어떻게 처리할 것인가를 두고 그와 의견이 엇갈렸다.
opinions differ

재탄생(再誕生)하다
동 다시 생겨나다.
오래된 시골집이 현대식으로 바뀌어 새로운 공간으로 재탄생했다.
to be reborn

전통(傳統)을 훼손(毁損)하다
어떤 집단이나 공동체에서 지난 시대부터 전해 내려오는 사상, 관습, 행동 등의 양식을 망가뜨려 못 쓰게 하다.
퓨전 음악이 인기를 끌고 있는 가운데 이것이 전통을 훼손한다며 반대하는 의견도 있다.
to destroy tradition

정체성(正體性)을 잃다
어떤 존재의 변하지 않는 원래의 특성을 잃다.
다른 나라의 문화를 무분별하게 받아들인다면 우리나라 문화의 정체성을 잃게 될 수도 있다.
to lose one's identity

창조적(創造的)으로 계승(繼承)하다
조상의 전통이나 문화유산, 업적을 물려받아 새로운 방법으로 이어 나가다.
전통문화를 창조적으로 계승하여 젊은 사람들도 즐길 수 있는 문화로 발전시켰으면 한다.
to inherit creatively

획일화(劃一化)되다
동 모두가 한결같아서 다름이 없게 되다.
획일화된 교육으로 인해 학생들의 개성이 존중받지 못하고 있다.
to be standardized

읽기

읽어 보세요 1

더하다
동 더 보태어 늘리거나 많게 하다.
둘에 셋을 더하면 다섯이다.
to add

변신(變身)
명 몸의 모양이나 태도 등을 바꿈.
그 배우는 이번 영화에서 연기 변신을 보여 주었다.
transformation

생고기(生고기)
명 말리거나 익히거나 가공하지 않은 고기.
여름철에 생고기는 상하기 쉽기 때문에 빨리 먹거나 냉동해서 보관하는 게 좋다.
raw meat

이민자(移民者)
명 자기 나라를 떠나 다른 나라로 가서 사는 사람.
주민 센터에서는 국내에 있는 이민자들의 적응을 돕고자 다양한 프로그램을 운영하고 있다.
immigrant

퓨전 문화(文化)
서로 다른 두 종류 이상의 문화가 섞여 만들어진 문화.
세계화 시대에 퓨전 문화는 문화 교류 과정에서 일어나는 자연스러운 현상이라고 할 수 있다.
fusion culture

햄버그스테이크

명 쇠고기나 돼지고기를 잘게 다져 빵가루와 양파, 달걀 등을 넣고 동그랗게 구운 서양 요리의 하나.
햄버그스테이크는 쇠고기와 돼지고기를 섞어 만들면 맛이 더 부드러워진다.
hamburger steak

협연(協演)
명 한 연주자가 다른 연주자나 오케스트라 등과 함께 음악을 연주하는 것.
그는 이번 무대에서 유명한 피아니스트와 협연을 할 예정이다.
collaboration

읽어 보세요 2

고름

명 저고리나 두루마기의 깃 끝과 그 맞은편에 하나씩 달아 양편 옷깃을 묶을 수 있도록 한 끈.
한복을 입을 때마다 고름을 매기가 어려워서 어머니의 도움을 받는다.
coat strings (ribbon)

변형(變形)하다
동 모양이나 형태가 달라지거나 달라지게 하다.
못 쓰게 된 그릇을 변형하여 장난감으로 만들었다.
to transform

저고리

명 한복 윗옷의 하나.
할머니는 옛날에 검정 치마에 흰 저고리를 자주 입었다고 하셨다.
hanbok upper garment

쓰기

멜로디
명 높낮이와 리듬이 있는 음의 흐름.
이 노래는 멜로디와 가수의 목소리가 잘 어우러져 듣기 편하다.
melody

발효 식품(醱酵食品)
치즈, 간장, 와인과 같은 식품처럼 미생물을 발효시켜 만든 음식.
한국 사람들은 김치, 된장과 같은 발효 식품을 즐겨 먹는다.
fermented food

소매통
명 소매의 넓이.
그 옷은 소매통이 너무 넓어서 불편하다.
sleeve width

치마폭(치마幅)
명 천을 이어서 만든 치마의 가로 길이.
치마폭이 너무 좁아서 걸을 때 불편하다.
skirt width

15

대중문화의 힘

- **15-1** 문화의 영향력
- **15-2** 콘텐츠의 힘

15-1	**문화의 영향력**	15-2	**콘텐츠의 힘**
듣기 1	전시회 소개 뉴스를 듣고 내용 파악하기	읽기 1	방송 프로그램 정보를 읽고 내용 파악하기
듣기 2	대중문화 예술인 인터뷰를 듣고 내용 파악하기	읽기 2	드라마 감상문을 읽고 인상적인 점 파악하기
말하기	격식적인 인터뷰 하기	쓰기	감상문 쓰기

15-1 문화의 영향력

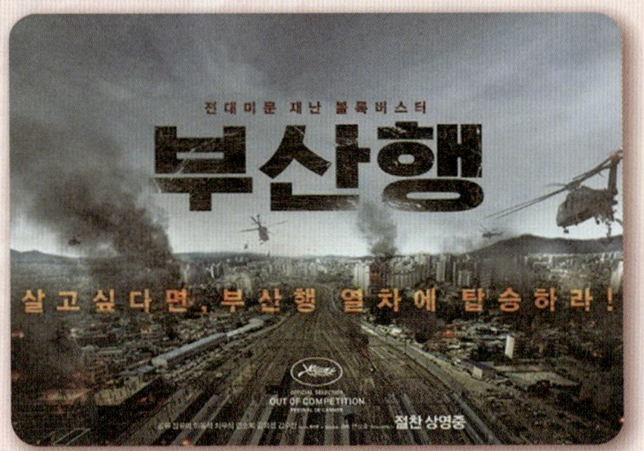

영화

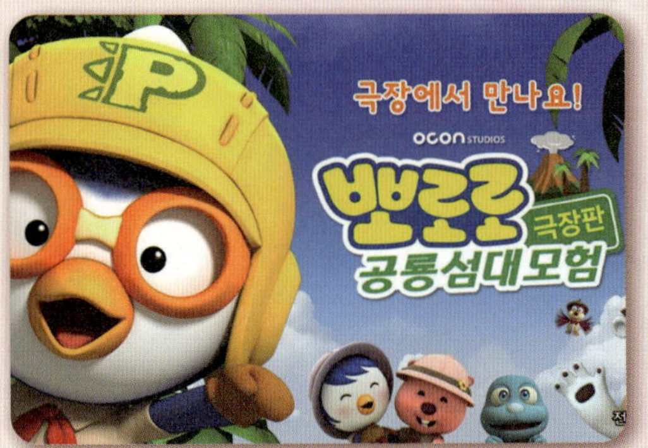

애니메이션

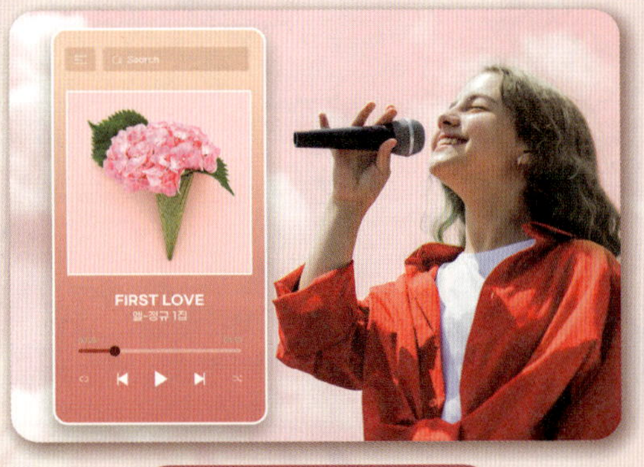

대중가요

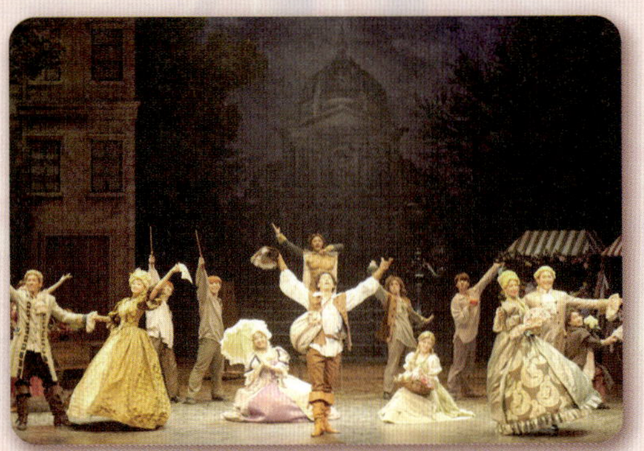

뮤지컬

1   대중문화에는 어떤 것이 있습니까?

2   여러분은 대중문화를 많이 접하는 편입니까? 어떤 대중문화에 가장 관심이 있습니까?

주제 어휘 `Topic Vocab` 15-1

1 다음은 대중문화의 영향력과 관련된 표현입니다. 알맞은 것을 연결해 보세요.

1) 정이진 감독의 영화 '인생'에 대한 사람들의 반응이 폭발적인 가운데 — 선풍적인 인기를 끌다

2) 이 영화는 영화 평론가들에게도 좋은 평가를 받고 있어요. • • 위상을 높이다

3) 사회적으로 논란이 된 사건을 소재로 했는데 관객들에게 이런 일이 다시 일어나면 안 된다고 이야기하는 것 같아요. • • 역대 최고 기록을 세우다

4) 작품의 예술적 가치를 인정받았을 뿐만 아니라 • • 작품성을 인정받다

5) 한국에서는 역사상 가장 많은 관객이 본 영화가 됐고 • • 메시지를 전하다

6) 전 세계 관객들에게 훌륭한 영화라는 칭찬을 듣고 있어요. • • 평론가들에게 호평을 받다

7) 이 영화 덕분에 전 세계의 많은 사람들이 한국에 대해 알게 되었고 더 긍정적인 인식을 갖게 되었어요. • • 전 세계적으로 찬사를 받다

8) 대중문화가 얼마나 큰 영향을 미치는지를 나타내는 사례라고 할 수 있지요. • • 영향력을 발휘하다

2 다음은 선한 영향력과 관련된 표현입니다. 선한 영향력을 전파하는 대중문화 예술인에 대해 알고 있습니까?

> 가수 엘 씨는 저소득층 아이들을 위해 5,000권의 책을 도서관에 **기증한** 적이 있어요.

ⓒ연합뉴스

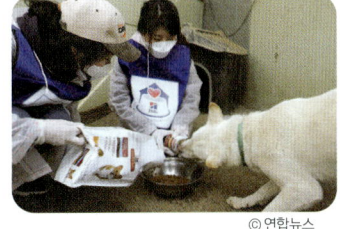
ⓒ연합뉴스

기증하다	기부하다	선행에 앞장서다	봉사 활동을 하다	홍보 대사를 하다
캠페인에 참여하다	유기 동물을 입양하다	사회 공헌 활동을 하다	선한 영향력을 전파하다	

15-1. 문화의 영향력 **189**

듣기

들어 보세요 ①

준비

1. 여러분은 '한국 대중문화' 하면 무엇이 떠오릅니까? 왜 그렇습니까?

   드라마   노래   영화   만화   연예인   ?

2. 한국 대중문화와 관련된 전시회나 공연 등에 가 본 경험이 있습니까? 어떤 경험이었습니까?

듣기 다음은 전시회를 소개하는 뉴스입니다. 잘 듣고 질문에 답해 보세요.

중심 내용 파악하기

1. 무엇에 대한 전시회입니까?

세부 내용 파악하기

2. 이 전시회에서 할 수 있는 것을 모두 고르세요.

   ☐ 유명 영화 관람하기   ☐ 뮤직비디오 보며 춤추기
   ☐ 영화 촬영 현장 사진 감상   ☐ 실제 영화 촬영 장소 보기
   ☐ 영화 촬영 소품과 의상 보기   ☐ 유명 대중문화 예술인 직접 만나기

3. 다음의 대중문화 예술인이나 작품에 맞는 설명을 연결하세요.

아이돌 그룹, 제트 •	• 치열한 경쟁을 하는 현대인들의 모습을 나타냈다.
가수, 빛나 •	• 세계적으로 인정받는 대중음악 순위에서 1위를 했다.
기생충 •	• 빈부 격차라는 주제를 독창성 있게 다뤘다.
오징어 게임 •	• 세계의 실력 있는 음악인들과 같이 작업을 했다.

4 들은 내용과 같은 것을 모두 고르세요.

- ☐ 이 전시회는 겨울 방학 때 열려 학생들이 가기 좋다.
- ☐ 한국 대중문화가 외국인들 사이에서는 아직 낯설다.
- ☐ 이 전시회에 가면 한국 대중문화의 역사를 알 수 있다.
- ☐ 이 전시회는 사람들에게 아직 알려지지 않아 표를 구하기 쉽다.

확장 활동하기

5 한국의 대중문화가 한국의 위상을 높이는 데 기여했다고 생각합니까? 왜 그렇게 생각합니까?

🎧 들어 보세요 2

준비

1 자신에게 힘을 주거나 긍정적인 영향을 미친 대중문화 예술인이 있습니까?

가수　　배우　　감독　　작가　　?

2 어떤 영향을 받았는지 이야기해 보세요.

듣기　다음은 대중문화 예술인을 인터뷰한 방송입니다. 잘 듣고 질문에 답해 보세요.

중심 내용 파악하기

1 누구를 인터뷰했습니까?

세부 내용 파악하기

2 여자는 지금까지 어떤 일을 했습니까? 모두 고르세요.

- ☐ 노래　　☐ 연기　　☐ 작사
- ☐ 작곡　　☐ 디자인　　☐ 광고 모델

문법과 표현

동-는답니다, **형**-답니다, **명**이랍니다　☞ 16쪽
이곳에서는 촬영 현장의 사진과 함께 작품 속에서 배우들이 실제로 입고 사용한 의상과 소품들도 보실 수 있답니다.

15-1. 문화의 영향력　**191**

3 인터뷰의 질문과 대답을 메모해 보세요.

	질문	대답
1)	새로 나온 앨범은?	
2)		아름다운 겉모습만 추구하다가는 자신을 잃어버릴 수도 있음.
3)		
4)		

추론하기

4 이 사람은 앞으로 어떤 활동을 할까요?

① 광고를 많이 찍어 상업적인 성공을 추구한다.
② 많은 사람에게 인정받는 것을 목표로 활동한다.
③ 자신의 영향력을 좋은 쪽으로 쓰기 위해 노력한다.
④ 대중들에게 외적인 아름다움의 중요성에 대해 알린다.

이야기해 보세요

1 대중문화가 사람들에게 큰 영향을 끼친다고 생각합니까? 어떤 영향을 끼친다고 생각합니까?

> 저는 대중문화가 사람들에게 매우 큰 영향을 끼친다고 생각해요. 잘 만든 드라마나 영화를 봤을 때 등장인물들에게 공감하기도 하고, 큰 감동을 받으면서 생각이 바뀌기도 하니까요.

2 여러분은 사회 공헌 활동을 하는 대중문화 예술인에 대해 어떻게 생각합니까? 그 이유도 이야기해 보세요.

- 기부, 기증
- 봉사 활동
- 홍보 대사
- 유기 동물 보호
- 캠페인 참여
- ?

문법과 표현

형 -으나마, 명 이나마 ☞ 16쪽
부족하나마 좋은 쪽으로 영향을 끼치고 싶습니다.

말하기

🎤 대중문화를 주제로 친구에게 격식적인 인터뷰를 해 보세요.

준비해 보세요

1 세계 여러 나라의 대중문화를 주제로 인터뷰한다면 어떤 질문을 하고 싶습니까? 하고 싶은 질문을 마인드맵에 메모해 보세요.

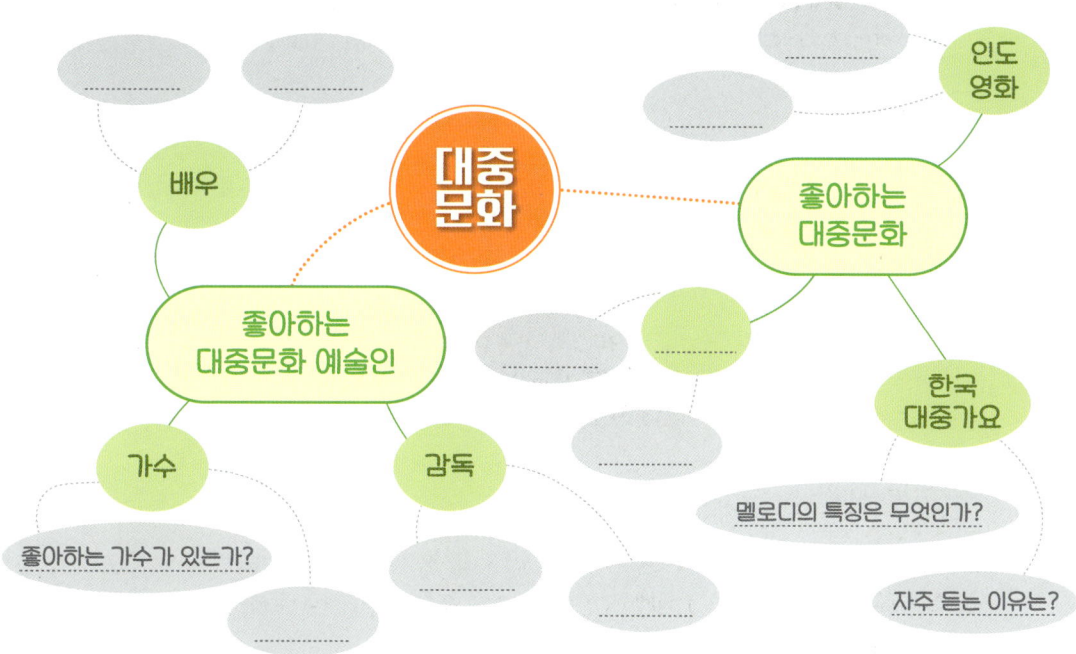

표현을 연습해 보세요

1 다음은 인터뷰를 시작할 때 사용하는 표현입니다. 다음 표현을 사용하여 한국 대중문화와 대중문화 예술인을 주제로 인터뷰를 시작해 보세요.

> **인터뷰 시작하기**
> ▸ 인터뷰를 허락한 것에 대해 감사 인사를 하고 인터뷰의 주제와 목적에 대해 이야기합니다.
>
> • 인터뷰에 응해 주셔서 감사합니다
> • …라는 주제로 인터뷰를 진행하고자 합니다
> • 이 인터뷰는 …을 알아보기 위한 것입니다

1) 인터뷰에 응해 주셔서 감사합니다. 오늘은 '한국 대중문화'라는 주제로 인터뷰를 진행하고자 합니다. **이 인터뷰는** 한국 대중문화에 대한 선호도와 그 **영향력**을 알아보기 위한 것입니다.

1) 한국 대중문화   2) 한국의 대중문화 예술인

2 다음은 질문할 때 사용하는 표현입니다. 다음 표현을 사용하여 한국 대중문화와 대중문화 예술인을 주제로 인터뷰할 내용을 질문해 보세요.

질문하기

▶ 가벼운 질문으로 시작하여 점차 의견과 생각을 묻는 말을 합니다.

- 평소에 …에 대해서 관심이 있으셨습니까?
- 특별히 좋아하는 …이 있습니까?

1) **평소에** 한국 대중문화에 대해서 **관심이 있으셨습니까?**
   특별히 좋아하는 한국 대중문화가 **있습니까?**

관련 질문하기

▶ 대답한 내용과 관련된 내용을 더 세부적으로 묻습니다.

- …다고 하셨는데 …는 이유가 있습니까?
- …다고 말씀하셨는데 그렇다면 …이 뭐라고 생각하십니까?
- 조금 더 구체적으로 말씀해 주시겠습니까?

1) 한국 대중문화 중 대중가요를 가장 **좋아하신다고 하셨는데** 자주 들으시는 이유가 있습니까?
   한국 대중가요의 멜로디가 **좋다고 말씀하셨는데 그렇다면** 한국 대중가요의 멜로디의 **특징이 뭐라고 생각하십니까?**

1) 한국 대중문화   2) 한국의 대중문화 예술인

3 다음은 인터뷰를 끝낼 때 사용하는 표현입니다. 다음 표현을 사용하여 인터뷰를 끝내 보세요.

인터뷰 끝내기

▶ 더 하고 싶은 말이 있는지 질문하고 추가 질문이 있을 때 연락할 수 있는 방법을 알아 둡니다.

- 마지막으로 더 말씀하시고 싶은 게 있을까요?
- 지금까지 귀한 시간 내 주셔서 감사합니다.
- 혹시 추가로 여쭤볼 점이 있으면 연락드려도 될까요?

1) 한국 대중문화에 대해서 **마지막으로 더 말씀하시고 싶은 게 있을까요?**
   지금까지 귀한 시간 내주셔서 진심으로 **감사합니다. 혹시 추가로 여쭤볼 점이 있으면 연락드려도 될까요?**

1) 한국 대중문화   2) 한국의 대중문화 예술인

- **이야기해 보세요**

1 세계 여러 나라의 대중문화를 주제로 인터뷰할 질문을 메모한 후 친구를 인터뷰해 보세요.

	질문	대답
1		
2		
3		
4		
5		

보기

인터뷰에 응해 주셔서 감사합니다. 오늘은 '대중문화'라는 주제로 인터뷰를 진행하고자 합니다. 평소에 대중문화에 대해서 관심이 있으셨습니까?

네. 관심이 많은 편입니다.

들어가기 15-2 콘텐츠의 힘

1. 여러분은 '콘텐츠'라는 말을 들어 봤습니까? 콘텐츠란 무엇을 의미합니까?

2. 인기 있는 한국 드라마, 영화, 음악 등을 알고 있습니까? 어떤 점 때문에 그 작품이 인기를 얻었다고 생각합니까?

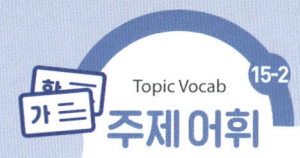

Topic Vocab 15-2 주제 어휘

1 다음은 대중문화 콘텐츠와 관련된 표현입니다. 알맞은 표현을 써 보세요.

1)	가수가 새로 발표한 음악이 제 **마음을 빼앗았어요**.	마음을 사로잡다
2)	이 노래는 **예전에 있던 노래를 새롭게 다시 만든** 거예요.	
3)	이 음악은 기분이 안 좋을 때 **마음을 위로해 주고 편안하게 해 줘요**.	
4)	이 소설은 **다른 작품에서 보지 못한 새로운 내용을 다뤄서** 재미있어요.	
5)	사람들에게 많은 사랑을 받은 **소설을 드라마로 만들었어요**.	
6)	드라마의 배경은 1980년대인데 **그때의 모습을 그대로 반영하여 만든** 촬영장에서 찍었대요.	
7)	드라마 속 주인공이 성공하기 위해 열심히 노력하는 장면은 **사람들이 주인공과 같은 감정을 느끼게 했어요**.	
8)	이 영화는 **실제로 있었던 일을 기초로 해서** 제작했어요.	
9)	영화는 제 마음에 닿아 **큰 감동을 일으켰어요**.	
10)	이 영화는 연출, 구성, 배우들의 연기까지 **완벽에 가깝다는** 평가를 받아요.	
11)	여행 관련 예능 프로그램은 **볼만한 것들을** 풍부하게 **보여 줘서** 시간 가는 줄 모르겠어요.	
12)	제가 예전에 여행했던 곳이 나오는 프로그램은 친구들과 여행 갔던 **옛 기억을 생각나게 해요**.	

리메이크하다	위안을 주다	울림을 주다	완성도가 높다
마음을 사로잡다	소재가 참신하다	볼거리를 제공하다	공감을 불러일으키다
소설을 원작으로 하다	실화를 바탕으로 하다	과거 모습을 재현하다	추억을 떠올리게 하다

2 다음은 작품을 소개할 때 사용하는 표현입니다. 표현을 보고 생각나는 작품이 있다면 이야기해 보세요.

 우리나라 대부분의 사람이 다 아는 **명대사**가 있어요. 영화가 크게 흥행하면서 유명해진 대사인데요. "나 돌아갈래."라는 대사예요. 이 대사는….

명작/명대사/명장면	연기력/연출력이 뛰어나다	영상미가 돋보이다

읽기

읽어 보세요 1

준비

1 여러분은 어떤 소재를 다룬 영화나 드라마를 좋아합니까?

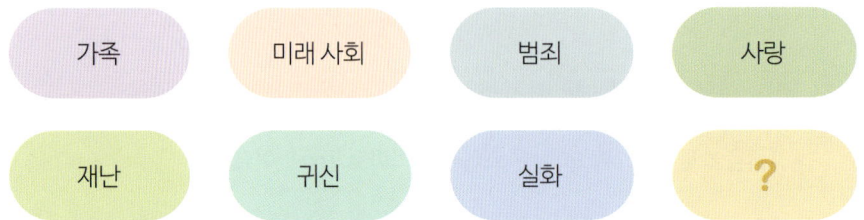

2 여러분이 좋아하는 소재를 다룬 세계 여러 나라의 작품 중 재미있게 본 작품이 있습니까? 어떤 점이 마음에 들었습니까?

읽기 다음은 방송 프로그램 정보입니다. 잘 읽고 질문에 답해 보세요.

≡ **LEI 다큐** | 프로그램 소개 | 방송 보기 | 시청자 참여 | 🔍

프로그램 정보

국경을 뛰어넘는 콘텐츠의 힘 | 20××년 3월 6일 22:30 방송 |

◆ **콘텐츠는 어떻게 국경을 넘었나**

　IT 기술의 발달로 우리는 국경을 뛰어넘어 전 세계의 문화를 손쉽게 접할 수 있는 시대에 살고 있다. 이러한 환경 속에서 영화, 드라마, 예능 프로그램 등 다양한 장르의 우리 작품들이 다른 나라에서 흥행에 성공하는 사례가 잇따르고 있다. 좋은 콘텐츠는 국가 간의 정치, 경제적 이해관계를 넘어 사람들의 마음을 사로잡는다는 것을 보여 준다.

◆ **세계적으로 사랑받는 콘텐츠의 개발이 요구되는 시대**

　이제 대중문화의 역사는 세계적으로 사랑받는 콘텐츠의 개발이 요구되는 시대로 변화했다. 과거 어느 때보다도 작품성이 중시되는 이때, 콘텐츠 개발자들은 세계 시청자들의 눈길을 끌 만한 새로운 콘텐츠 개발에 더욱 힘쓰는 중이다. 다양하면서도 참신한 소재, 공감을 불러일으키는 주제, 배우들의 빼어난 연기, 뛰어난 연출 그리고 훌륭한 제작 기술 등이 잘 짜인 **이야기를 바탕으로** 조화롭게 어우러진, 완성도 높은 콘텐츠를 개발하기 위해 노력하고 있는 것이다.

◆ 한국 콘텐츠는 어떻게 세계인을 사로잡을 것인가

앞으로 국경에 구애받지 않고 세계 각국에서 다른 나라의 작품을 접하는 일이 더욱 보편화될 것이다. 그렇다면 우리만이 선보일 수 있는 좋은 콘텐츠를 개발하기 위해서는 어떻게 해야 할까. LEI 다큐는 김철수 감독, 이세민 작가, 정윤희 미술 감독 등 한국 대중문화를 이끌고 있는 주인공들을 만나 그들의 작품이 세계인들을 사로잡을 수 있었던 비법을 듣고 한국 대중문화가 나아가야 할 방향에 대해 논의해 볼 예정이다.

〈LEI 다큐 – 국경을 뛰어넘는 콘텐츠의 힘〉은 6일 일요일 밤 10시 30분 LEI TV를 통해 방송된다.

중심 내용 파악하기

1 이 프로그램은 무엇에 대해 다루고 있습니까?

세부 내용 파악하기

2 세계 시청자들의 눈길을 끌 만한 콘텐츠를 만들기 위한 조건으로 언급된 것을 모두 고르세요.

☐ 주제　　☐ 소재　　☐ 연기　　☐ 연출
☐ 광고　　☐ 제작비　☐ 제작 환경　☐ 제작 기술

3 앞으로 대중문화의 환경은 어떻게 될 것이라고 전망하고 있습니까?

　　　　　　　　　　　　　　　　　　　　　　　　　　이 보편화될 것이다.

4 이 프로그램에서는 한국 대중문화 관련 일을 하는 사람들을 만나 어떤 이야기를 할 것입니까?

추론하기

5 "콘텐츠가 국경을 넘었다"는 어떤 뜻입니까?

문법과 표현

명 을 바탕으로　☞ 17쪽

다양하면서도 참신한 소재, 배우들의 빼어난 연기, 뛰어난 연출과 훌륭한 제작 기술 등이 잘 짜인 이야기를 바탕으로 조화롭게 어우러진 콘텐츠를 개발하기 위해 노력하고 있는 것이다.

읽어 보세요 2

준비

1. 한국 드라마나 영화 중 완성도가 높다고 생각하는 작품이 있습니까? 어떤 작품입니까?

2. 그 작품이 잘 만들어졌다고 생각하는 이유는 무엇입니까?

줄거리 주제, 소재 배우의 연기 의상과 소품 배경 음악 ?

읽기 다음은 드라마에 대한 감상문입니다. 잘 읽고 질문에 답해 보세요.

그 시절을 불러 본다, '응답하라 1988'

가 드라마 '응답하라 1988'을 보고 느낀 첫인상은 오래된 사진첩 같다는 것이었다. 그 사진들 속에는 어릴 적의 나와 그때의 부모님, 친구들이 있다. 분명 그 시절이 물질적으로 더 어렵고 힘들었던 때인데도 이제는 추억이 **되어서인지** 드라마에 등장하는 모든 것들이 그립게만 느껴진다.

나 '응답하라 1988'이 선풍적인 인기를 끌 수 있었던 이유 중 하나는 과거를 훌륭하게 재현했다는 데 있다. 80년대의 주택가, 골목길, 다방, 택시 등 완벽하게 재현된 장소와 그곳을 채운 소품들은 그것만으로도 볼거리를 제공한다. 여기에 일상 속 소소한 사건이 더해져 추억의 장면들이 눈앞에 펼쳐진다. 엄마가 싸 주신 보온 도시락을 들고 학교에 가는 장면, 학생들로 가득한 만원 버스를 타고 있는 장면, 다이얼 전화기 앞에서 친구의 전화를 기다리는 장면 등 특별할 것 없는 소소한 일상들이 그 시절 그 장소에서 옛날 소품들과 함께 재현되는 순간, 실제로 1988년이 다시 돌아온 것만 같은 느낌이 든다. 이 재현을 완성하는 것은 음악이다. 그 시절 음악 방송으로 듣던 인기 가수의 노래, 새벽에 라디오에서 흘러나오던 영화 음악, 연인과 이별한 슬픔을 위로해 준 사랑 노래들이 드라마의 곳곳에서 흘러나와 추억과 함께 그때의 감정까지 떠올리게 한다.

다 공감을 불러일으키는 드라마 속 여러 이야기들은 이 드라마를 그 시절에 살지 않았던 세대들의 마음까지 사로잡는 콘텐츠로 만들었다. 등장인물들은 각자 나름의 고민을 하고 갈등을 겪는다. 그것은 시대적 혹은 경제적 상황 때문이기도 하지만 각 나이대에 누구나 겪는 고민과 갈등이기도 하다. 그래서 그 모습은 모든 세대의 과거이자 현재, 그리고 미래가 된다. 어려움을 이겨 내게 하는 것은 가족과 친구, 이웃의 사랑이다. 물질적으로는 어려워도 사랑은 풍족했던 시절, 화면에 나타나는 추억의 장소에는 우리가 사랑했던 사람들이 등장한다. 언제나 변함없는 사랑을 주시는 부모님, 나보다 더 나를 잘 알아주는 친구, 다른 집 아이들도 자신의 아이처럼 챙기는 이웃…. 한 아이를 키우기 위해서는 온 마을이 필요하다는 속담이 실현되는 1988년 골목에서 주인공들은 넘치는 사랑을 받으며 가난 속에서도 밝게 자란다. 이 드라마는 물질적으로 풍족한 현재를 살아가는 우리들에게 진정으로 필요한 것은 어쩌면 그 시절 곳곳에 가득했던 사랑인지도 모른다고 이야기하는 듯하다.

라 '응답하라 1988'은 좋은 콘텐츠가 사람들에게 위안과 힘을 줄 수 있음을 보여 준다. 불확실한 미래 때문에 좌절하기도 하고 때로는 빨리 벗어나고 싶었던 과거는, 현재를 살아가는 우리에게 그리운 추억이 된다. 비록 오늘은 힘들지만 이 순간들도 언젠가는 우리에게 위안을 주는 추억으로 남을 것이다. 그것을 알기에 오늘도 한 걸음 내딛는 힘을 얻을 수 있는 것이 아닐까.

개요 파악하기

1 가~라의 중심 내용을 연결하세요.

가 • — • '응답하라 1988'의 첫인상
나 • — • 좋은 콘텐츠가 주는 위안과 힘
다 • — • 훌륭한 과거 재현
라 • — • 공감을 불러일으키는 이야기

세부 내용 파악하기

2 80년대의 시대 모습을 보여 주기 위해 과거를 재현한 장소와 소품으로 무엇이 있습니까?

3 이 드라마에서 음악은 어떤 역할을 합니까?

4 이 드라마가 모든 세대에게 인기를 얻은 이유는 무엇입니까?

5 글쓴이는 현재를 살아가는 우리들에게 진정으로 필요한 것이 무엇이라고 생각합니까?

이야기해 보세요

1 여러분 나라에 알려지면 많은 인기를 얻을 것 같다고 생각하는 한국 대중문화 콘텐츠가 있습니까? 어떤 작품입니까? 이유는 무엇입니까?

예능   노래   만화   드라마   영화   ?

2 여러분 나라의 대중문화 콘텐츠 중 다른 나라에 소개하고 싶은 작품이 있습니까? 작품을 찾아 소개하고 소개한 이유도 이야기해 보세요.

문법과 표현

동/형-어서인지, 명이어서인지   ☞ 17쪽

분명 그 시절이 물질적으로 더 어렵고 힘들었던 때인데도 이제는 추억이 되어서인지 드라마에 등장하는 모든 것들이 그립게만 느껴진다.

쓰기 15-2

📄 **인상 깊었던 작품을 골라 감상문을 써 보세요.**

▸ 준비해 보세요

1 여러분이 최근에 본 드라마나 영화는 무엇입니까? 그 작품에 대해 이야기해 보세요.

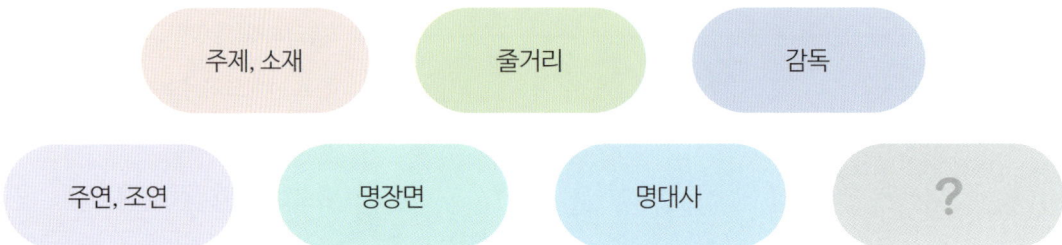

▸ 표현을 연습해 보세요

1 다음은 작품의 개요를 소개할 때 사용하는 표현입니다. 다음 표현을 사용하여 여러분이 최근에 본 작품에 대해 이야기해 보세요.

> **개요 소개하기**
> ▸ 드라마나 영화 등 작품에 대해 간단하게 설명합니다.
>
> • …은 …의 작품이다
> • …을 배경으로 …을 그리고 [다루고] 있다

1) **'응답하라 1988'은** 응답하라 **시리즈의** 세 번째 **작품이다.** 이 드라마는 1988년 서울 쌍문동의 한 **골목을 배경으로** 가족과 이웃, 친구들의 따뜻한 **모습을 그리고 있다.**

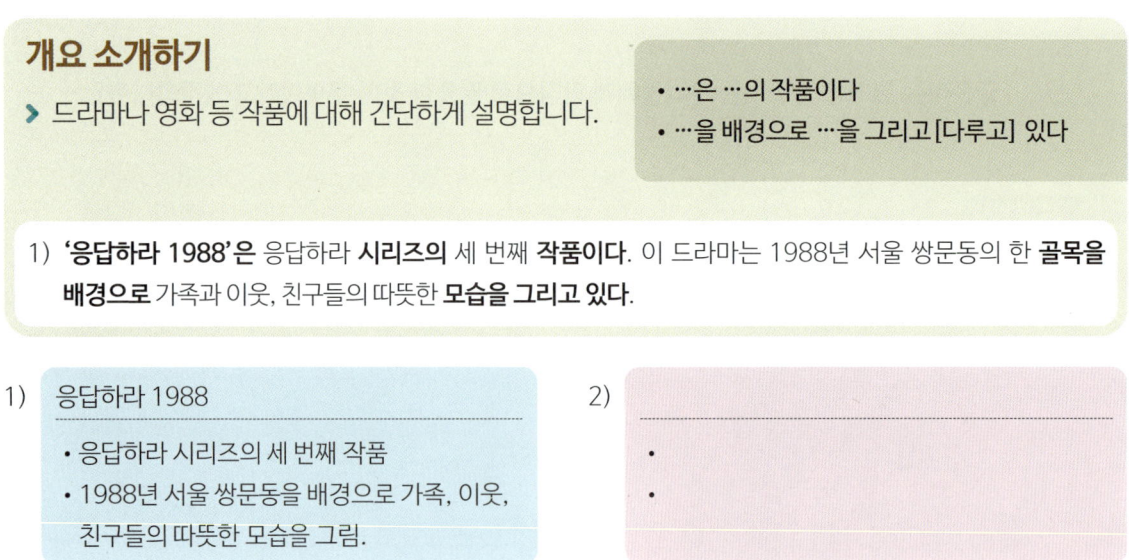

2 다음은 작품의 인상적인 부분을 제시할 때 사용하는 표현입니다. 다음 표현을 사용하여 여러분이 최근에 본 작품에 대해 이야기해 보세요.

인상적인 부분 제시하기
> 기억에 남는 장면, 대사, 음악 등을 씁니다.

- …는 장면[대사/음악]이 인상적이다
- 감동적인 장면[대사]은 …이다

1) 엄마가 싸 주신 보온 도시락을 가지고 집을 **나서는 장면**, 학생들로 가득한 만원 버스를 타고 **등교하는 장면**, 다이얼 전화기로 전화를 **거는 장면**들이 인상적이다.

1) 응답하라 1988
   - 보온 도시락 장면, 만원 버스 장면, 다이얼 전화기 장면

2)
   -

3 다음은 감상을 표현할 때 사용하는 표현입니다. 다음 표현을 사용하여 여러분이 최근에 본 작품에 대해 이야기해 보세요.

감상 표현하기
> 작품을 보고 느낀 점을 나타냅니다.

- …는 것 같은 느낌이 들다
- …게 느껴지다
- …다는 점에서 공감을 불러일으키다

1) 특별할 것 없는 이 소소한 일상들이 그 시절 그 장소에서 옛날 소품들과 함께 재현되는 순간, 실제로 1988년이 다시 **돌아온 것 같은 느낌이 든다**. 분명 그 시절이 물질적으로 더 어렵고 힘들었던 때인데도 이제는 추억이 되어서인지 드라마에 등장하는 모든 것들이 **그립게 느껴진다**.

1) 응답하라 1988
   - 실제로 1988년이 다시 돌아온 것 같음.
   - 물질적으로 힘들었던 때이지만 이제는 추억이 되어 모든 것이 그립게 느껴짐.

2)
   -
   -

써 보세요

1 여러분의 인생에서 가장 감동적이었던 작품이 있다면 무엇입니까? 그 작품의 어떤 부분이 가장 기억에 남습니까?

2 가장 인상 깊게 본 작품에 대해 메모해 보세요.

작품 제목	
어떤 작품입니까?	가장 인상적이었던 부분은 무엇입니까?
무엇을 느꼈습니까?	몇 점을 주시겠습니까? 이유는 무엇입니까? ☆☆☆☆☆

3 메모를 바탕으로 인상 깊었던 작품에 대해 감상문을 써 보세요.

쓰기

작품 제목

정보
감독
작가
상영/방영 연도
언어

4 친구들의 감상문을 읽고 꼭 보고 싶다고 느낀 작품에 대해서 이야기해 보세요.

저는 에릭 씨의 감상문이 인상 깊었어요. 가족을 소재로 한 영화에 대해 썼는데….

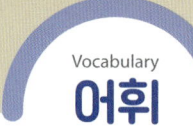

Vocabulary 어휘

15-1. 문화의 영향력

주제 어휘

기부(寄附)하다
동 남을 도와주기 위하여 돈이나 물건 등을 내놓다.
그는 매년 양로원에 많은 돈을 기부했다.
to donate

기증(寄贈)하다
동 선물이나 기념으로 남에게 물품을 주다.
보육원에 아이들이 읽을 만한 책을 기증했다.
to donate

메시지를 전(傳)하다
어떤 사실이나 주장하거나 경고하기 위한 내용을 알려 주다.
아이들이 연극으로 환경 보호의 메시지를 전했다.
to deliver a message

봉사(奉仕) 활동(活動)을 하다
국가나 사회 또는 남을 위하여 힘을 바쳐 애쓰는 활동을 하다.
그 학과는 점수가 높은 학생보다는 봉사 활동을 열심히 한 학생을 입학시키기로 했다.
to do volunteer work

사회(社會) 공헌(貢獻) 활동(活動)을 하다
사회의 어떤 일에 힘을 써 도움을 주는 행동을 하다.
사회 공헌 활동을 하면서 재산을 지속적으로 기부하는 연예인이 늘고 있다.
to make a social contribution

선풍적(旋風的)인 인기(人氣)를 끌다
사회에 큰 영향력을 미치거나 관심의 대상이 될 만한 인기를 얻다.
그 제품은 첫선을 보이자마자 선풍적인 인기를 끌었다.
to gain sensational popularity

선(善)한 영향력(影響力)을 전파(傳播)하다 [영ː향녁]
올바르고 착한 영향력을 전하여 널리 퍼뜨리다.
그 배우는 꾸준한 기부를 통해 선한 영향력을 전파하고 있다.
to spread good influence

선행(善行)에 앞장서다 [압짱서다]
먼저 나서서 착한 행동을 하다.
그 가수는 다양한 기부를 통해 선행에 앞장서 왔다.
to lead the way in doing good deeds

역대(歷代) 최고(最高) 기록(記錄)을 세우다
대대로 이어 내려오는 동안 가장 높은 기록을 남기다.
올해 최고 기온이 40.1℃로 한국 역대 최고 기록을 세웠다.
to set the highest record ever

영향력(影響力)을 발휘(發揮)하다 [영ː향녁]
영향력을 널리 나타내다.
광고는 소비 사회에서 강력한 영향력을 발휘한다.
to display influence

위상(位相)을 높이다
어떤 사물이 다른 사물과의 관계 속에서 높은 위치나 상태를 가지게 하다.
그 영화는 세계적으로 유명한 영화제에서 수상함으로써 우리나라의 위상을 높였다고 평가받는다.
to elevate the status (of)

유기(遺棄) 동물(動物)을 입양(入養)하다
버려진 동물을 가족으로 받아들이다.
유기 동물을 입양하면 입양비를 지원받을 수 있다.
to adopt an abandoned animal

작품성(作品性)을 인정(認定)받다 [작품썽]
작품이 가지는 그 자체의 예술적 가치가 높다고 여겨지다.
그 영화는 재미도 있지만 무엇보다 세계에서 작품성을 인정받고 있다.
to be recognized for one's work

전(全) 세계적(世界的)으로 찬사(讚辭)를 받다
전 세계에서 칭찬하는 말이나 글을 받다.
그 피아니스트의 연주는 전 세계적으로 찬사를 받았다.
to be praised worldwide

캠페인에 참여(參與)하다
사회적·정치적 목적을 위하여 조직적이고 지속적으로 행하는 운동에 들어가 관계하다.
지난 주말에 환경을 보호하자는 캠페인에 참여했다.
to participate in a campaign

평론가(評論家)들에게 호평(好評)을 받다 [평논가]
사물이나 작품의 가치 등을 평가하여 논하는 전문가로부터 좋은 평가를 받다.
그녀의 소설은 유명한 평론가들에게 호평을 받았다.
to receive favorable reviews from critics

홍보(弘報) 대사(大使)를 하다
사업이나 상품, 업적 등을 널리 알리는 활동을 대표하여 담당하는 사람이 되다.
우리 학교를 널리 알리는 학생 홍보 대사를 하게 되었다.
to be an ambassador

듣기

들어 보세요 1

극한(極限)
명 도달할 수 있는 최후의 단계나 상태.
그들은 극한 상황 속에서도 살아남기 위해 애썼다.
extremity

내몰리다
동 있던 자리에서 강제로 나가게 되다.
많은 젊은이가 싸움터로 내몰려 귀한 목숨을 바쳐야 했다.
to be driven into

독창성(獨創性) [독창썽]
명 새로운 것을 처음으로 만들어 내거나 생각해 내는 성향이나 성질.
새로 나온 자동차의 디자인은 이전과 다른, 독창성을 지닌 디자인이라는 호평을 받았다.
originality

들여다보다
동 가까이서 자세히 살피다.
할아버지 책상에 놓인 사진이 궁금하여 들여다보니 아빠의 어릴 적 사진이었다.
to look into

발자취 [발짜취]
명 과거에 지나온 과정을 비유적으로 이르는 말.
이 책은 그가 자신의 50년 인생의 발자취를 돌아보며 쓴 것이다.
footstep

빈부(貧富) 격차(隔差)
가난한 사람과 부자의 경제적 차이.
빈부 격차의 심화가 사회적 문제로 떠올랐다.
income inequality

세트장(set場)
명 드라마나 영화 등의 촬영에 쓰기 위해 꾸며 놓은 곳.
제주도의 한 드라마 세트장이 지난 주말 태풍 피해를 입었다.
set

순위(順位)
명 차례나 순서를 나타내는 위치나 지위.
그 팀은 순위가 저번 경기보다 많이 떨어졌다.
ranking

실력파(實力派)
명 실력을 갖춘 사람.
그는 재즈계에서는 이미 잘 알려진 실력파다.
talented person

싹트다
동 어떤 생각이나 감정, 현상 등이 처음 생겨나다.
국민들에게서 환경 보존에 대한 인식이 싹텄다.
to sprout

호강
명 화려하고 편안한 삶을 누림.
그는 부모를 잘 만나 호강하며 살았다.
affluent living

들어 보세요 2

가꾸다
동 외모를 보기 좋게 꾸미다.
그는 외모를 잘 가꿔서 나이보다 젊어 보인다.
to take care of one's looks

겉모습 [건모습]
명 겉으로 드러나 보이는 모습.
사람을 겉모습만 보고 판단할 수 없다.
outer appearance

본질적(本質的) [본질쩍]
관 명 원래부터 가지고 있는 사물의 성질이나 모습에 관한 (것).
삶의 본질적 목표는 행복의 추구이다.
essential

부추기다
동 다른 사람을 북돋아 어떤 일을 하게 만들다.
광고는 소비자들의 과소비를 부추기는 면이 있다.
to instigate

스타
명 높은 인기를 얻고 있는 연예인이나 운동선수.
요즘은 가수나 운동선수 중에 10대의 청춘스타가 많다.
star

외면적(外面的)
관 명 겉으로 나타난 모양에만 관계된 (것).
행복은 돈이 쌓이고 사회적 신분이 높아지는 등의 외면적인 것에서 찾을 수 있는 게 아니라 평범한 일상에서 느껴지는 것이다.
external

작곡(作曲)하다 [작꼬카다]
동 음악 작품을 창작하다.
그녀가 작곡한 음악이 연극을 더욱 돋보이게 했다.
to compose music

작사(作詞)하다
동 노랫말을 짓다.
그녀는 이번 음반에서 여덟 곡이나 작사했다.
to write lyrics

진솔(眞率)하다
형 진실하고 솔직하다.
그는 사람을 늘 진솔하게 대한다.
to be sincere

말하기

응하다(應하다)
동 물음이나 요구, 필요에 맞추어 대답하거나 행동하다.
인터뷰에 응해 주셔서 감사합니다.
to accept

15-2. 콘텐츠의 힘

주제 어휘

공감(共感)을 불러일으키다
남의 감정, 의견, 주장 등에 대하여 자기도 그렇다고 느끼는 마음이 일어나게 하다.
그 책은 특히 여성 독자들에게 많은 공감을 불러일으켰다.
to arouse empathy

과거(過去) 모습을 재현(再現)하다
이미 지나간 때의 모습을 다시 나타내다.
이 박물관에 서울의 과거 모습을 재현해 놓은 모형이 있다.
to recreate the past

리메이크하다
동 예전에 있던 영화, 음악, 드라마 등을 새롭게 다시 만들다.
이 곡은 비틀스의 히트곡을 리메이크한 것이다.
to remake

마음을 사로잡다
마음을 온통 한곳으로 기울게 하다.
그는 선물로 상대편의 마음을 사로잡으려 했으나 잘되지 않았다.
to win the heart of

명대사(名臺詞)
명 영화나 연극에서 쓰인, 뜻이 깊고 훌륭한 대사.
인터넷에 인기 있었던 드라마나 영화의 명대사 모음이 있다.
famous line

명작(名作)
명 이름난 훌륭한 작품.
공간과 시간을 초월해서 재미있게 읽힐 수 있는 책이야말로 영원한 명작이 될 수 있는 것이다.
masterpiece

명장면(名場面)
명 영화나 연극의 아주 훌륭한 장면.
이번 주 영화 특집에서는 공포 영화의 명장면들을 모아서 보여 드리겠습니다.
famous scene

볼거리를 제공(提供)하다 [볼꺼리]
사람들이 즐겁게 구경할 만한 물건이나 일을 내놓다.
이번 드라마는 작품의 완성도가 높아 풍성한 볼거리를 제공하고 있다.
to provide a spectacle

소설(小說)을 원작(原作)으로 하다
소설을 원래 작품으로 하여 연극이나 영화를 만들다.
소설을 원작으로 하여 영화를 만들 경우에 그 내용은 원작과 차이가 날 수밖에 없다.
to be based on a novel

소재(素材)가 참신(斬新)하다
어떤 것을 만드는 데 바탕이 되는 재료가 새롭고 신선하다.
이 책은 소재가 참신해서 새롭고 재미있다는 평가를 받고 있다.
material be original

실화(實話)를 바탕으로 하다
실제로 있는 이야기를 기본으로 하다.
이 드라마는 실화를 바탕으로 한 것이다.
to be based on a true story

연기력(演技力)이 뛰어나다
배우의 연기 기술이 남보다 대단히 훌륭하거나 앞서 있다.
연기력이 뛰어난 그 배우는 뮤지컬을 보는 이들의 마음을 사로잡았다.
to have outstanding acting skills

연출력(演出力)이 뛰어나다
연출하는 능력이 남보다 대단히 훌륭하거나 앞서 있다.
이 애니메이션은 감독의 연출력이 뛰어나다는 평가를 받고 있다.
to have outstanding directing skills

영상미(映像美)가 돋보이다
영상을 통하여 드러나는 아름다움이 뛰어나 두드러지게 보이다.
그 감독의 작품은 영상미가 돋보인다.
video aesthetics stand out

완성도(完成度)가 높다
어떤 일이나 예술 작품 등이 질적으로 완성된 정도가 높다.
이번 드라마는 작품의 완성도가 높을 뿐만 아니라 아이디어도 독특해서 시청률이 점점 상승하고 있다.
level of completion be high

울림을 주다
소리가 무엇에 부딪혀 다시 울리는 것처럼 예술 작품 등이 마음에 닿아 감동을 일으키다.
그 가수의 노래가 시청자들에게 깊은 울림을 주었다.
to resonate

위안(慰安)을 주다
위로하여 마음을 편하게 하다.
자연은 생활에 지친 우리의 마음에 커다란 위안을 준다.
to give comfort

추억(追憶)을 떠올리게 하다
지나간 일을 돌이켜 생각하게 하다.
오래된 사진들이 어릴 적 추억을 떠올리게 했다.
to bring back memories

읽기

읽어 보세요 1

귀신(鬼神)
명 사람이 죽은 뒤에 남는다는 영혼.
귀신 이야기에 아이들은 모두 벌벌 떨고 있었다.
ghost

뛰어넘다
동 어려운 일을 이겨 내다.
그 소설은 신분을 뛰어넘은 사랑 이야기로 큰 인기를 끌었다.
to overcome

보편화(普遍化)
명 널리 일반인에게 퍼짐.
이곳에서 자동차는 생활필수품이 될 정도로 보편화가 이루어졌다.
generalization

잇따르다
동 어떤 사건이나 행동 등이 이어서 발생하다.
날씨가 갑자기 추워지자 빙판길에서 미끄러지는 사고가 잇따랐다.
to follow

짜이다
동 틀이나 구성 등이 조화롭다.
지수의 논문은 주제도 흥미롭고 구성 또한 잘 짜여 있다.
to be woven

흥행(興行)
명 공연, 영화 등이 상업적으로 큰 수익을 거둠.
그 영화는 많은 관객들을 끌어모으며 흥행에 성공했다.
box office hit

읽어 보세요 2

골목길
명 큰길에서 들어가면 나오는, 집들 사이에 있는 좁은 길.
골목길이 너무 어두워서 집에 혼자 가기가 두렵다.
alley

나름
각자가 가지고 있는 자기만의 방식.
사람은 누구나 자기 나름의 세상을 살기 마련이다.
in one's own way

내딛다
동 앞쪽으로 발을 옮기다.
면접 때문에 너무 긴장했는지 다리가 떨려서 발을 내딛기도 어려웠다.
to step forward

다방(茶房)
명 사람들이 이야기를 나누거나 쉴 수 있도록 꾸며 놓고 차나 음료 등을 판매하는 곳.
친구와 기차역 앞에 있는 시골 다방에 가 봤다.
teahouse

ⓒ연합뉴스

다이얼 전화기(電話機)
번호를 돌리기 위한 숫자 회전 장치가 있는 전화기.
예전에 썼던 빈티지 다이얼 전화기를 장식용으로 찾는 사람들이 있다.
dial telephone

만원(滿員) 버스
정한 인원이 다 찬 버스.
사람들 틈을 뚫고 만원 버스에 겨우 올라탔다.
crowded bus

물질적(物質的) [물찔쩍]
관 명 물질과 관련된 (것).
도움이 필요한 사람들에게 물질적 후원을 하는 것도 좋지만 더 중요한 것은 그들에 대한 깊은 이해다.
material

보온(保溫) 도시락
주위의 온도에 관계없이 일정한 온도를 유지하게 해 주는 도시락.
겨울엔 보온 도시락을 싸 가면 추운 야외에서도 따뜻한 한 끼를 먹을 수 있다.
thermal lunch box

비록
부 아무리 그러하더라도.
지금은 비록 회사에 다니고 있지만 언젠가는 창업을 할 것이다.
although

사진첩(寫眞帖)
명 사진을 붙여 정리하고 보존하기 위한 책.
아버님은 사진첩에 있는 어머님 사진을 한참이나 바라보셨다.
photo album

어쩌면
부 확실하지 않지만 짐작하건대.
어쩌면 그가 말한 것이 모두 거짓말일지도 모른다.
maybe

좌절(挫折)하다
동 마음이나 기운이 꺾이다.
그는 수많은 실패에도 좌절하지 않고 다시 일어섰다.
to be discouraged

주택가(住宅街)
명 주택이 많이 모여 있는 곳.
그는 조용한 주택가의 이층집에 살고 있다.
residential area

풍족(豊足)하다
형 매우 넉넉하여 부족함이 없다.
집안 살림이 전보다는 나아졌지만 아직도 풍족하지는 못하다.
to be abundant

흘러나오다
동 말소리나 음악 소리 등이 밖으로 퍼져 나오다.
라디오에서 아름다운 음악이 흘러나오고 있다.
to come out

쓰기

시리즈
명 같은 종류의 드라마나 책 등이 이어져 나오는 것.
첫째 권이 독자들에게 인기를 얻으면서 그 책은 시리즈로 나오게 되었다.
series

줄거리
명 중심이 되는 내용.
나는 책을 대충 보고 줄거리를 파악했다.
summary

16 과학과 삶

16-1 과학의 힘

16-2 발견과 발명

16-1 과학의 힘

듣기 1 생체 모방에 대한 뉴스를 듣고 사례 파악하기

듣기 2 다큐멘터리를 듣고 과학 수사의 의의 파악하기

말하기 과학 기술 소개하기

16-2 발견과 발명

읽기 1 발명품에 대한 잡지 기사를 읽고 내용 파악하기

읽기 2 김치냉장고에 대한 설명문을 읽고 용도 및 기능 파악하기

쓰기 삶을 변화시킨 발명품에 대해 쓰기

과학의 힘

- 수명 연장
- 식량 생산 
- 편리한 생활 
- 질병 치료 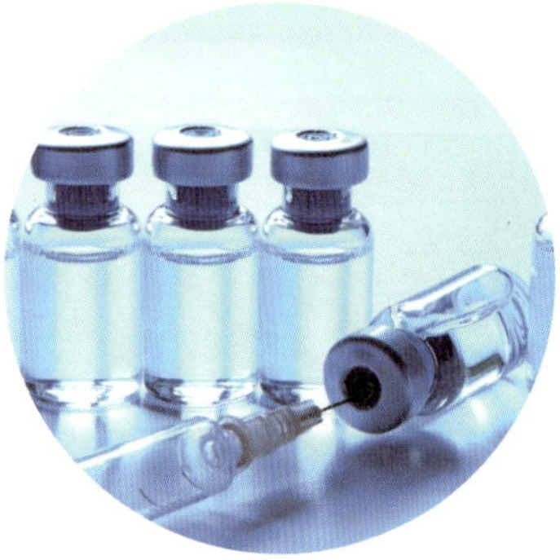
- 범죄 사건 해결 

1. 과학의 발달로 가능해진 일에는 무엇이 있습니까?

2. 미래에는 과학의 발달로 어떤 일들이 가능해질까요?

1 다음은 과학 기술을 나타내는 표현입니다. 알맞은 과학 기술을 써 보세요.

1)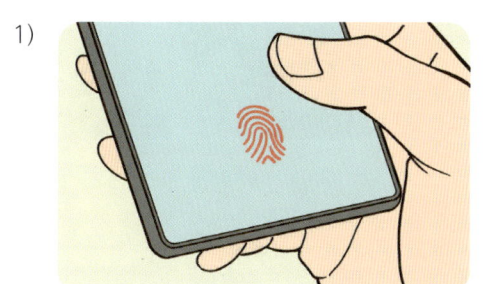

핸드폰에 손가락을 대면 지문이 확인되면서 핸드폰 화면이 켜져요.

생체 인식

2)

머리카락으로 친부모를 밝히거나 미래에 걸릴 질병을 예측할 수 있어요.

3)

사람들은 생물의 특성을 연구하여 여러 기기를 만들어 내곤 해요. 비행기도 처음에는 새의 날개를 보고 만들었대요.

4)

사건 현장에 남아 있는 증거나 흔적을 과학적으로 조사해서 사건을 해결해요.

유전자 검사   과학 수사   생체 모방   생체 인식

2 다음은 과학 수사와 관련된 표현입니다. 그림에 알맞은 표현을 쓰세요.

1)

사건이 일어난 장소에서 범인을 찾기 위해 필요한 근거를 모읍니다.

사건 현장을 조사하다

증거를 수집하다

2)

사건을 본 사람을 찾아 그 사람의 이야기를 듣습니다.

3)

목격자가 범인의 외모에 대해 이야기하면 그 정보로 범인의 얼굴을 그립니다.

4)

사건 현장에 남아 있던 지문으로 범인이 누구인지 알아냅니다.

5)

사람의 심장, 맥박 등 신체 반응을 분석하여 거짓말을 하고 있는지 알아냅니다.

6)

조사 결과를 통해 해결하지 못했던 사건의 범인을 잡습니다.

목격자를 찾다	증거를 수집하다	지문을 분석하다	범인을 밝혀내다
범인을 체포하다	몽타주를 그리다	생김새를 묘사하다	진위 여부를 밝히다
미제 사건을 해결하다	목격자의 진술을 듣다	사건 현장을 조사하다	거짓말 탐지기 조사를 하다

Listening 16-1 듣기

🎧 **들어 보세요 1**

준비

1 아래는 생체 모방 기술로 만들어 낸 물건들입니다. 어떤 생물을 모방하여 만들었습니까?

2 영화 '스파이더맨'에서 스파이더맨은 거미줄을 어떻게 사용합니까? 일상생활에서 이런 기술을 사용할 수 있을까요?

듣기 다음은 과학 기술에 대한 뉴스입니다. 잘 듣고 질문에 답해 보세요.

중심 내용 파악하기

1 어떤 기술에 대한 뉴스입니까?

세부 내용 파악하기

2 거미줄의 어떤 특성을 이용해 식물성 플라스틱을 만들어 냈습니까?

3 거미줄의 특성을 모방한 제품들을 써 보세요.

    1) 식물성 플라스틱
    2) _____
    3) _____
    4) _____

4 거미줄의 특성을 모방한 제품들은 어떤 공통점이 있습니까?

문법과 표현

명 **에 관하여**   ☞ 18쪽
다음은 타이어와 방탄복에 관한 소식인데요.

확장 활동하기

5 위와 같이 생체 모방 기술을 이용하여 만든 제품에는 또 어떤 것이 있는지 검색하여 이야기해 보세요.

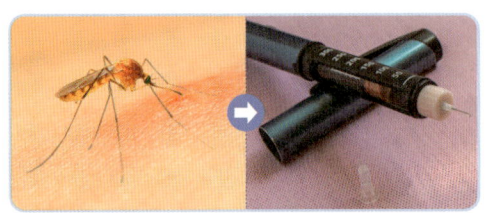

생체 모방 기술을 이용하여 만든 제품에는 '무통 주사기'가 있어요. 모기의 주둥이를 따라 만들었다고 하는데요. 모기가 피를 빨아 먹을 때 아무 고통도 느끼지 못하게 하는 점에서 영감을 얻어 모기 주둥이처럼 주사기 끝을 점점 가늘어지게 했대요.

들어 보세요 2

준비

1 과학 수사란 무엇을 의미합니까?

2 과학 수사 방법에는 어떤 것이 있습니까? 여러분 나라에서 자주 사용하는 과학 수사 방법은 무엇입니까?

- 지문 분석
- 유전자 검사
- 거짓말 탐지기
- ?

듣기 다음은 과학 수사를 소개하는 다큐멘터리의 일부입니다. 잘 듣고 질문에 답해 보세요.

중심 내용 파악하기

1 이 다큐멘터리에서는 무엇에 대해 소개하고 있습니까?

과학 수사대가 _____

세부 내용 파악하기

2 미해결 사건의 범인을 잡을 수 있었던 이유는 무엇입니까?

3 다큐멘터리에서 언급한 과학 수사 방법을 모두 쓰세요.

1) 지문 수집
2)
3)
4)
5)

4 범인의 유전자 정보를 통해 알 수 있는 것으로 언급된 것을 모두 고르세요.

☐ 범인의 지문 ☐ 범인의 눈동자 색
☐ 범인의 신체 반응 ☐ 범인의 머리카락 색

5 다큐멘터리를 보고 알 수 있는 것을 모두 고르세요.

☐ 유전자 정보를 얻으려면 많은 양의 DNA가 필요하다.
☐ 연령 변환 프로그램을 통해 범인의 최근 모습을 알 수 있다.
☐ 국립과학수사연구원에서 가장 많이 하는 일은 지문을 분석하는 일이다.
☐ 사건 현장에서 범인의 물건을 발견하면 국립과학수사연구원으로 보낸다.

이야기해 보세요

1 여러분 나라에서 과학 기술의 발달로 오랫동안 풀지 못한 문제를 해결한 일이 있습니까? 어떤 과학 기술이 사용되었습니까?

> 우리 나라에서도 DNA 분석을 통해 30년간 해결되지 못한 사건의 범인을 잡은 적이 있어요. 경찰이 사건 현장에서 수집했던 DNA 샘플을 간직하고 있었는데 DNA 분석 기술이 발전하면서 결국 범인이 누구인지 알아냈어요.

2 과학 기술의 발전에 대해 여러분은 어떤 생각을 가지고 있습니까? 왜 그렇게 생각합니까?

- 과학 기술이 발전함으로써 생활이 더욱 편리해졌다
- 과학 기술이 일상생활에 도움을 주는 만큼 위험성도 받아들여야 한다
- 과학 기술을 활용하는 것은 위험성이 높기 때문에 주의가 필요하다

문법과 표현

동-는 법이다, 형-은 법이다 ☞ 18쪽
시간이 걸려도 언젠가는 진실이 반드시 드러나는 법입니다.

말하기

유용한 과학 기술을 소개하고 그 기술의 혜택을 사례를 들어 말해 보세요.

준비해 보세요

1 유전자 검사로 인해 우리 삶이 어떻게 변화되었습니까?

- 미제 사건을 해결함
- 잃어버린 아이를 찾음
- ?

2 생체 모방으로 어떤 일이 가능하게 되었습니까?

- 식물성 플라스틱을 개발함
- 무통 주사기를 발명함
- ?

표현을 연습해 보세요

1 다음은 우리 삶에 혜택을 준 과학 기술을 소개할 때 사용하는 표현입니다. 다음 표현을 사용하여 유전자 검사와 생체 모방에 대해 이야기해 보세요.

> **과학 기술 소개하기**
> ▶ 우리 삶에 혜택을 준 과학 기술을 소개합니다.
>
> • …는 과학 기술로 …을 들 수 있습니다
> • …은 …는 과학 기술입니다

1) 우리 삶에 큰 혜택을 **준 과학** 기술로 유전자 **검사를 들 수 있습니다**. 유전자 **검사는** 사람의 유전자를 통해 그 주인을 알아낼 수 **있는 과학** 기술입니다.

1) 유전자 검사
- 유전자 검사를 들 수 있음.
- 유전자 검사를 통해 유전자 주인을 알아낼 수 있게 됨.

2) 생체 모방
- 생체 모방을 들 수 있음.
- 생물의 특성을 모방하여 인류에게 도움이 되는 여러 물건을 개발함.

2 다음은 우리 삶에 혜택을 준 과학 기술의 대표 사례를 제시할 때 사용하는 표현입니다. 다음 표현을 사용하여 유전자 검사와 생체 모방에 대해 이야기해 보세요.

대표 사례 제시하기

▶ 소개하는 과학 기술이 우리 삶에 혜택을 준 대표적인 사례를 제시합니다.

- …는 대표적인 사례로 …을 들 수 있습니다
- …은 일이 있었습니다
- …이 대표적인 예입니다

1) 유전자 검사 기술의 혜택을 보여 **주는 대표적인 사례로** 미제 사건 **해결을 들 수 있습니다.** 유전자 검사 기술이 발달하게 되면서 30년 동안 잡지 못했던 범인을 유전자 검사를 통해 **밝혀낸 일이 있었습니다.**

1) 유전자 검사
- 미제 사건 해결
- 30년 동안 잡지 못했던 범인을 밝혀냄.

2) 생체 모방
- 친환경 제품 개발
- 영국의 연구진이 거미줄의 구조를 모방하여 쉽게 분해되는 식물성 플라스틱을 개발함.

3 다음은 우리 삶에 혜택을 준 과학 기술의 의의를 밝힐 때 사용하는 표현입니다. 다음 표현을 사용하여 유전자 검사와 생체 모방에 대해 이야기해 보세요.

의의 밝히기

▶ 소개하는 과학 기술의 가치나 의의를 밝히며 마무리합니다.

- …은 …을 가능하게 해 주었습니다
- …는 데 큰 역할을 하고 있습니다
- …을 통해 …을 수 있게 되었습니다

1) 이와 같이 유전자 검사 **기술은** 불가능하다고 생각했던 **일을 가능하게 해 주었습니다.**

1) 유전자 검사
- 불가능하다고 생각했던 일을 가능하게 해 줌.

2) 생체 모방
- 환경을 보호하는 데 큰 역할을 함.

말하기

- 이야기해 보세요

1 우리 삶에 혜택을 준 유용한 과학 기술을 선택하고 그 실제 사례를 검색하여 소개해 보세요.

유전자 검사: 어떤 병에 걸릴지 미리 알 수 있어요.

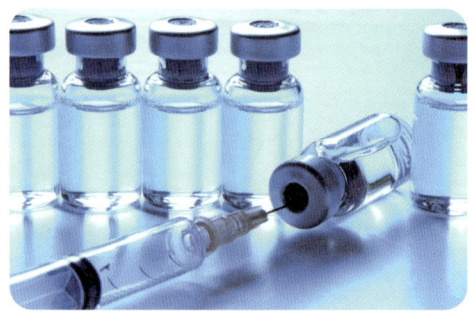

생명 기술: 난치병 치료 약을 개발해요.

생체 인식: 지문으로 문을 열 수 있어요.

전기 자동차 기술: 기름을 쓰지 않고 전기를 충전해서 차를 사용할 수 있어요.

2 보기와 같이 이야기할 내용을 메모해 보세요.

보기		
	과학 기술 소개하기 →	유전자 검사 기술
	대표 사례 제시하기 →	• 유전자 검사 기술이 발전함에 따라 미제 사건의 범인을 밝혀낼 수 있게 됨.
	의의 밝히기 →	• 유전자 검사 기술은 불가능했던 많은 일을 가능하게 해 주는 도구임.

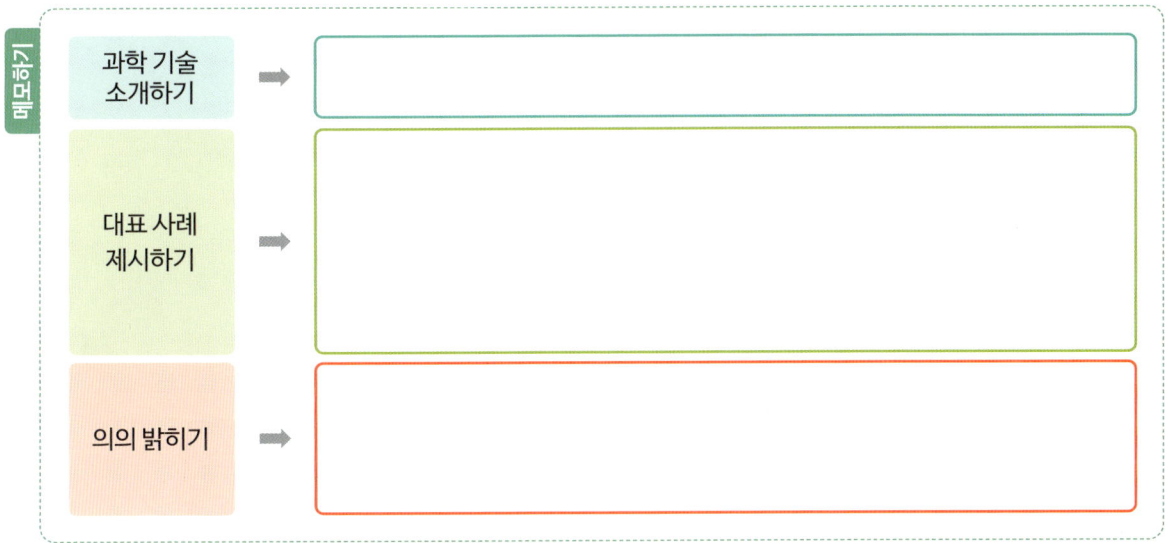

3 메모한 내용을 바탕으로 친구들에게 이야기해 보세요.

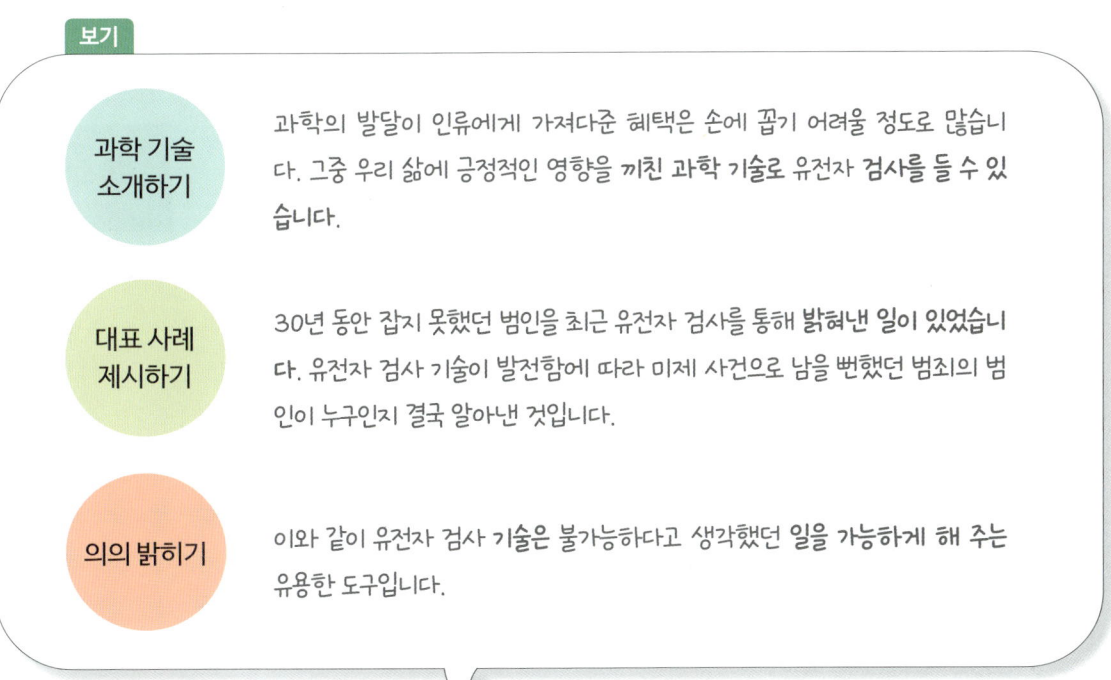

16-2 발견과 발명

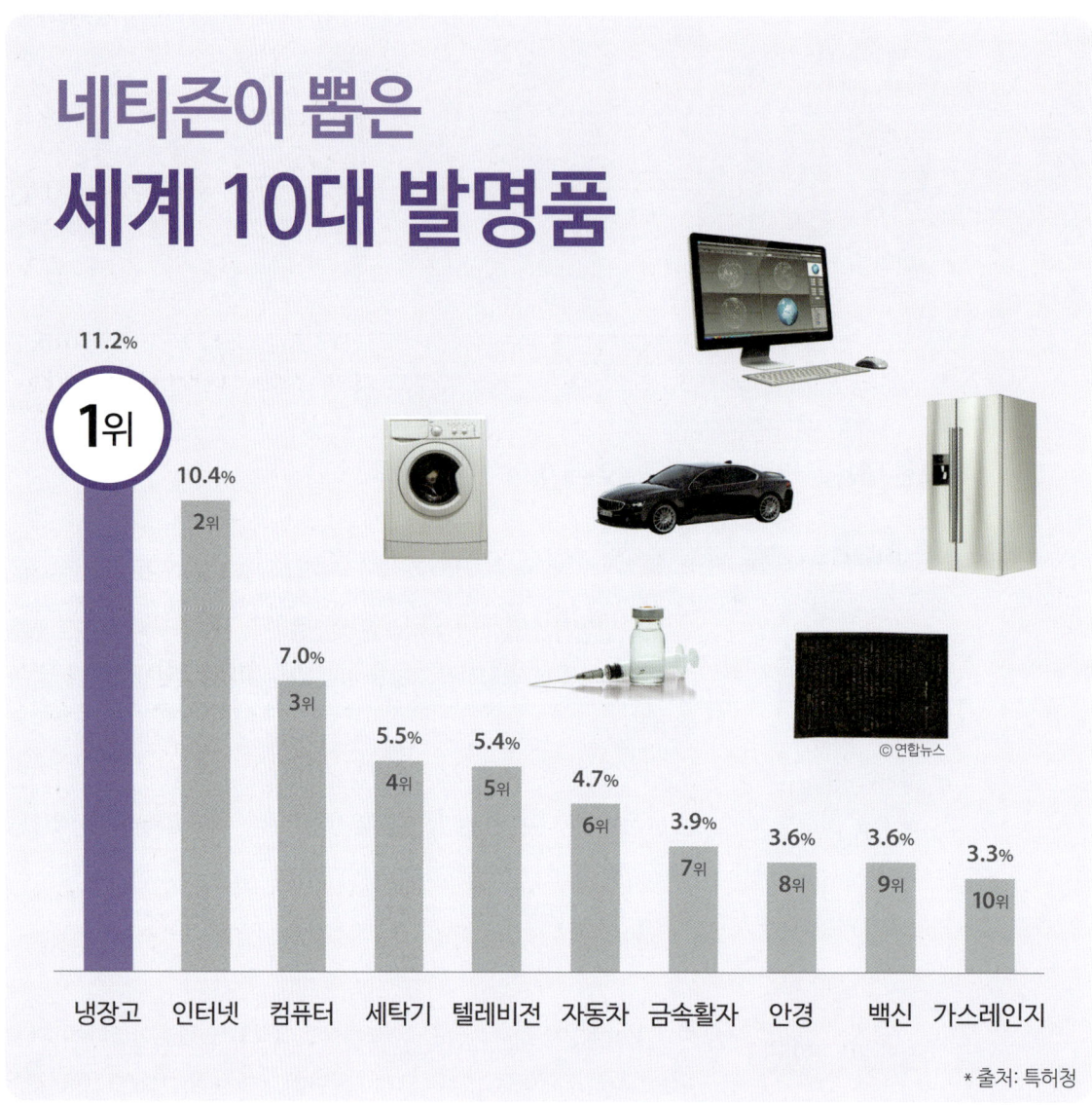

1. 위 발명품이 10대 발명품으로 뽑힌 이유는 무엇이라고 생각합니까?

2. 여러분이 생각하는 10대 발명품도 위와 같습니까? 다르다면 어떻게 다릅니까?

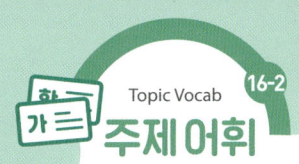

Topic Vocab 16-2 주제 어휘

1 다음은 발명과 관련된 표현입니다. 알맞은 것을 연결해 보세요.

1) 지금까지 개발된 많은 발명품은 **전 세계인의 삶이 발전하는 데 큰 도움을 주었습니다**. • • 불편을 해소하다

2) 페니실린과 같은 약의 발명은 **죽어 가는 많은 사람들을 살렸고** • • 시행착오를 겪다

3) 전구는 사람들의 **삶을 그 전과 완전히 다르게 바꿔 주었습니다**. • • 삶을 획기적으로 바꾸다

4) 밤이 되면 일을 하지 못했던 **불편함이 완전히 사라지게 된 것입니다**. • • 생명을 구하다

5) 이러한 발명품들은 보통 **수많은 실패 끝에** 세상에 나왔습니다. • • 인류 발전에 기여하다

6) 포기하지 않고 **깊이 연구한** 사람들이 있었기에 가능했던 일입니다. • • 탐구하다

7) 현대에도 많은 전자 제품들이 연구를 통해 **성능이 더 향상된** 모습으로 나오곤 합니다. • • 차별화되다

8) 해마다 기존 제품과 **차이점이 있어 구별되는** 기능을 가진 제품들이 출시되고 있는 것입니다. • • 진화하다

2 다음 제품은 어떤 기능이 있습니까? 이야기해 보세요.

스마트폰으로 **영상이나 음악을 재생할** 수 있어요. 또 스마트폰을 텔레비전**과 연결해서** 영화를 볼 수도 있고….

스마트폰

에어컨

식기세척기

음성을 인식하다   시간을 설정하다   공기를 정화하다   자동으로 작동되다   원격으로 조종하다
다른 기기와 연결하다   온도/습도를 조절하다   영상/음악을 재생하다   건조/살균/제습 기능을 갖추다

읽기

읽어 보세요 1

준비

1. 여러분이 알고 있는 발명가가 있습니까? 그 발명가는 무엇을 발명했습니까?

2. 아래의 발명품은 누가 발명했습니까? 이 발명품은 어디에 쓰입니까?

엑스선   페니실린

읽기 다음은 발명품에 대한 과학 잡지 기사입니다. 글을 읽고 질문에 답해 보세요.

우연이 낳은 발명품

가 인간이 다른 동물과 구별되는 점 가운데 하나를 꼽자면 도구를 만들어 사용할 줄 안다는 사실이 아닐까? 인간은 생활의 불편을 해소하기 위해 무언가를 만들어 내며 문명의 발달을 이루어 왔다.

나 그런데 우리의 생활을 편리하게 해 주는 획기적인 발명품 중에는 우연한 발견을 통해 탄생한 것이 적지 않다. 영국 런던의 한 과학 박물관이 실시한 우리 생활에 가장 큰 영향을 끼친 발명품을 묻는 설문 조사에서 각각 1위와 2위를 차지한 엑스(X)선 기기와 페니실린도 사실은 우연이 낳은 결과였다.

다 엑스선은 독일의 과학자 뢴트겐이 실험을 하다가 우연히 발견한 광선이었다. 알 수 없는 광선이 실험실에 있던 검은 종이를 뚫고 지나가는 것을 본 뢴트겐은 그 빛으로 아내의 손을 찍었는데 그것이 최초의 엑스선 사진이었다. 이 우연한 발견은 인간의 삶을 획기적으로 바꿨다. 엑스선은 오늘날 인체 내부의 질병을 알아보는 데 쓰이기도 하고 공항에서 위험한 물건을 찾는 데 이용되기도 한다.

라 수많은 사람의 생명을 구한 항생제 페니실린도 우연이 낳은 발명품이다. 영국의 과학자 플레밍은 세균 실험 중 우연히 푸른곰팡이 주변의 세균이 죽어 있는 것을 발견했다. 그는 푸른곰팡이에 균을 죽이는 물질이 있음을 확신하고 그 물질을 페니실린이라 이름 붙인 후 치료제 개발을 시작했다. 반복된 실패에도 치료제 개발을 포기하지 않았던 플레밍은 연구를 계속하여 페니실린을 치료제로 사용할 수 있게 했다.

마 이와 같이 인류의 발전에 크게 기여한 발명 중에는 우연한 발견이 존재한다. 이러한 우연한 발견은 보통 사람이라면 별것 **아니겠거니 하고** 관심을 두지 않았을 현상을 그냥 지나치지 않고 탐구했기에 가능했던 일이다.

중심 내용 파악하기

1   이 글의 중심 생각은 무엇입니까?

① 획기적인 발명품은 우연히 발견되어야 한다.
② 인간은 도구를 만들어 사용하므로 다른 동물과 구별된다.
③ 작은 일도 그냥 지나치지 않고 탐구하는 자세가 중요하다.
④ 엑스선과 페니실린은 우연히 발견되었기에 큰 의미를 갖는다.

개요 파악하기

2   가 ~ 마 의 중심 내용을 연결하세요.

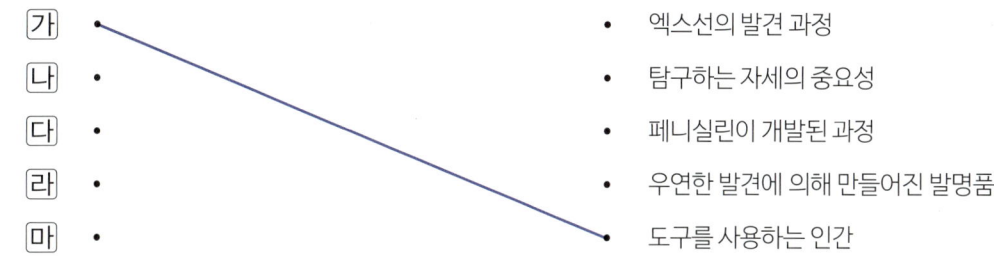

가 •   • 엑스선의 발견 과정
나 •   • 탐구하는 자세의 중요성
다 •   • 페니실린이 개발된 과정
라 •   • 우연한 발견에 의해 만들어진 발명품
마 •   • 도구를 사용하는 인간

세부 내용 파악하기

3   엑스선은 어떻게 발견하게 되었으며 오늘날 어떤 용도로 쓰입니까?

4   페니실린은 어떤 과정을 거쳐 발명되었습니까?

확장 활동하기

5   위와 같이 우연한 발견으로 발명된 제품에 어떤 것이 있는지 검색하고 이야기해 보세요.

포스트잇　　　　　　지우개　　　　　　청진기

문법과 표현

동 형 -겠거니 하다, 명 이겠거니 하다   ☞ 19쪽

이러한 우연한 발견은 보통 사람이라면 별것 아니겠거니 하고 관심을 두지 않았을 현상을 그냥 지나치지 않고 탐구했기에 가능했던 일이다.

읽어 보세요 2

준비

1. 한국 사람들이 많이 쓰는 가전제품은 무엇일 것 같습니까? 왜 그렇게 생각합니까?

- 전기밥솥
- 무선 청소기
- 정수기
- 공기청정기
- ?

2. 여러분은 김치냉장고에 대해 들어 본 적이 있습니까? 김치냉장고는 일반 냉장고와 어떤 점이 다를 것 같습니까?

읽기 다음은 김치냉장고에 대해 설명하는 글입니다. 글을 읽고 질문에 답해 보세요.

한국의 인기 가전, 김치냉장고

가 서구화로 인한 식생활의 변화에도 한국 사람들에게 김치는 여전히 없어서는 안 될 중요한 음식이다. 물론 바쁜 현대 사회에서 김치를 담그는 것은 번거로운 일이기 때문에 김치를 직접 담그는 가정은 크게 줄었다. 그러나 김치를 대량으로 생산하는 공장이 등장하고 김치를 사서 먹는 사람들이 늘면서 김치는 지금까지도 한국인의 밥상을 지키고 있다.

나 한국 사람들의 김치 사랑이 계속되면서 새로 등장한 가전제품이 있다. 바로 김치냉장고이다. 옛날에는 겨울이 되기 전 김장을 하면 새로 담근 김치를 독에 담아 땅에 묻었다. 그러나 마당이 없는 공동 주택이 늘어나면서 사람들은 더 이상 김치를 땅에 묻어 보관할 수 없게 되었다. 어쩔 수 없이 사람들은 김치도 다른 식재료와 함께 냉장고에 보관하기 시작했는데 땅에 묻었을 때에는 다 먹을 때까지도 맛이 크게 변하지 않던 김치가 냉장고에서는 금방 시어져 버렸다. 그래서 김치를 땅에 묻었던 옛날, 김치가 시어지지 않았던 이유를 연구해 개발한 것이 바로 김치냉장고이다.

다 김치냉장고는 일정 온도 이하로 음식을 신선하게 보관한다는 점에서 일반 냉장고와 다르지 않다. 그러나 잘 익은 김치의 맛을 오랫동안 유지해 준다는 점에서 일반 냉장고와 구별된다. 일반 냉장고는 냉장실 내부의 온도가 0~6℃이고 문을 여닫을 때마다 온도가 변하는 데 비해 김치냉장고는 땅속처럼 0~-1℃ 사이로 온도가 유지된다. 김치가 맛있게 잘 익었다고 느낄 때는 김치 속 유산균의 수가 너무 적지도 또 너무 많지도 않은 때인데, 연구에 따르면 영하 1℃에서 유산균은 그 수가 더 이상 늘지 않는다고 한다. 김치냉장고는 발전된 기술력으로 냉장고 안의 온도 변화를 최소화하고 영하 1℃ 정도의 온도를 유지함으로써 잘 익은 김치의 맛을 오래 보존할 수 있게 한 것이다.

라 잘 익은 김치를 오랫동안 먹을 수 있게 해 준 김치냉장고는 한국 사람들에게 이제 필수 가전이 되었다. 더욱이 김치냉장고는 진화를 계속하여 칸마다 온도를 달리 설정할 수 있으며 냉동 기능까지 갖추게 되었다. 꼭 김치가 아니더라도 과일, 쌀, 와인, 냉동식품 등 다양한 식재료를 알맞은 온도로 보관할 수 있는, **쓰기 나름의** 다용도 냉장고가 된 것이다. 이로써 김치냉장고는 각 가정에 없어서는 안 될 인기 가전제품이 되었다.

개요 파악하기

1 가~라의 중심 내용을 연결하세요.

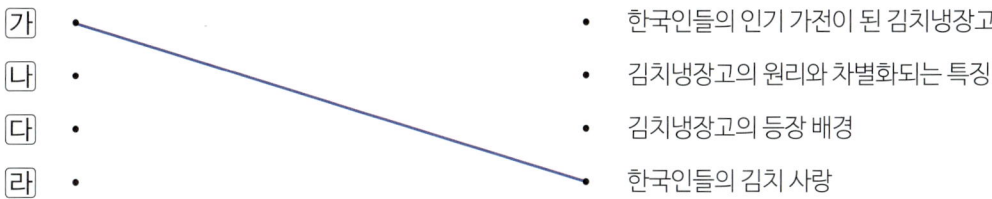

세부 내용 파악하기

2 김치를 보관하는 방법은 어떻게 변화했습니까?

3 일반 냉장고와 김치냉장고의 유사한 점과 구별되는 점에 대해 정리해 보세요.

	일반 냉장고	김치냉장고
유사한 점	일정 온도 이하로 음식을 신선하게 보관	
구별되는 점	• •	• •

4 김치냉장고가 한국 사람들에게 필수 가전이 된 이유는 무엇입니까?

이야기해 보세요

1 여러분 나라에서 사람들이 필수품으로 생각하는 가전제품이나 발명품이 있습니까? 그것은 어디에 쓰는 것입니까?

2 여러분이 발명하고 싶은 물건이나 이색 발명품에 대해 이야기해 보세요.

문법과 표현

동-기 나름이다, 명 나름이다 ☞ 19쪽
꼭 김치가 아니더라도 과일, 냉동식품 등 다양한 식재료를 알맞은 온도로 보관할 수 있는, 쓰기 나름의 다용도 냉장고가 된 것이다.

쓰기

📋 우리 삶을 변화시킨 발명품을 설명하는 글을 써 보세요.

준비해 보세요

1 여러분은 스마트폰 없이 생활할 수 있습니까? 왜 그렇게 생각합니까?

2 스마트폰으로 무슨 일을 합니까? 스마트폰에는 어떤 기능이 있습니까?

표현을 연습해 보세요

1 다음은 발명품으로 인한 삶의 변화를 기술할 때 사용하는 표현입니다. 다음 표현을 사용하여 김치냉장고와 스마트폰에 대해 이야기해 보세요.

> **삶의 변화 기술하기**
> ▶ 발명품이 등장한 이후 달라진 삶의 모습에 대해 기술합니다.
>
> • … 덕분에 …을 수 있게 되다
> • 더 이상 …지 않게 되다

1) **김치냉장고 덕분에** 김치를 땅에 묻기 어려운 도시에서도 사람들은 잘 익은 김치를 오랫동안 **먹을 수 있게** 되었다.

1) 김치냉장고
   • 잘 익은 김치를 오랫동안 먹을 수 있게 됨.

2) 스마트폰
   •

2 다음은 발명품이 기존 제품과 차별화되는 특징을 설명할 때 사용하는 표현입니다. 다음 표현을 사용하여 김치냉장고와 스마트폰에 대해 이야기해 보세요.

차별화되는 특징 설명하기
> 기존 제품과 다른 새 발명품만의 특징을 설명합니다.

- …다는 점에서 …와 구별되다
- …다는 점에서 차별화되다

1) 일반 냉장고는 냉장실 내부의 온도 변화가 심한데 비해 김치냉장고는 0~-1℃ 사이로 온도가 **유지된다는 점에서** 일반 **냉장고와 구별된다**.

1) 김치냉장고
   - 일반 냉장고는 냉장실 내부의 온도 변화가 심한데 김치냉장고는 0~-1℃ 사이로 온도가 유지됨.

2) 스마트폰
   -

3 다음은 발명품의 기능 및 용도를 설명할 때 사용하는 표현입니다. 다음 표현을 사용하여 김치냉장고와 스마트폰에 대해 이야기해 보세요.

기능 및 용도 설명하기
> 발명품의 기능이나 용도를 설명합니다.

- … 게 해 주다
- …는 기능이 있다
- …는 데에 사용하다

1) 김치냉장고는 새로 담근 김치를 잘 **익게 해 주고** 잘 익은 김치의 맛을 오랫동안 **유지하게 해 준다**. 칸마다 온도 설정을 자유롭게 할 수 **있는 기능이 있어** 와인, 과일, 쌀도 신선하게 보관할 수 있다.

1) 김치냉장고
   - 김치를 잘 익게 해 주고 잘 익은 김치의 맛을 오랫동안 유지하게 해 줌.
   - 칸마다 온도 설정을 할 수 있음.

2) 스마트폰
   -
   -

써 보세요

1 여러분이 생각하기에 생활에 가장 유용한 발명품은 무엇입니까? 왜 그렇게 생각합니까?

> 우리 나라는 공기가 안 좋은 편이라 집마다 공기 청정기가 있어요. 미세 먼지가 많은 날 공기 청정기를 틀면 숨쉬기가 훨씬 편해져요.

> 로봇 청소기는 청소 시간을 설정해 놓으면 자동으로 작동해요. 제가 저녁에 집에 들어오면 이미 청소가 되어 있으니까 정말 편해요.

공기 청정기

로봇 청소기

2 보기와 같이 개요를 써 보세요.

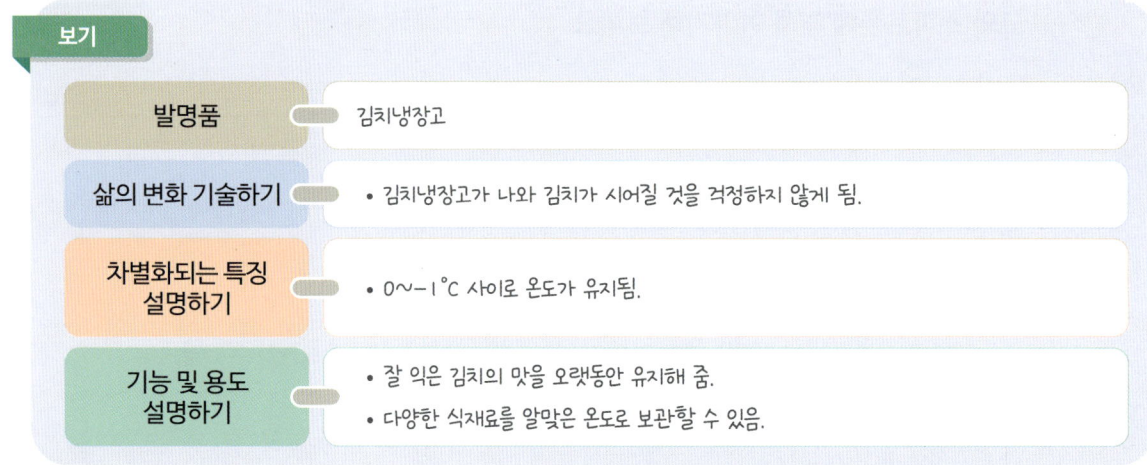

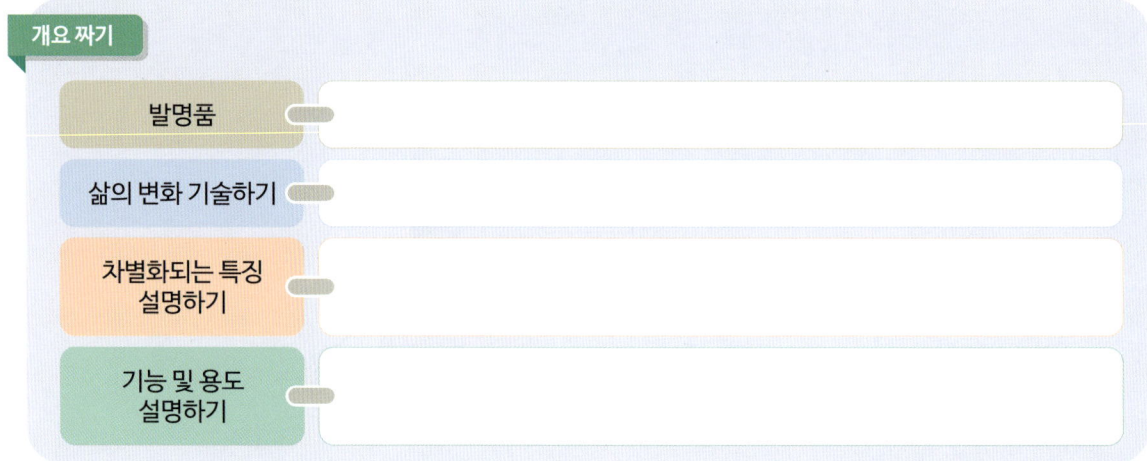

3 개요를 바탕으로 보기와 같이 글을 써 보세요.

보기

제목	한국의 인기 가전, 김치냉장고	
처음	서구화로 인한 식생활의 변화에도 한국 사람들에게 김치는 여전히 없어서는 안 될 중요한 음식이다. 한국 사람들의 김치 사랑이 계속되면서 등장한 가전제품이 있다. 바로 김치냉장고이다.	
중간	옛날에는 겨울이 오기 전 김장을 하면 새로 담근 김치를 독에 담아 땅에 묻었다. 그러나 마당이 없는 공동 주택이 늘어나면서 사람들은 더 이상 김치를 땅에 묻어 보관할 수 없게 되었다. 어쩔 수 없이 사람들은 김치도 다른 식재료와 함께 냉장고에 보관하기 시작했는데 땅에 묻었을 때에는 다 먹을 때까지도 맛이 크게 변하지 않던 김치가 냉장고에서는 금방 시어져 버렸다. 그러나 김치냉장고가 나오면서 사람들은 더 이상 김치가 시어질 것을 걱정하지 않게 되었다.	삶의 변화 기술하기
	김치냉장고는 일정 온도 이하로 음식을 신선하게 보관한다는 점에서 일반 냉장고와 다르지 않다. 그러나 잘 익은 김치의 맛을 오랫동안 유지해 준다는 점에서 일반 냉장고와 구별된다. 일반 냉장고는 냉장실 내부의 온도가 0~6°C이고 문을 여닫을 때마다 온도가 변하는 데 비해 김치냉장고는 땅속처럼 0~-1°C 사이로 온도가 유지된다. 이렇게 냉장고 안의 온도 변화를 최소화하고 영하 1°C의 온도를 유지함으로써 잘 익은 김치의 맛을 오래 보존할 수 있다.	차별화되는 특징 설명하기
	김치냉장고는 진화를 계속하여 칸마다 온도를 달리 설정할 수 있으며 냉동 기능까지 갖추게 되었다. 꼭 김치가 아니더라도 과일, 쌀, 와인, 냉동식품 등 다양한 식재료를 알맞은 온도로 보관하는 데 사용할 수 있게 된 것이다. 더욱이 김치냉장고는 쓰기 나름이어서 보관 온도를 달리해야 하는 식재료를 많이 소비하는 가정에서는 용도를 바꾸어 사용할 수 있다.	기능 및 용도 설명하기
끝	이제 김치냉장고는 한국 사람들에게 필수품이 되었다. 사람들의 요구에 맞춰 기존 제품과 차별화하고 기능도 지속적으로 발전시켜 각 가정에 없어서는 안 될 인기 가전이 된 것이다.	

16-1. 과학의 힘

주제 어휘

거짓말 탐지기(探知機) 조사(調査)를 하다
거짓말인지 아닌지를 알아내는 기계를 이용해 살펴보다.
경찰에서 거짓말 탐지기 조사를 한 결과 범인의 거짓말이 드러나며 사건 해결에 속도가 붙고 있다.
to do a lie detector test

과학 수사(科學搜査)
범죄 수사에 물리학·화학·공학·의학·생물학뿐만 아니라 심리학·사회학 등의 지식이나 기술을 응용하는 합리적 수사 방법.
검찰은 국립과학수사연구원에 협조를 요청했다.
scientific investigation

목격자(目擊者)를 찾다
어떤 일을 눈으로 직접 본 사람을 찾다.
어젯밤에 일어난 교통사고 현장의 목격자를 찾고 있다.
to look for an eyewitness

목격자(目擊者)의 진술(陳述)을 듣다
어떤 일을 눈으로 직접 본 사람이 일이나 상황에 대해 자세히 이야기하는 것을 듣다.
경찰은 사건을 해결하기 위해서 목격자의 진술을 들은 것을 바탕으로 주변 CCTV를 분석하고 있다.
to listen to eyewitness testimony

몽타주를 그리다
여러 사람의 사진에서 얼굴의 각 부분을 가져와 합쳐 만들어 어떤 사람의 형상을 이루게 한 사진을 만들다.
범인의 몽타주를 그려 사람들에게 공개했다.
to draw a montage

미제(未濟) 사건(事件)을 해결(解決)하다 [사껀]
아직 끝나지 않은 사건을 해결하다.
범인이 남긴 흔적을 분석하는 기술이 발달하면서 미제 사건을 해결할 수 있게 됐다.
to solve an unsolved case

범인(犯人)을 밝혀내다
법을 어기고 죄를 지은 사람을 판단하여 드러내다.
당시 검찰은 사건과 관계된 모든 사람을 조사하는 등 최선을 다했지만 범인을 밝혀내지 못했다.
to reveal the criminal

범인(犯人)을 체포(逮捕)하다
법을 어기고 죄를 지은 사람을 잡다.
어젯밤 편의점에서 돈과 물건을 훔쳐 도망간 범인을 체포했다.
to arrest the criminal

사건(事件) 현장(現場)을 조사(調査)하다 [사껀]
사건이 생긴 곳을 자세히 살펴보다.
사건 현장을 조사한 결과 피해의 규모가 생각했던 것보다는 작았다.
to investigate the scene of the incident

생김새를 묘사(描寫)하다
생긴 모양을 언어로 서술하거나 그림을 그려서 표현하다.
5살 조카가 산에서 처음 본 동물의 생김새를 묘사하는 모습이 귀엽다.
to describe the appearance

생체(生體) 모방(模倣)
생물의 특성을 연구하고 유용한 기능을 따라서 만듦.
물고기 모양의 자동차나 벌집 모양의 KTX 등 생체 모방 기술이 교통 분야에 활발하게 적용되고 있다.
biomimicry

생체(生體) 인식(認識)
지문, 얼굴, 목소리 등과 같이 사람마다 다른 개인의 독특한 신체 정보를 이용한 보안 인증 방식.
생체 인식 기술은 금융, 보안, 의료, 출입 관리 등 다양한 분야에서 사용되고 있다.
biometric recognition

유전자(遺傳子) 검사(檢査)
유전자를 조사하는 일.
의사는 병을 치료하기 위해서 가장 먼저 유전자 검사를 해 보자고 말했다.
DNA testing

증거(證據)를 수집(收集)하다
어떤 사실을 증명할 수 있는 근거를 찾아 모으다.
관련 증거를 수집하고 있지만 지금까지의 증거들만으로 그 사람이 범인이라고 판단하기는 어렵다.
to collect evidence

지문(指紋)을 분석(分析)하다
손가락 끝마디 안쪽에 있는 피부의 무늬나 그것이 남긴 흔적을 분석하다.
손가락 끝에 있는 지문을 분석하는 기술은 범인을 찾기 위한 방법으로 오랫동안 사용되어 왔다.
to analyze fingerprints

진위(眞僞) 여부(與否)를 밝히다
진실인지 거짓인지를 판단하여 드러내 알리다.
SNS를 통해 접하는 뉴스의 진위 여부를 밝히는 것은 쉬운 일이 아니다.
to determine authenticity

듣기

들어 보세요 1

거미줄
명 거미가 뽑아낸 줄. 또는 그 줄로 된 그물.
몇 년 동안 비어 있던 집 안 곳곳에 거미줄이 쳐져 있었다.
cobweb

꼼짝 못 하다
조금도 움직이지 않다.
눈이 쌓인 도로에서 꼼짝도 못 하고 있다.
to not budge

끈끈하다
형 끈기가 많아 자꾸 들러붙는 느낌이 있다.
거미줄은 끈끈해서 거미가 먹이를 잡을 수 있다.
to be sticky

달라붙다
동 끈기 있게 찰싹 붙다.
길을 걷다가 보니 신발에 껌이 달라붙어 있었다.
to stick to

무통(無痛)
명 아프지 않거나 아픔이 없음.
치료 전에 무통 주사를 맞아서 통증 없이 치료받을 수 있었다.
painless

방탄복(防彈服)
명 날아오는 총알을 막기 위하여 입는 옷.
방탄복을 입고 있어 다행히 살아서 돌아올 수 있었다.
bulletproof jacket

배열(配列/排列)되다
동 일정한 차례나 간격에 따라 놓이다.
마트에 상품이 잘 배열되어 있다.
to be arranged

분해(分解)되다
동 여러 부분으로 따로따로 나뉘다.
과학자들에 의하면 콜라 캔 하나가 분해되는 데에는 최소 500년이 걸린다고 한다.
to be decomposed

빨아 먹다
어떤 것을 빨아들여서 먹다.
차가운 커피에 빨대를 꽂아서 빨아 먹었다.
to suck

수거(收去)하다
동 거두어 가다.
재활용품은 일반 쓰레기와 분리하여 수거한다.
to collect

실크
명 누에고치에서 뽑은 가늘고 고운 실. 또는 그 실로 만든 천.
실크 제품은 손으로만 만들 수 있는 초고가 제품이다.
silk

쏘다
동 활이나 총, 대포 등을 일정한 목표를 향하여 발사하다.
경찰과 도망자는 서로에게 총을 쏘았다.
to shoot

악당(惡黨)
명 남에게 피해를 주는 나쁜 행동을 계속하는 사람.
영화 속 주인공은 악당과 싸우다가 결국 죽게 된다.
villain

인공위성(人工衛星)
명 지구 등의 행성 둘레를 돌도록 로켓을 이용하여 쏘아 올린 인공의 장치.
인공위성에서 촬영된 장면이 전 세계에 보내졌다.
satellite

주둥이
명 일부 동물이나 물고기 등의 머리에서, 뾰족하게 나온 코나 입 주위의 부분.
오리의 주둥이는 길고 납작하게 생겼다.
beak/muzzle

주사기(注射器)
명 약으로 쓰는 액체를 사람이나 동물의 몸에 넣는 데 사용하는 기구.
간호사가 주사기로 엉덩이를 푹 찔렀다.
syringe

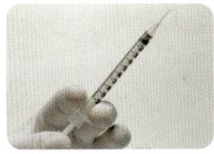

촘촘하다
형 틈이나 간격이 매우 좁거나 작다.
밤하늘에 별이 촘촘하게 떠 있다.
to be tightly packed

학술지(學術誌)
명 학술·예술 분야에 관한 전문적인 글을 싣는 잡지.
그의 새 논문이 권위 있는 학술지에 실렸다.
academic journal

들어 보세요 2

눈동자(눈瞳子) [눈똥자]
명 눈알의 한가운데에 있는, 빛이 들어가는 부분.
아이는 맑고 까만 눈동자로 나를 바라보더니 미소를 지었다.
pupil

눈치채다
동 여러 가지 상황을 통해 어떤 일의 분위기나 남의 마음 등을 알아내다.
그는 선생님께 혼날 것을 눈치채고 도망가 버렸다.
to notice

도망(逃亡)치다
동 피하거나 쫓겨 달아나다.
회사의 돈을 자기 돈처럼 사용하다가 걸린 회장은 외국으로 도망치려다가 경찰에게 잡혔다.
to flee

디엔에이
명 유전자의 본체.
과학 기술의 발달로 적은 양의 디엔에이에서도 유전자 정보를 얻을 수 있게 되었다.
DNA

맥박(脈搏)
명 심장에서 피를 신체 각 부분으로 보내는 혈관의 규칙적인 움직임.
정신없이 뛰어왔더니 맥박이 빨리 뛰기 시작했다.
pulse

변환(變換)
명 달라져서 바뀜. 또는 다르게 하여 바꿈.
이 홈페이지에서는 음성 변환 프로그램을 활용해서 각종 콘텐츠를 음성으로 들려준다.
conversion

말하기

난치병(難治病) [난치뼝]
명 고치기 어려운 병.
그는 난치병에 걸렸지만 끝까지 희망을 잃지 않고 있다.
incurable disease

의의(意義)
명 어떤 사실이나 행동 등이 갖는 중요성이나 가치.
이번 탐사는 세계 최초라는 점에서 그 의의가 크다.
meaning

16-2. 발견과 발명

주제 어휘

건조(乾燥) 기능(機能)을 갖추다
물기나 습기를 말려서 없애는 기능을 가지고 있다.
새로 산 세탁기는 건조 기능을 갖추고 있어 편리하다.
to equip with drying function

공기(空氣)를 정화(淨化)하다
공기를 깨끗하게 하다.
식물은 오염된 공기를 정화하는 데에 도움이 된다.
to purify the air

다른 기기(機器/器機)와 연결(連結)하다
다른 기계와 이어지게 하다.
이 노트북은 인터넷이 가능한 곳에서는 무선으로 다른 기기와 연결하여 작업할 수 있다.
to connect with another device

발명(發明)하다
동 아직까지 없던 기술이나 물건을 새로 생각하여 만들어 내다.
그는 눈의 구조에서 아이디어를 얻어 사진기를 발명했다.
to invent

불편(不便)을 해소(解消)하다
불편을 해결하여 없애 버리다.
육지와 가까운 섬에 다리를 놓아 주민들의 불편을 해소했다.
to relieve the inconvenience

살균(殺菌) 기능(機能)을 갖추다
세균을 죽이는 기능을 가지다.
식기 세척기 중에서도 살균 기능을 갖춘 제품이 소비자들에게 인기가 많다.
to equip with sterilization function

삶을 획기적(劃期的)으로 바꾸다   [획끼적/휙끼적]
삶을 전과 달리 뚜렷이 구분되도록 바꾸다.
운전자 없이도 운전이 가능한 자동차의 개발은 미래의 삶을 획기적으로 바꿀 것이다.
to drastically change one's life

생명(生命)을 구(救)하다
생명이 위태롭거나 어려운 상황에서 벗어나게 하다.
그는 물에 빠진 사람들의 생명을 구하기 위해 물속으로 뛰어들었다.
to save a life

습도(濕度)를 조절(調節)하다
공기에 수증기가 들어 있는 정도를 균형이 맞게 바로잡다. 또는 적당하게 맞추어 나가다.
겨울에 가습기를 설치해서 방이 건조해지지 않도록 실내 습도를 조절하고 있다.
to adjust the humidity

시간(時間)을 설정(設定)하다   [설쩡]
시간을 정해 두다.
휴대폰에서 메시지의 내용과 시간을 설정해 두면 원하는 시간에 메시지가 전송된다.
to set the time

시행착오(試行錯誤)를 겪다
목표를 이루기 위해 일을 실제로 하면서 여러 번 반복해서 실패하는 경험을 하다.
여러 차례의 시행착오를 겪은 뒤 드디어 신제품을 개발했다.
to go through trial and error

영상(映像)을 재생(再生)하다
녹화한 영상을 다시 보여 주다.
친구들과 서로 졸업을 축하하면서 학교생활의 추억이 담긴 영상을 재생해서 보고 있다.
to playback the video

온도(溫度)를 조절(調節)하다
따뜻하거나 차가운 정도를 균형이 맞게 바로잡거나 적당하게 맞추어 나가다.
냉난방 시설을 통해 실내의 온도를 조절한다.
to control the temperature

원격(遠隔)으로 조종(操縱)하다
멀리 떨어진 곳에서 기계를 마음대로 다루어 움직이게 하다.
이 전등은 원격으로 조종하여 불을 켜고 끌 수 있다.
to control remotely

음성(音聲)을 인식(認識)하다
사람의 목소리나 말소리의 내용을 판단하여 알다.
이 기계에는 음성을 인식하는 기능이 있어서 말을 해서 음악을 틀거나 끄는 등 원하는 일을 쉽게 할 수 있다.
to recognize one's voice

음악(音樂)을 재생(再生)하다
녹음한 음악을 다시 들려주다.
이 앱을 통해 듣고 싶은 음악을 재생할 수 있다.
to playback the music

인류(人類) 발전(發展)에 기여(寄與)하다   [일류] [발쩐]
세계 모든 사람들의 발전에 도움이 되다.
과학 기술은 인류 발전에 기여한다.
to contribute to the development of mankind

자동(自動)으로 작동(作動)되다
기계 등이 스스로 움직이다.
이 방은 사람이 들어오면 설치된 카메라가 자동으로 작동된다.
to be automatically activated

제습(除濕) 기능(機能)을 갖추다
습기를 없애는 기능을 가지다.
장마철처럼 습할 때는 제습 기능을 갖춘 에어컨이나 제습기가 유용하다.
to equip with dehumidification

진화(進化)하다
동 일이나 사물이 점점 발달하여 가다.
오늘날 우리가 쓰는 컴퓨터의 모습은 계속 진화하여 발달된 것이다.
to evolve

차별화(差別化)되다
동 둘 이상의 대상이 각각 등급이나 수준 등의 차이가 생겨 구별된 상태가 되다.
새로 나온 제품은 기존 제품과 차별화된 기능이 있어 인기를 끌었다.
to be differentiated

탐구(探求)하다
동 필요한 것을 조사하여 찾아내거나 얻어 내다.
우주의 원리에 대하여 탐구한다.
to explore

읽기

읽어 보세요 1

광선(光線)
명 밝은 물체에서 나오는 빛. 또는 그 빛이 만들어 내는 선.
요즘 병원에서는 상처 부위에 레이저 광선을 쏘아 치료하는 기술을 많이 사용하고 있다.
ray

내부(內部)
명 안쪽의 부분.
문이 열려 있어 방 내부가 들여다보였다.
interior

발명가(發明家)
명 아직까지 없던 기술이나 물건을 새로 생각하여 만들어 내는 일을 전문적으로 하는 사람.
오늘날 산업의 발전은 대부분 발명가들이 노력한 결과라고 할 수 있다.
inventor

별것(別것) 아니다
특별하거나 이상한 것이 아니다.
그녀는 별것 아닌 일에 흥분하며 화를 냈다.
to be insignificant

세균(細菌)
명 다른 생물을 병에 걸리게 하거나 썩게 하는 작은 생물.
습도가 높은 곳에서는 세균이 쉽게 번식한다.
bacteria

엑스선(X線)
명 물체를 뚫고 지나가는 빛으로, 물건의 내부를 검사하거나 환자의 질병 상태를 판단하고 치료하는 데에 쓰이는 광선.
몸속에 숨은 병을 발견하는 데에 엑스선이 이용된다.
X-ray

우연(偶然)하다
형 어떤 일이 뜻하지 않게 저절로 이루어지다.
두 사람이 여행하던 중에 서로를 만난 것은 결코 우연한 일이 아니었다.
to be a coincidence

치료제(治療劑)
명 병이나 상처 등을 잘 다스려 낫게 하기 위하여 쓰는 약.
의학 연구소에서는 난치병 치료제 개발에 힘쓰고 있다.
cure

페니실린
명 최초의 항생제로, 세균에 의해 걸린 병을 치료하는 물질.
페니실린은 플레밍이 발견한 최초의 항생제로, 전쟁터에서 다친 수많은 사람들의 목숨을 살렸다.
penicillin

푸른곰팡이
명 빵, 떡과 같은 곳에 생기는 곰팡이.
푸른곰팡이 중에는 인간에게 해를 끼치는 균도 많지만 페니실린처럼 도움이 되는 균도 있다.
blue mold

항생제(抗生劑)
명 세균에 의해 걸린 병을 치료하는 데 사용되는 약.
항생제의 흔한 부작용으로 소화가 잘 안되거나 가려움을 느끼는 것을 들 수 있다.
antibiotics

읽어 보세요 2

김장
명 겨울 동안 먹기 위하여 김치를 한꺼번에 많이 담그는 일. 또는 그렇게 담근 김치.
이번 겨울에는 김장을 넉넉하게 했다.
winter kimchi

김치를 담그다
배추에 재료를 넣어 버무린 김치가 익도록 그릇에 넣어 두다.
어머니는 김치를 담글 때 고춧가루를 많이 넣으신다.
to make kimchi

다용도(多用途)
명 여러 가지로 쓰이는 것.
공업 분야에서만 쓰던 컴퓨터를 이제는 다용도로 사용한다.
multipurpose

독
명 간장, 술, 김치 등을 담가 두는 데에 쓰는 큰 그릇.
예전에 시골에 가면 할머니는 땅속에 있는 독에서 김치를 꺼내 주셨다.
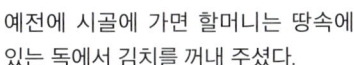
jar

서구화(西歐化)
명 서구인의 문화나 생활 방식에 영향을 받아 닮아 감. 또는 그렇게 하게 함.
입맛의 서구화가 이루어지면서 젊은이들은 삼계탕보다 프라이드 치킨, 양념통닭을 더 선호하게 되었다.
westernization

여닫다
동 문 등을 열고 닫다.
창문을 여닫을 때마다 찬 바람이 들어왔다.
to open and close

유산균(乳酸菌)
명 발효에 의해 자라나는 유산이 들어 있는 좋은 균.
요구르트와 같은 유산균 음료는 장 건강에 도움이 된다.
lactobacillus

이색(異色)
명 보통의 것과 다른 특색이 있음.
오늘 이곳에서는 재즈와 사물놀이가 함께 어우러진 이색 음악 공연이 있을 예정이다.
novelty

정수기(淨水器)
명 물을 깨끗하게 하는 기구.
수돗물을 깨끗하게 마시기 위해 정수기를 사용하는 집이 많다.

water purifier

서울대 한국어+

5B

부록

듣기 지문
모범 답안
어휘 색인
참고 자료

9. 교육과 미래

들어 보세요 1

남: 안녕하십니까? 바른교육연구소 소장 박영재입니다. 오늘은 조기 교육에 대해서 이야기해 보려고 합니다. 조기 교육이란 어린아이에게 하는 교육을 뜻합니다.

과거에도 여러 나라에서 음악과 같은 예체능을 이른 시기에 가르치면 잠재된 능력을 키우는 데 효과적이라고 생각해서 재능이 있는 아이에게 조기 교육을 받게 하는 경우가 많았다고 합니다. 요즘은 예체능뿐만 아니라 국어, 영어, 수학 등 학교 과목을 어린아이들에게 가르치는 경우가 많아서 문제입니다. 조기 교육이 선행 학습의 역할을 하게 된 것이지요. 한 조사에 따르면 86%의 아이들이 초등학교 입학 전에 학교 과목과 관련된 교육을 받은 경험이 있다고 합니다. 조기 교육을 시작하는 연령도 점점 낮아져서 최근에는 3세 아이들에게 글자와 셈을 가르치는 수업이 인기가 많다고 하니 조기 교육 열풍이라고 할 만합니다.

아이들이 어릴 때부터 과도한 조기 교육을 받게 되는 원인은 부모에게 있습니다. 아이의 성공을 바라는 부모의 지나친 욕심과 남들보다 뒤처지면 안 된다는 부모의 불안감으로 인해 아이들은 연령에 맞지 않는 내용을 배우게 되는 것입니다.

이렇게 일찍 선행 학습을 하는 것이 아이들에게 도움이 될까요? 그렇지 않습니다. 이 시기는 두뇌가 발달하는 시기일 뿐만 아니라 정서 발달에 중요한 시기입니다. 이런 시기에 학습만을 강조하게 되면 그때 발달해야 하는 공감 능력, 사회성은 오히려 떨어진다는 문제가 생깁니다. 또한 어릴 때부터 주입식 교육을 받은 아이는 배우는 즐거움을 느끼지 못할뿐더러 자기 주도 학습 능력도 낮아지게 됩니다.

너나없이 모두 아이들에게 조기 교육을 하는 상황에서 부모가 중심을 잡는 것은 쉽지 않습니다. 영어는 지금부터 시작해야 **한다느니** 수학 학원은 어디가 **좋다느니 하는** 말을 들으면 혹시 내 아이가 뒤처지지 않을까 불안한 마음이 드는 것은 자연스러운 부모 마음이기 때문입니다. 그러나 아이를 진정으로 위한다면 모든 교육에는 알맞은 시기가 있고 이른 선행 학습은 아이의 제대로 된 성장과 발전을 막을 수 있다는 점을 꼭 기억해 주십시오.

들어 보세요 2

사회자: 최근 한 드라마는 성공을 위해 과도한 사교육을 받는 학생들의 모습을 현실적으로 잘 표현했다는 평가를 받으며 인기를 끌었습니다. 드라마에서 다룬 사교육 문제는 우리 사회의 큰 문제이며 해결해야 할 과제인데요. 학원이나 과외를 위한 사교육비는 해마다 증가하고 있으며, 주말도 없이 밤늦은 시간까지 사교육을 받으며 힘들어하는 학생들에 대한 뉴스를 접하는 것은 이제 익숙한 일이 되었습니다. 그동안 사교육에 크게 의존하는 교육 현실을 개선하고자 여러 정책을 시행했지만 문제를 해결하지 못하고 있는 상황인데요. 이런 상황에 대해 두 분 선생님과 말씀 나눠 보겠습니다.

안녕하세요? 일단 선생님들께서는 사교육에 대한 의존도가 높은 원인이 무엇이라고 보십니까?

남: 여러 가지 원인이 있겠지만 가장 큰 원인은 입시 위주의 교육에 있다고 생각합니다. 예전부터 우리나라는 학력을 중시하는 문화였고 교육에서 입시가 그만큼 큰 비중을 차지해 왔습니다. 이런 사회 분위기 속에서

여:	저는 공교육이 **붕괴된 탓에** 사교육비가 지속적으로 늘고 있다고 생각합니다. 공교육의 역할은 크게 두 가지로 볼 수 있습니다. 하나는 학생들에게 기본적인 지식을 가르치는 것이고 다른 하나는 학생들이 올바른 사회 구성원이 되도록 교육하는 것입니다. 안타깝지만 현재의 공교육은 그 두 가지 역할을 모두 제대로 하지 못하고 있습니다. 4차 산업 혁명 시대인데도 여전히 과거에 가르쳤던 지식을 교육하다 보니 학생들은 학교에서 실제 생활에 필요한 지식을 배우고 있다고 생각하지 않습니다. 또한 학교마저 국어, 영어, 수학 등 입시와 관련된 과목에만 중점을 두고 가르치고 있어 인성 교육은 뒷전으로 밀리는 상황입니다. 결국 공교육이 공교육만의 차별화된 교육 방향을 제시하지 못하고 있기 때문에 학생들이 사교육에 더 의존하게 된다고 생각합니다.

학생들은 명문 대학에 가기 위해 경쟁할 수밖에 없고, 치열한 입시 경쟁에서 이기기 위해 사교육을 받는 것으로 보입니다. 사실 사교육을 받으면 공교육에만 의존할 때보다 빨리 성적을 올릴 수 있습니다. 상황이 이렇다 보니 학생들 입장에서는 사교육을 포기하기가 어렵습니다. 문제는 대부분의 학생이 사교육을 받게 되면서 성적을 더 잘 받기 위해서는 남들보다 더 많은 사교육 혹은 더 높은 금액의 사교육을 받아야 하니, 이런 상황이 사교육비 증가의 원인이 되는 것이지요.

여: 저는 공교육이 **붕괴된 탓에** 사교육비가 지속적으로 늘고 있다고 생각합니다. 공교육의 역할은 크게 두 가지로 볼 수 있습니다. 하나는 학생들에게 기본적인 지식을 가르치는 것이고 다른 하나는 학생들이 올바른 사회 구성원이 되도록 교육하는 것입니다. 안타깝지만 현재의 공교육은 그 두 가지 역할을 모두 제대로 하지 못하고 있습니다. 4차 산업 혁명 시대인데도 여전히 과거에 가르쳤던 지식을 교육하다 보니 학생들은 학교에서 실제 생활에 필요한 지식을 배우고 있다고 생각하지 않습니다. 또한 학교마저 국어, 영어, 수학 등 입시와 관련된 과목에만 중점을 두고 가르치고 있어 인성 교육은 뒷전으로 밀리는 상황입니다. 결국 공교육이 공교육만의 차별화된 교육 방향을 제시하지 못하고 있기 때문에 학생들이 사교육에 더 의존하게 된다고 생각합니다.

사회자: 네. 좋은 말씀 감사합니다. 입시 위주의 교육과 공교육의 붕괴가 사교육에 대한 의존도를 더 높였다는 말씀이신데요. 그렇다면 이 문제를 해결할 수 있는 방법은 무엇일까요?

10. 생활 속 경제

들어 보세요 1

여: 우리는 일상생활 속에서 텔레비전, 라디오, 인터넷, 잡지 등 여러 매체를 통해 수많은 광고를 접하고 있습니다. 광고에 대해서는 두 가지 반대되는 시각이 존재하는데요. 광고가 경제적인 면에서 긍정적인 역할을 한다고 보는 시각과 소비자들에게 부정적인 영향을 끼친다는 시각입니다.

광고는 제품을 생산하고 판매하는 기업에 매우 중요합니다. 아무리 좋은 제품을 만들어도 소비자들에게 그 제품을 알리지 못한다면 팔기 어렵기 때문입니다. 광고를 통해 제품이 사람들에게 알려져서 많은 사람이 사게 되면 기업은 제품을 더욱 대량으로 생산하겠지요. 광고가 구매를 유도하여 소비를 늘리고 생산을 증가시키는 경제적인 기능을 하게 되는 것입니다. 또한 광고를 통해 어떤 기업의 제품이 잘 팔리게 되면 그 경쟁 제품을 생산하는 다른 기업도 더 많은 제품을 팔기 위해 노력하게 됩니다. 여러 연구에서 기업이 서로 판매를 위해 경쟁할 경우 제품의 가격이 하락한다는 사례를 보고하고 있는데요. 이러한 사례는 가격 면에서 광고가 소비자들에게 혜택을 제공할 수 있다는 것을 의미합니다.

그러나 넘쳐나는 광고 때문에 소비자들은 많은 불편을 겪기도 합니다. 텔레비전이나 인터넷뿐만 아니라 길거리를 다닐 때도 여러 광고들이 우리 눈에 들어옵니다. 온 세상을 **도배하다시피 한** 광고로 인해 피로감을 호소하는 사람들이 많습니다. 이렇게 쏟아지는 광고 중에는 제품을 판매하기 위해 성능을 과장한 광고도 많습니다. 너무나 많은 광고, 허위 과장 광고 등으로 인해 광고에 대해 거부감을 갖는 사람들이 늘어나는 것이 현실입니다.

광고에 대한 기업과 소비자의 입장은 다를 수밖에 없습니다. 기업은 광고를 통해 매출을 증가시키고자 하고 소비자는 제품에 대한 정확한 정보를 얻어 질 좋은 제품을 합리적인 가격에 구매하고 싶어 합니다. 이 두 입장이 서로의 목적을 이루려면 광고가 제공하는 정보가 정확한지 따져 보고 계획적으로 소비하려는 소비자의 노력도 필요하지만, 윤리적인 기준을 지키면서 광고를 제작하려는 기업의 노력도 필요합니다.

들어 보세요 2

사회자: 요즘 드라마나 예능 프로그램에 자주 등장하는 간접 광고에 대한 논란이 뜨겁습니다. 간접 광고는 영화나 드라마, 예능 프로그램 등에 제품을 노출하여 홍보하는 광고를 뜻하는데요. 논란의 중심이 되고 있는 간접 광고에 대해 두 분은 어떻게 생각하십니까?

남: 간접 광고를 할 경우 광고주는 프로그램 제작비의 일부를 지원합니다. 따라서 프로그램을 제작하는 입장에서 간접 광고는 막대한 제작비를 마련하기 위한 어쩔 수 없는 선택입니다. 또한 간접 광고를 함으로써 제작비 걱정을 덜면 질 좋은 작품을 만들 수 있기 때문에 시청자도 간접 광고의 혜택을 받는다고 할 수 있습니다.

여: 저는 시청자들이 간접 광고의 혜택을 받는다는 말씀에 동의하기 어렵습니다. 간접 광고는 시청권을 침해하고 있습니다. 너무 많은 간접 광고 때문에 시청자들이 프로그램에 집중하기 어렵기 때문입니다. 예를 들면 최근 나온 드라마의 경우, 갑자기 커피 브랜드를 보여 준 뒤 배우가 커피를 마시고 커피 맛에 대해 자세히 이야기하는 장면이 있었습니다. 드라마 내용과 전혀 상관이 없어서 황당할 정도였는데요. 지금의 드라마는 간접 광고가 너무 많아 드라마인지 광고인지 헷갈릴 지경입니다.

남: 정도가 심한 간접 광고는 시청자들에게 불편을 줄 수도 있지만 적절한 간접 광고는 시청자들에게 제품에 대한 정보도 제공하고 재미도 줄 수 있습니다. 현재 시청자들이 느끼는 불편은 간접 광고를 할 때 프로그램의 전체 흐름에 방해되지 않도록 좀 더 세심하게 주의를 기울이면 해결할 수 있는 문제입니다.

또 저는 프로그램 제작비가 부족한 현실을 고려해야 한다는 점을 강조하고 싶습니다. 드라마를 예로 들자면 요즘은 예전에 비해 드라마의 소재가 다양해졌습니다. 주변에서 흔히 볼 수 있는 일상적인 소재에서 범죄, 스릴러, 판타지 등으로 소재가 다양해졌기 때문에 그만큼 제작비도 이전과 비교할 수 없을 정도로 많이 듭니다. 다양한 소재로 수준 높은 프로그램을 제작하려면 간접 광고를 통해 제작비 지원을 받을 수밖에 없습니다.

여: 저는 간접 광고가 오히려 프로그램의 질을 떨어뜨린다고 생각합니다. 프로그램을 제작할 때 간접 광고를 중간에 자꾸 넣어야 한다면 내용을 조금씩 수정하게 됩니다. 이로 인해 시청자들로부터 요즘 드라마는 한 시간짜리 광고 같다는 비판도 받고 있지 않습니까? 현실적인 이유로 간접 광고가 꼭 필요하다면 자막을 통해 간접 광고임을 알리고 횟수와 노출 시간 등을 제한할 필요가 있다고 생각합니다.

11. 변화하는 사회

들어 보세요 1

사회자: 국가가 위기 상황이라고 할 만큼 저출산 문제가 심각해지고 있습니다. 이에 대한 해결책을 하루빨리 찾아야 할 텐데요. 이 문제에 대해 깊이 있게 이야기를 나눠 주실 두 분의 전문가를 자리에 모셨습니다.

안녕하십니까? 올해는 우리나라 출산율이 0.7명으로 떨어졌다고 하는데요. 두 분 선생님께서 보시기에 상황이 얼마나 심각합니까?

여: 사실, 출산율이 하락하는 추세는 그동안 지속돼 왔는데요. 2020년부터 출생자 수가 사망자 수보다 적어 인구가 감소하는 현상이 나타났습니다. 지금과 같은 속도로 인구가 감소한다면 큰 문제가 발생할 수밖에 없습니다.

남: 맞는 말씀입니다. 지금의 인구 감소 추세가 계속된다면 2060년에는 인구가 지금보다 20% 이상 줄어들 거라고 합니다. 특히 주목해야 할 것은 인구의 구성입니다. 1960년대에는 아동과 청년이 많고 노인이 적어서 노인은 전체 인구의 3%에 불과했습니다. 이와 달리 2060년대에는 노인이 전체 인구의 40%를 차지할 것으로 예측됩니다. 이렇게 될 경우 생산 활동을 해서 세금을 낼 수 있는 인구는 줄어듭니다. 반면에 노인을 위한 연금, 의료, 복지 등의 비용은 증가할 것이므로 결국 국가는 심각한 위기에 빠질 수밖에 없습니다.

사회자: 그동안 인구 감소 문제를 해결하기 위해 출산을 장려하는 정책이 많이 나왔는데요. 다양한 정책을 시행했는데도 출산율이 높아지지 않는 원인은 무엇이라고 보십니까?

남: 저출산의 가장 주요한 원인은 아이를 낳지 않으려는 사람들이 늘고 있다는 데 있습니다. 그동안의 정책은 출산 휴가, 양육비 지원 등 주로 아이를 낳으면 혜택을 주는 데 초점을 맞추고 있었는데요. 젊은 세대들이 결혼을 안 하거나 늦추고 아이를 안 낳는 것은 경제적인 문제와 밀접한 연관이 있습니다. 따라서 아이를 낳으면 혜택을 주는 정책을 **제시하기에 앞서서** 아이를 낳지 않으려고 하는 이유가 무엇인지 살펴봐야 합니다. 젊은 세대들이 겪는 가장 큰 경제적인 문제는 취업이나 주거 문제이므로 이 문제를 해결할 수 있는 정책을 세워야 할 것입니다.

여: 네. 저도 저출산의 원인이 경제적 불안정 때문이라는 교수님 말씀에 동의합니다. 취업과 관련해 보충해서 말씀드리자면 아이를 낳기 전뿐만 아니라 아이를 낳은 후에도 고용이 보장되는 사회가 돼야만 경제적인 이유로 아이를 낳지 않으려는 부부가 줄어들 거라고 생각합니다. 양육 친화적인 국가의 사례를 보면 아이를 낳은 직원에게 근로 시간을 단축해 주거나 재택근무나 육아 휴직을 허용하는 등 아이를 낳아도 안정적으로 일할 수 있도록 하고 있습니다. 이에 비해 우리나라 대부분의 기업은 그런 환경을 갖추지 못하고 있어 문제라고 봅니다.

들어 보세요 2

사회자: 앞서 젊은 세대들을 위한 실효성 있는 정책이 필요하다고 이야기해 주셨는데요. 사실 그동안 많은 정책이 있었지만 효과가 미미하지 않았습니까? 실제로 효과를 거두려면 어떤 정책을 펴야 할까요?

여: 저는 이 시점에서 그동안 시행해 온 정책을 적극적으로 점검해 봐야 한다고 생각합니다. 실효성이 있는 정책과 그렇지 않은 정책을 구별하고 실효성 있는 정책은 적극적으로 더 강화해야 합니다. 예를 들어 육아 휴직 제도는 아이를 키우는 사람들에게 크게 도움이 된다는 평가를 받고 있는데요. 현재 여성과 남성이 한 아이당 1년씩 유급 휴직을 활용하면서 아이를 돌볼 수 있게 되어 있죠. 그런데 문제는 실제로는 소수의 사람만이 이 제도를 이용하고 있다는 것입니다. 따라서 규모가 작은 기업들에 정부가 경제적인 지원을 해 **주거나 해서** 많은 국민들이 이 제도를 활용할 수 있도록 했으면 합니다.

남: 소장님 의견에도 일리가 있지만, 그보다는 젊은 세대들이 미래에 대해 걱정하지 않도록 해 주는 것이 더 중요하지 않을까요? 아이를 낳고 키우는 데에는 막대한 비용이 드는데요. 현재 젊은 세대들은 고용이 불안정해서 은퇴할 때까지 안정된 수입을 기대하기 어렵고 주택 가격이 너무 높아서 집을 구매하기도 어렵습니다. 게다가 은퇴를 한 뒤에 충분한 연금을 받을 수 있을지에 대해서도 의문을 가지고 있습니다. 결국 이런

여: 모든 요소가 젊은 세대들이 아이를 낳지 않는 것은 물론이고 결혼도 하지 않겠다고 마음먹게 만들고 있습니다. 따라서 젊은 세대들이 가지고 있는 문제들에 대해 장기적인 정책을 마련하여 젊은 세대가 희망을 가질 수 있게 해 줘야 합니다.

여: 저도 교수님 생각에 동감합니다. 주거와 관련해서 덧붙여서 말씀드리면 정부에서 신혼부부들에게 주거비를 지원하면 저출산 문제를 해결하는 데 도움이 될 거라고 생각합니다. 주거 문제는 결혼하기를 원하는 많은 청년들이 겪게 되는 큰 문제이고 안정적인 생활 공간이 없으면 아이를 낳을 꿈도 꾸기 어렵기 때문입니다.

하나 더 말씀드리고 싶은 것은 국민 모두가 저출산 현상이 모든 세대에 부정적인 영향을 미친다는 사실을 인식해야 한다는 것입니다. 정부는 국민들에게 상황의 심각성을 알리는 자료를 제작하고 캠페인 등을 통해 문제 상황을 적극적으로 알려야 합니다. 국민들 사이에 심각한 위기 상황이라는 공감대가 형성되고 나면 좀 더 열린 자세로 취업, 연금 등의 문제에 대해서도 논의할 수 있을 것입니다.

12. 대중 매체

들어 보세요 1

여: 여러분, 안녕하세요? 매주 녹화 영상을 올리다가 이렇게 여러분과 실시간으로 만나니 기분이 더 좋네요. 어느새 제 채널의 구독자가 70만 명이 되었어요. 구독자 여러분께 감사하는 마음을 전하고자 오늘은 특별히 실시간 방송을 하게 되었습니다. 지금 채팅 창에 질문이 많이 올라오고 있는데요. 이 중에서 몇 가지 뽑아서 답을 해 드릴게요.

첫 번째 질문, "요즘 인기를 실감하세요? 젊은 사람들 중에 많은 사람들이 할머니 방송에 대해서 이야기할 정도로 인기가 대단해요." 이 질문은 너무 부끄러운데요. 네. 실감합니다. 길에서도 인사해 주는 젊은 사람들이 많아졌어요. 정말 고맙게 생각해요.

다음 질문은 저도 궁금한 건데요. "요즘 할머니 방송을 보는 사람들이 많은데 할머니 방송을 사람들이 왜 보는 것 같아요?" 제 생각에는 보통 사람들이 생각하기에 나이가 많아서 못 할 거라고 생각했던 일을 계속 배우고 도전하는 모습을 좋게 봐 주시는 것 같아요. '유행하는 노래 부르기'라든가 '케이팝 댄스 배우기' 같은 콘텐츠가 좋은 반응을 얻었는데 요즘 젊은 사람들이 하는 걸 나이 많은 제가 하니까 재미있어 보이나 봐요.

다음 질문, "할머니, 인터넷 방송을 하면서 제일 좋은 점은 뭐예요?" 음, 제일 좋은 점은 여러 사람과 소통할 수 있다는 거예요. 제 방송을 보는 사람들이 한국, 베트남, 미국 등 전 세계에 있다고 하는데 여러 사람과 시공간을 초월해서 댓글이나 채팅으로 소통할 수 있는 점이 너무 좋아요. 사실 은퇴한 후에는 좀 무기력하게 지냈거든요. 사회와 멀어진 것 같다는 소외감도 느끼고요. 그런데 방송을 하고 난 뒤로는 여러 사람, 여러 세대와 교류하면서 많은 것을 배우고 느끼며 세대 차이도 극복할 수 있게 된 거 같아요. 그래서 저는 친구들에게도 인터넷 방송에 한번 도전해 보라고 추천하고 있어요.

이 질문이 마지막이 될 것 같은데요. "할머니는 지금까지 요리, 음악, 춤, 독서 등 다양한 주제로 방송을 하셨는데요. 앞으로는 어떤 콘텐츠의 방송을 하고 싶으세요?" 앞으로도 제가 할 수 있는 일을 많이 보여 드리고 싶어요. 유행을 타지 않고 오래도록 잘 입을 수 있는 옷 등 패션 정보를 **알려 드린다든가** 여러분 고민을 듣고 조언을 해 드리는 방송은 어떨까요? 저만의 개성과 비법을 보여 주는 여러 콘텐츠로 여러분께 긍정적인 영향을 드렸으면 하는 바람입니다. 혹시 할머니가 했으면 좋겠다고 생각하는 방송이 있으면 댓글로 남겨 주세요. 제가 한번 도전해 볼게요.

여러분, 이제 마무리할 시간이네요. 오늘 실시간 방송에 와 줘서 진짜 고마워요. 앞으로도 종종 실시간 방송을 하면서 여러분들과 이야기 나눌게요. 다음에 또 만나요.

들어 보세요 2

사회자: 안녕하십니까? 사회를 맡은 김재성입니다. 지금부터 토의를 시작하겠습니다. 오늘 토의의 주제는 '1인 미디어의 문제점과 해결 방법'입니다. 가장 대표적인 1인 미디어인 인터넷 개인 방송에 대해서도 요즘 많은 논란이 있지요? 구체적으로 어떤 문제가 있고 그 원인은 무엇일까요? 이소연 교수님께서 먼저 말씀해 주시겠습니까?

여: 1인 미디어는 원하는 사람 누구나 자신의 채널을 개설할 수 있고 그래서 다양한 콘텐츠가 있다는 것이 장점입니다. 스마트폰이 대중화되면서 1인 미디어 방송을 보는 사람들이 급격히 늘었습니다. 이용자가 늘어남에 따라 1인 미디어의 영향력은 매우 강해졌는데요. 아직 관련 규정이 제대로 마련되어 있지 않기 때문에 많은 문제가 발생하기도 합니다. 방송의 질이나 내용이 적절한지에 신경 쓰기보다는 사람들의 관심을 끌어 돈을 버는 데만 관심 있는 사람들도 분명 존재하기 때문입니다. 따라서 인터넷에는 폭력적인 방송, 선정적인 방송, 재미만 추구하는 자극적인 방송 등 유해한 방송이 많습니다. 이러한 방송은 대중, 특히 어린 학생들에게 악영향을 끼치게 되는데요. 따라서 규제가 필요하다고 생각합니다.

남: 맞습니다. 전통 미디어인 텔레비전이나 라디오 방송에 비해 인터넷 방송은 규제가 강하지 않다 보니 여러 문제가 발생하고 있습니다. 앞서 인터넷 방송이 선정적이거나 자극적이라는 점을 지적해 주셨는데요. 이에 덧붙여 저는 부정확한 정보를 전달하는 방송이 많다는 점도 말씀드리고 싶습니다. 사실이 아닌 정보를 사실인 것처럼 전달하거나 어떤 분야에 대해 잘 알지 못하는 사람이 전문가로 등장해 잘못된 정보를 제공함으로써 사람들을 혼란스럽게 하고 사회에도 큰 피해를 주고 있습니다.

사회자: 그렇다면 이러한 문제를 해결할 수 있는 방안은 무엇일까요? 박현성 교수님, 말씀해 주십시오.

…

사회자: 지금까지 인터넷 방송의 문제점을 해결하기 위한 방안에 대해 두 교수님과 논의해 봤는데요. 오늘 의견은 크게 두 가지로 정리할 수 있겠습니다. 첫 번째로 1인 미디어에 대한 법적인 규제가 필요하다는 의견을 주셨습니다. 덧붙여서 **규제하려고 들면** 규제할 것은 끝없이 많겠지만 표현의 자유를 침해할 수도 있으므로 이 문제는 조심스럽게 다뤄야 한다고 말씀해 주셨습니다. 따라서 적절한 규정을 마련하고, 규정을 어길 경우 경고를 주고, 경고가 쌓이면 방송을 금지하는 등 단계적으로 규제하는 방안을 마련해야겠습니다. 두 번째로 1인 미디어가 스스로 좋은 방송을 제작하도록 도움이 될 만한 제도를 마련하는 게 좋겠다는 의견을 주셨는데요. 1인 미디어 방송인을 위한 방송 윤리 교육도 고려해 볼 필요가 있다고 이야기해 주셨습니다.

오늘의 토의 내용이 바람직한 1인 미디어 방송 문화를 조성하는 데 도움이 되기를 바라 봅니다. 지금까지 토의에 참여해 주셔서 감사합니다.

13. 역사와 인물

들어 보세요 1

여: 안녕하세요? 역사를 통해 삶의 지혜를 배우는 시간, LEI 역사 상식입니다. 선생님, 오늘은 어떤 이야기를 준비해 주셨나요?

남: 오늘은 삼국 시대에 대해 이야기하려고 합니다. 먼저 질문 하나 드리며 시작하겠습니다. 나라가 건국되고, 발전하고, 멸망하는 데 가장 큰 영향을 미치는 것은 무엇일까요?

여: 음, 여러 가지 요인이 있을 것 같은데요.

남: 네. 여러 가지 요인이 있는데 오늘은 그중에서 '지리의 힘'에 대해 이야기해 보겠습니다.

여러분은 세계 4대 문명이 모두 큰 강 유역에서 발생했다는 것을 들은 적이 있으실 텐데요. 강은 교통이 발달하지 않았던 과거에 사람들이 이동하고 물품을 운송하는 중요한 교통로였습니다. 또 그 주변은 땅이 기름져 농사짓기에 적합했기 때문에 큰 강 유역은 대부분 사회적, 경제적 중심지가 되었습니다.

이렇게 강은 우리 인류가 이룬 문명과 **떼려야 뗄 수 없는** 관계에 있다고 해도 과언이 아닌데요. 오늘 말씀드릴 우리나라 삼국 시대의 역사도 '강'을 빼놓고는 이야기하기 어렵습니다.

여: 고구려, 백제, 신라 이 세 나라의 역사도 '강'과 밀접한 연관이 있었다는 말씀이시군요.

남: 그렇습니다. 기원전 108년에 최초의 국가 고조선이 멸망하고 이후 신라, 고구려, 백제 삼국이 건국되었는데요. 그중 4세기에 백제가 가장 먼저 전성기를 맞이했고, 5세기, 6세기에는 고구려와 신라가 차례대로 전성기를 맞이합니다. 신라가 전성기를 이루면서 백제와 고구려는 힘을 잃고 결국 멸망하게 되었는데요. 이러한 삼국의 운명을 결정한 것이 바로 '강'이었습니다. 그 강이 어느 강이었을까요?

여: 혹시 한강인가요?

남: 맞습니다. 지금도 서울 한복판을 흐르고 있는 한강이 바로 삼국의 전성기를 결정하는 열쇠였습니다. 한강과 그 주변의 땅을 차지한 나라가 그렇지 않은 나라보다 더 발전할 수 있었던 겁니다. 4대 문명이 강 주변에서 발달했던 것과 같은 이유지요.

여: 땅이 농사에 적합하고 교통이 편리해서 나라가 발전할 수 있었다는 말씀이시죠?

남: 네. 한강 하류는 땅이 넓고 기름져 농사가 잘되었고 지리적으로 볼 때도 한강 유역을 차지한다는 것은 바다를 통해 다른 나라와 교역이 가능하다는 것을 의미했습니다. 이로 인해 삼국 시대에 세 나라는 한강 유역을 차지하기 위해 끊임없이 전쟁을 했습니다. 결국 백제, 고구려를 거쳐 가장 마지막으로 한강 유역을 차지한 신라가 삼국을 통일하는 주인공이 됩니다. 이와 같이 삼국의 역사에서 한강이 갖는 의미는 매우 크다고 볼 수 있습니다.

들어 보세요 2

여: 여러분 안녕하세요? '역사 여행' 세 번째 시간입니다. 오늘은 고려의 멸망과 조선의 건국에 대해 이야기하려고 합니다.

먼저 고려 말기의 상황을 말씀드려야 할 것 같아요. 고려 말기에는 다른 나라와 전쟁이 끊이지 않았고 귀족들이 부정부패를 저질러 백성들이 살기가 매우 힘들었습니다. 이때 개혁을 하고자 하는 사람들이 있었는데 이들은 크게 급진파와 온건파로 나뉩니다. 급진파와 온건파는 모두 개혁의 필요성에 대해서는 동의했지만 개혁을 실행하는 방법에 대한 생각이 달랐습니다. 급진파는 이성계를 중심으로 새로운 나라를 세워 개혁을 하고자 했습니다. 이에 반해 온건파는 정몽주를 중심으로 하여 고려를 무너뜨리지 않고 유지한 상태에서 개혁을 하려고 했는데요.

이들의 대립은 오랜 시간 지속됩니다. 이때 급진파의 중심인물이었던 이성계의 아들인 이방원이 아버지를 대신하여 정몽주를 설득하려고 합니다. 협력하여 새로운 나라를 세우자고 말이지요. 어느 날 이성계가 사고를 당했을 때 정몽주가 병문안을 오는데요. 이때 이방원은 술자리를 마련하여 시조를 하나 읊습니다. 이 시조가 바로 그 유명한 '하여가'입니다. '**이런들** 어떠하며 **저런들** 어떠하리'로 시작하는 하여가는 "고려면 어떻고 새 나라면 어떻습니까? 우리 함께 어우러져 잘 살아 봅시다"라는 내용을 담고 있습니다. 이에 대해 정몽주도 바로 시조로 답했다고 전해지는데요. 그 시조가 바로 '단심가'입니다. 단심가는 '내가 죽고, 또 죽고 백번을 죽어도 님을 향한 내 마음은 변하지 않는다'는 내용입니다. 여기에서 '님'은 바로 '고려'를 뜻하는 것으로 개혁은 하되 고려를 무너뜨리는 일은 절대 하지 않겠다는 생각을 나타낸 것이라 할 수 있습니다. 이방원은 이 시조를 들은 뒤 정몽주가 마음을 바꾸지 않을 것이라 확신하게 되었고 새로운 나라를 세우는 데 큰 방해가 될 정몽주를 제거하게 됩니다. 정몽주의 죽음으로 온건파는 급격히 무너졌고 결국 이성계는 왕이 되었습니다. 474년의 역사를 가진 고려가 멸망하고 새 나라인 조선이 건국된 것입니다.

조선 건국 후 이방원이 조선의 제3대 왕이 되었는데요. 이방원은 왕이 된 후 자신이 제거한 정몽주의 충성심을 높이 평가하여 그에게 최고의 관직을 내렸다고 전해집니다. 자신과 생각은 달랐지만 그의 정신만큼은 훌륭하다고 인정한 것입니다.

14. 전통문화

들어 보세요 1

남: 여러분 안녕하세요? 오늘은 '이 시대의 장인'이라는 주제로 문화 평론가 김혜지 선생님과 함께 이야기 나눠 보겠습니다.
선생님, 요즘 시대에 장인이라고 하면 굉장히 낯선 옛날 말처럼 느껴지는데요.

여: 네. 장인이라고 하면 흔히 전통문화를 떠올리게 되죠. 전통 공예품을 옛날 방식 그대로 만드는 분들을 장인이라고 하는데요. 나무에 옻칠을 하는 장인, 금속으로 장식품을 만드는 장인, 바느질로 옷을 만드는 장인 등 많은 전통문화 장인들이 계시죠. 사실 정부에서는 그분들의 기술을 젊은 사람들에게 전해 전통을 이으려고 노력하고 있지만 쉽지는 않아 보입니다.

남: 아무래도 장인이 되는 것이 쉽지 않은 일이라서 그렇겠죠?

여: 전통문화 장인은 일이 힘들고 많은 돈을 벌 수 있는 직업도 아니다 보니 사명감이 없으면 하기 어렵지요. 그래서 그 길을 걷겠다고 결심하기가 쉽지 않을 겁니다. 그래도 최근에는 전통문화 장인은 아니지만 여러 분야에서 직접 물건을 만드는 장인들이 다시 주목을 받고 있는 것 같아요.

남: 아, 그래요? 현대 사회에서 장인은 찾아 보기 힘들다고 생각했는데요.

여: 흔하지 않죠. 산업화로 대량 생산이 가능하게 되면서 많은 장인들이 역사 속으로 사라졌습니다. 장인들이 만든 물건은 품질은 좋지만 만드는 데 시간이 오래 걸리고 값도 비싸기 때문에 경쟁력을 잃었던 거지요. 그런데 최근 들어 장인이 정성 들여 직접 만든 제품을 찾는 사람들이 늘고 있다고 합니다.

남: 장인이 만든 물건은 기성품과 비교하면 훨씬 비쌀 텐데요. 기꺼이 그 비용을 내겠다는 사람들이 많아지고 있는 거군요. 그만큼 가치가 있다고 생각하는 거겠지요?

여: 맞습니다. 요즘 서울의 한 거리에 젊은 장인들이 운영하는 여러 공방이 **생겼다길래** 가 봤는데요. 만년필 공방에서 장인의 허락을 받고 제작 과정을 좀 볼 수 있었습니다. 기계를 쓰지 않고 대부분 수작업을 하는데 손의 감각을 느끼며 작업해야 좋은 제품이 나오기 때문이라고 합니다. 제품의 질이 기준에 미치지 못하면 바로 버려지는 것을 보면서 자신이 만든 물건에 대한 장인들의 자부심과 책임감을 느낄 수 있었습니다. 어쩌면 산업화 이후 찾아 보기 힘들어진, 정성과 노력을 쏟은 물건에 대한 그리움 때문에 장인을 찾는 사람들이 늘고 있는 건 아닌가 싶습니다.

남: 장인이 정성껏 만든 물건의 가치를 인정해 갖고 싶어 하는 사람들이 많아진다는 사실이 왠지 반갑게 느껴지네요. 이런 분위기가 전통문화까지 이어져 우리 전통문화 장인들이 자기 작품을 만들면서 보람을 느끼는 환경이 하루빨리 이루어졌으면 합니다.

들어 보세요 2

남: 갓은 과거에 한국 남자들이 쓰던 모자를 말한다. 역사 기록에 따르면 갓은 삼국 시대부터 썼으며 고려 시대에는 관리들이 쓰던 모자였다고 한다. 이후 조선 시대에 들어와서 성인 남성이라면 꼭 입어야 할 의복의 일부로 자리 잡게 되었다.

조선 시대에는 부모가 주신 신체를 소중히 해야 한다는 믿음이 있었기 때문에 남자도 죽을 때까지 머리카락을 자르지 않았다. 길게 자란 머리를 단정히 하기 위해 머리를 모두 위로 올려 묶고 머리띠를 한 후에 갓을 썼다. 갓까지 써야 격식에 맞게 입었다고 생각했으며 잘 입은 의복은 곧 바른 자세를 상징했다. 옷을 바르게 입어야 바른 태도를 갖게 된다고 여겼기 때문이다.

갓은 반투명함이 특색인, 실용성을 갖춘 모자였다. 19세기에 조선에 왔던 외국인들은 갓의 안쪽 부분이 은은하게 보이는 모습을 신기하게 여겨 "빛과 바람이 통하는 모자"라고 불렀다. 반투명함은 갓만의 특색이면서 실용성과도 연관된다. 햇볕, 비, 바람을 막을뿐더러 오랜 시간 써도 통풍이 되어 답답하지 않기 때문이다.

갓은 용도나 신분, 시대에 따라 형태에 차이가 있었으며 갓을 통해 개인의 개성을 드러내기도 했다. 외출할 때, 농사를 지을 때, 집에 있을 때 각각 다른 모양의 갓을 썼으며 왕, 양반, 일반 서민이 쓰던 갓에도 차이가 있었다. 시대별로 갓의 높이나 넓이가 달라졌으며 갓끈의 길이도 변화했다. 또한 갓끈을 호박이나 대나무 등으로 장식함으로써 각자의 개성을 표현하기도 했다.

갓 만드는 일은 제대로 배우려면 10년이 걸린다는 말이 있을 정도로 뛰어난 기술과 섬세함이 요구되는 과정이므로 이제 전통 방식으로 갓을 만드는 장인은 찾아 **보기조차** 힘든 상황이다. 갓은 크게 세 단계로 나누어 제작된다. 대우를 만드는 일과 양태를 만드는 일, 그리고 이 두 개를 이어서 갓을 완성하는 일이다. 이 중 특히 양태를 만드는 일은 매우 강한 인내심이 요구된다. 대나무를 삶아 머리카락만큼 가는 실로 만들어야 하고 그 실을 한 올 한 올 엮어야 하기 때문이다. 이렇게 만들어진 양태에다 대우를 잇고 옻칠까지 해야 하나의 갓이 완성된다. 갓의 탄생은 장인이 혼을 불어넣었기에 가능한 것이다.

15. 대중문화의 힘

들어 보세요 1

남: '한국' 하면 생각나는 이미지 중 30% 이상이 대중문화라고 답할 만큼 많은 외국인에게 한국 대중문화가 인기를 얻고 있는데요. 나날이 커지고 있는 한국 대중문화의 영향력을 한눈에 보여 주는 전시회가 서울예술회관에서 열린다고 합니다.

이 전시회는 현대적 의미의 대중문화가 싹튼 조선 시대 말기부터 대한민국의 위상을 높이는 데 기여하고 있는 오늘날까지 120여 년에 걸쳐 한국 대중문화가 걸어온 발자취를 통째로 들여다볼 수 있도록 구성되어 있습니다. 이곳에서는 드라마, 영화, 노래, 춤, 만화 등 대중문화의 각 분야를 생생하게 즐길 수 있는데요. 영화나 드라마 촬영 현장을 그대로 옮겨 놓은 것 같은 세트장도 구경할 수 있을 뿐만 아니라 가상 현실로 대중문화 예술인도 만나 볼 수 있어 큰 인기입니다.

가장 눈길을 끄는 곳은 세계 무대에서 인정받은 작품들과 대중문화 예술인을 만나 볼 수 있는 전시장입니다. 세계 각국의 뛰어난 곡들이 경쟁하는 대중음악 순위에서 1위를 차지한 아이돌 그룹 '제트'와 전 세계 실력파 음악인들과의 협업으로 유명한 가수 '빛나'의 노래, 다들 아시지요? 그들의 뮤직비디오를 보면서 춤과 노래를 마음껏 따라 할 수 있는 공간도 마련되어 있고, 가상 현실로 가수들을 만나 보는 체험도 할 수 있어 색다른 재미를 느낄 수 있습니다. 세계적으로 유명한 영화와 드라마도 볼 수 있는데요. 현대 사회의 빈부 격차라는 주제를 비판적으로 다루면서도 독창성을 지녀 오스카 네 개 부문에서 수상한 '기생충'과 극한 경쟁에 내몰린 현대인들의 모습을 그려 호평을 받은 '오징어 게임'도 있습니다. 이 두 작품의 촬영 현장을 그대로 옮겨 놓은 듯한 세트장도 구경하실 수 있는데요. 이곳에서는 촬영 현장의 사진과 함께 작품 속에서 배우들이 실제로 입고 사용한 의상과 소품들도 보실 수 있답니다.

그야말로 눈 호강, 귀 호강을 동시에 할 수 있는 전시회인데요. 전시 기간은 아이들 겨울 방학 기간인 12월 26일 토요일부터 내년 2월 27일 토요일까지입니다. 벌써부터 입소문이 나서 올해 말까지의 입장권은 이미 매진되었다고 합니다. 관심 있으신 분들은 서둘러 예매하셔야겠습니다. 춥다고 겨울 방학을 집에서만 보내고 계신다면 이번 주말에는 자녀와 함께 전시회에 다녀오시는 건 어떨까요? 이곳에서 우리 대중문화의 발전한 모습도 확인하시고 한국의 대중문화가 세계인에게 얼마나 큰 영향을 미치고 있는지도 실감해 보시기 바랍니다.

들어 보세요 2

남: 여러분 안녕하세요? 오늘은 여러분도 잘 아시는 유명 대중문화 예술인 빛나 씨를 모시고 이야기해 보겠습니다. 빛나 씨, 안녕하세요? 오랜만에 뵙습니다.

여: 안녕하세요? 정말 오랜만입니다.

남: 3년 만에 새 앨범을 내셨는데요. 먼저 새로 나온 앨범에 대해 말씀해 주시겠습니까?

여: 이번 앨범은 제가 직접 작사, 작곡한 곡이 많아서 특히 애정이 가는 앨범입니다. 평소 제가 가지고 있던 생각과 대중과 소통하고 싶은 이야기들을 담았습니다.

남: 직접 작사와 작곡을 하셨군요. 스튜디오에 모시기 전에 제가 이번 앨범에 있는 노래들을 다 들어 봤는데요. '아름다움'에 대해 이야기하시는 것 같아요. "다른 사람의 눈을 신경 쓰지.", "나는 그냥 나이고 싶어." 이런 가사들로 이야기하고 싶으셨던 건 뭔가요?

여: 우리 사회는 아름다워 보여야 한다고 사람들을 부추기는 경향이 있는 것 같아요. 자신이 꾸미고 싶어서 꾸미고 예쁘게 보이고 싶어서 가꾸는 것은 좋다고 생각합니다. 다만 남들에게 인정받기 위해서 아름다운 겉모습만 추구하다가는 진정한 자신을 잃어버릴 수 있다는 이야기를 하고 싶었습니다.

남: 지금도 최고의 인기를 누리고 계시지만 20대 때는 정말 스타 중의 스타셨죠. 그때의 앨범들을 보면 상업적인 요소도 많아 보이는데 지금은 오히려 상업적인 것에 대해 거부감을 표현하시는 것 같습니다. 생각이 바뀌신 이유가 있나요?

여: 사실 20대 때는 스타가 되고 싶었어요. 그래서 많은 사람들이 가장 좋아할 만한 것을 보여 드리는 데 초점을 뒀습니다. 예뻐 보이고 멋져 보이는 것을 추구했고 경제적으로 성공하는 것을 목표로 일했어요. 하지만 보이는 것만으로 평가받는 것 때문에 상처받은 적도 많았고 제가 하는 일의 가치를 찾을 수 없어서 힘들 때도 많았습니다. 나이가 들면서 외면적인 것보다 본질적인 것을 더욱 고민하게 되었고 대중들에게 제 생각을 말씀드릴 용기도 생겼어요. 그래서 제 생각을 가사로 쓰기 시작했습니다.

남: 하고 있는 일의 가치를 찾기가 힘들었다고 하셨는데요. 최근에 광고를 거절하신 것도 더 가치 있는 일을 하기 위해서인가요?

여: 네. 전에는 제가 찍은 광고를 보고 많은 사람들이 그 제품을 구매하는 게 좋다고만 생각했어요. 그런데 언젠가부터 청소년들이 쓰면 안 좋은 제품이나 제가 사용하지 않는 제품을 광고하는 게 불편하더라고요. 어렸을 때는 인기를 얻는 데에만 관심이 있었다면 이제는 그 인기를 어떻게 써야 할지 고민하고 있어요. **부족하나마** 좋은 쪽으로 영향을 끼치고 싶습니다.

남: 인터뷰를 하고 나니 앞으로의 활동이 더욱 기대되네요. 오늘 진솔한 대답 정말 감사합니다.

16. 과학과 삶

들어 보세요 1

여: 벽에 달라붙어 빌딩과 빌딩 사이를 날아다니게 하고 악당을 꼼짝도 못 하게 만드는 이것, 바로 영화 속 스파이더맨이 사용하는 거미줄입니다. 이 거미줄의 구조를 모방한 식물성 플라스틱이 개발되었다는데요. 쉽게 쓰고 버릴 수 있지만 잘 썩지 않아 문제가 되는 일회용 플라스틱을 바로 이 식물성 플라스틱으로 대체할 수 있다고 합니다. 이렇게 생물의 특성을 연구하고 모방하여 새로운 제품을 개발하는 것을 생체 모방이라고 하는데요. 거미줄에서 영감을 얻은 친환경 제품들이 잇따라 개발되고 있다고 합니다. 이 반가운 소식을 김재혁 기자가 취재했습니다. 김재혁 기자.

남: 네. 우선 영국의 연구 팀이 개발한 식물성 플라스틱이 무엇인지 알아봤습니다. 연구 팀은 국제 학술지를 통해 거미줄의 구조를 모방하는 방법으로 플라스틱을 대체할 식물성 플라스틱을 개발했다고 발표했는데요. 연구 팀은 거미줄이 단백질로 이루어졌지만 촘촘하면서도 규칙적으로 배열되어 매우 튼튼하고 질기다는 특성에 주목했습니다. 거미줄의 이런 특성을 모방하면 튼튼하면서도 쉽게 분해되는 친환경 플라스틱을 만들 수 있다고 생각한 거지요. 이에 콩 단백질을 이용해 거미줄과 같은 구조의 튼튼하면서도 분해가 되는 플라스틱을 개발한 것입니다.

다음은 타이어와 **방탄복에 관한** 소식인데요. 미국의 한 타이어 업체에서는 거미줄에서 아이디어를 얻어 '거미 실크'라는 물질을 개발했다고 합니다. 타이어에 공기 대신 이 물질을 넣어 공기가 빠질 우려 없이 튼튼하게 오래 사용할 수 있는 타이어를 만들어 낸 것입니다. 또한 미국의 한 기업에서는 인공 거미줄을 생산했는데요. 이 인공 거미줄로 만든 천은 강하면서도 부드러워 방탄복 소재로 사용할 수 있다고 합니다. 이런 제품들은 튼튼하고 오래 사용할 수 있다는 점에서 친환경적이라 할 수 있습니다.

이어서 한 우주 기업에서는 우주의 쓰레기를 청소할 인공위성을 개발 중인데요. 이 인공위성에서 거미줄처럼 끈끈한 물질을 쓰레기에 쏘아 수거하는 방식으로 우주 쓰레기들을 처리할 계획이라고 합니다.

이처럼 거미줄의 특성을 모방해 만든, 튼튼하면서도 환경을 훼손하지 않는 제품들이 지속적으로 개발되고 있습니다. 앞으로도 생체 모방 기술을 활용한 어떤 제품들이 나와서 인류에게 도움을 줄지 기대됩니다. N티 뉴스, 김재혁입니다.

들어 보세요 2

여: 30년 동안 잡지 못했던 범인을 유전자 검사를 통해 체포한 뉴스, 보셨습니까? 과학 기술의 눈부신 발달로 범인이 남기고 간 작은 흔적에서도 많은 정보를 얻을 수 있게 되면서 미해결 사건의 범인을 잡는 데 성공한 것입니다. 나날이 발전하고 있는 과학 수사. 오늘 '과학 수사 24시'는 과학 수사대가 사건 현장에서 어떻게 증거를 수집하고 범인을 밝혀내는지 그 과정을 보여 드립니다.

이곳은 사건 현장입니다. 과학 수사대가 사건 현장에서 증거를 수집하기 시작합니다. 가장 먼저 수집하는 증거는 지문입니다. 곳곳에 범인의 지문이 남아 있는지 확인했지만 안타깝게도 지문을 찾을 수 없었습니다. 이럴 경우에는 유전자 검사를 할 수 있는 증거를 찾는 것이 중요합니다. 사건 현장 근처에서 범인의 장갑을 찾았습니다. 이렇게 수집한 증거물은 잘 보존되어 국립과학수사연구원으로 보내집니다.

이곳은 국립과학수사연구원입니다. 이곳에서 가장 많이 처리하는 일은 바로 유전자 검사인데요. 예전에는 유전자 검사를 하려면 많은 양의 DNA가 필요했지만 이제는 과학 기술의 발달로 적은 양의 DNA만으로도 유전자 정보를 얻을 수 있게 되었습니다. 인체가 닿은 곳이 조금만 있어도 그 사람이 누구인지 정확히 알 수 있게 된 것입니다.

최근에는 DNA 정보로 몽타주를 그리는 일도 가능해졌습니다. DNA에서 얼굴 생김새와 관계된 부분의 정보를 얻음으로써 피부색, 머리색, 눈동자 색 등 그 사람의 외모까지도 알 수 있게 된 겁니다. 이 기술은 미제 사건을 해결하는 데 적극적으로 쓰이고 있습니다. 연령 변환 프로그램을 이용하면 30년 전에 그린 몽타주로 범인의 최근 모습을 정확하게 알 수 있습니다. 미제 사건의 범인을 체포하러 현장에 갔을 때 범인이 눈치를 채고 도망치는 경우가 많은데요. 범인의 생김새를 알고 현장에 간다면 범인을 빨리 알아볼 수 있어 그만큼 놓칠 확률도 낮아지게 됩니다.

이 밖에도 신발에 묻은 흙의 성분을 분석해 범인이 현장에 있지 않았다고 거짓말한 것을 밝혀내기도 하고, 심장, 맥박, 근육의 움직임 같은 신체 반응을 읽는 거짓말 탐지기를 통해 범인의 말을 분석하여 진위 여부를 밝히기도 합니다.

시간이 걸려도 언젠가는 진실이 반드시 **드러나는 법입니다**. 눈부신 과학 기술의 발전이 진실에 한 걸음 더 빠르게 다가가게 하는 열쇠가 되고 있습니다.

9. 교육과 미래

주제 어휘 p. 19

1
1) 한국 학생들은 초등학교, 중학교, 고등학교에서 여러 과목을 배워요. — 공교육
2) 공부할 때 스스로 목표를 정하고 계획을 세워 공부해요. — 자기 주도 학습
3) 학생에게 내용을 이해하도록 하기보다는 외우게 해요. — 주입식 교육
4) 요즘은 고등학교 수학을 중학교 때 미리 공부하는 학생이 많아요. — 선행 학습
5) 학생들은 학교가 끝난 후에 학원에 가서 수업을 들어요. — 사교육
6) 대학 입학시험에 필요한 과목을 중심으로 가르치고 있어요. — 입시 위주 교육
7) 아이가 피아노에 흥미를 느껴서 네 살 때부터 피아노를 가르쳤어요. — 조기 교육
8) 가장 중요한 교육은 사람으로서 기져야 할 사고와 태도에 대해 가르치는 거예요. — 인성 교육

들어 보세요 1 p. 21

1 조기 교육

2 모든 교육에는 <u>알맞은 시기</u>가 있고 이른 <u>선행 학습</u>은 아이의 <u>성장과 발전을 막을 수 있다</u>.

3

원인	문제
부모의 지나친 욕심과 불안감	→ 어린아이들이 과도한 조기 교육을 받게 됨.

4
1) <u>공감 능력, 사회성</u>은 오히려 떨어지게 됨.
2) <u>배우는 즐거움을 느끼지 못하고 자기 주도 학습 능력도 낮아지게 됨</u>.

5 ②

들어 보세요 2 p. 22

1 사교육 의존도가 높은 원인

2

	원인	문제
남자	입시 위주의 교육	사교육 의존도가 높아짐.
여자	공교육의 붕괴	

3

- 남자:
  - 학력을 중시하는 사회이기 때문에 명문 대학에 가기 위한 입시 경쟁이 치열하다.
  - 공교육의 역할은 기본적인 지식을 가르치고 학생들이 올바른 사회 구성원이 되도록 교육하는 것이다.
- 여자:
  - 사교육을 받으면 빨리 성적을 올릴 수 있기 때문에 학생들은 사교육을 포기하기가 어렵다.
  - 학교에서는 인성 교육이 제대로 이루어지지 않고 있다.

4 ③

주제 어휘 p. 29

1
2) 정보를 검색하다, 디지털 기기를 사용하다
3) 체험 학습, 관찰하다
4) 협업하다, 환경을 조성하다
5) 다양성을 존중하다, 개인별 맞춤 학습
6) 첨단 기술을 도입하다, 기술을 활용하다
7) 피드백을 받다
8) 학습자 중심 교육
9) 가상 현실을 체험하다
10) 인재를 양성하다

읽어 보세요 1 p. 30

1 미래 학교의 모습

2 21세기의 다양한 기술이 교육 현장에 도입되어 교실의 기능, 교사의 역할, 수업의 형태 등에 획기적인 변화가 있을 것임.

3

학교의 모습	기술 발전		변화
교실의 기능	• 사물 인터넷 • 실감 미디어 • 홀로그램	현재	교사의 설명을 듣기 위해 모이는 장소
		미래	정보를 검색하고 가상 현실을 체험하는 공간
교사의 역할	• 인공 지능 • 빅 데이터 • 학습 도우미 로봇	현재	지식을 전달하는 역할
		미래	학생들 스스로 문제를 발견하고 해결할 수 있도록 도와주는 역할
수업의 형태	• 원격 통신 기술	현재	학생들이 교사의 설명을 듣는 수업 형태
		미래	온라인(기초 지식 습득)과 오프라인 수업(실험이나 체험 등 활동)을 병행

읽어 보세요 2　　　　　　　　　　　　　　　p. 32

1. 학교가 <u>디지털 기기에 대한 부정적인 인식</u>을 바꾸고 <u>디지털 친화적인 환경</u>을 조성해야 한다.

2.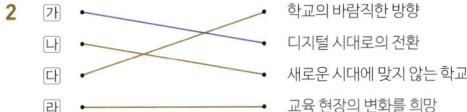
   - 가 — 새로운 시대에 맞지 않는 학교
   - 나 — 교육 현장의 변화를 희망
   - 다 — 학교의 바람직한 방향
   - 라 — 디지털 시대로의 전환

3. 새로운 시대에 맞지 않게 디지털 기기의 부작용에만 집중하고 있음.
4. 디지털 기기를 활용하여 필요한 정보를 찾거나 자신의 생각을 다른 사람들과 공유하고 소통하는 능력
5. • 같은 조 친구들과 협업하여 결과물을 완성함
   • 결과물을 다른 조와 바로 공유하여 서로 피드백을 줌

10. 생활 속 경제

주제 어휘　　　　　　　　　　　　　　　p. 47

1. 2) 상품을 광고하다, 신제품을 홍보하다
   3) 제품을 구매하다
   4) 매출이 증가하다
   5) 다른 기업과 경쟁하다
2. 2) 광고를 제작하다　　　3) 구매를 유도하다
   4) 가격이 인상되다　　　5) 정보를 제공하다
   6) 제품을 노출하다　　　7) 제작비를 지원하다
   8) 시청권을 침해하다　　9) 비판을 받다
   10) 규제하다　　　　　11) 횟수를 제한하다

들어 보세요 1　　　　　　　　　　　　　p. 49

1. • 소비자들에게 부정적인 영향을 끼침
2. 구매를 유도하여 소비를 늘리고 생산을 증가시킴.
3. 너무 많은 광고, 허위 과장 광고 때문에 거부감을 가짐.
4. 기업은 광고를 통해 <u>매출을 증가시키</u>고자 하고, 소비자는 제품에 대한 정확한 정보를 얻어 질 좋은 제품을 <u>합리적인 가격에 구매하</u>고 싶어 합니다.
5. 소비자: 광고가 제공하는 정보가 정확한지 따져 보고 <u>계획적으로 소비해야 함</u>.
   기업: <u>윤리적인 기준을 지키면서 광고를 제작하려고 노력해야 함</u>.

들어 보세요 2　　　　　　　　　　　　　p. 50

1. 간접 광고는 영화나 드라마, 예능 프로그램 등에 <u>제품을 노출하여 홍보하는</u> 광고입니다.

2.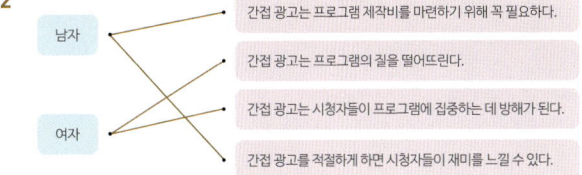
   - 남자 — 간접 광고는 프로그램의 질을 떨어뜨린다. / 간접 광고는 시청자들이 프로그램에 집중하는 데 방해가 된다.
   - 여자 — 간접 광고는 프로그램 제작비를 마련하기 위해 꼭 필요하다. / 간접 광고를 적절하게 하면 시청자들이 재미를 느낄 수 있다.

3. 프로그램 제작비가 부족한 현실
4. 광고를 할 때 간접 광고임을 자막을 통해 알리고 횟수와 노출 시간 등에 제한을 둬야 함.

주제 어휘　　　　　　　　　　　　　　　p. 57

1. 1) 불황 ⇔ 호황
   2) 초저가 ⇔ 초고가
   3) 공급자 ⇔ 수요자
   4) 경제가 활성화되다 ⇔ 경제가 침체되다
   5) 일자리를 창출하다

2.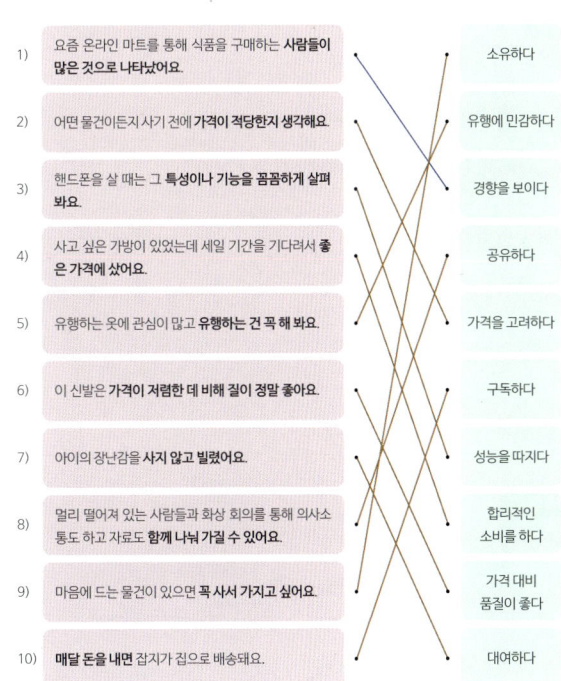

읽어 보세요 1 — p. 58

1. 20·30대 소비 경향
2. 2) 심리적 만족감을 중시함
   3) 소유에 집착하지 않음
3. 가격에 비해 성능이나 품질이 좋은 제품과 초고가 명품 이 앞으로도 인기를 끌 것이며, 대여 서비스 시장 도 더욱 활성화될 것이다.
4. ①

읽어 보세요 2 — p. 60

1. 생산된 제품을 여러 사람이 공유해 사용하는 경제 활동 방식
2.
장점	문제점
• 지역 경제를 활성화하여 일자리를 창출함. • 자신이 안 쓰는 것을 남과 공유하고 쓴 만큼 비용을 낸다는 점에서 합리적임.	• 공유 경제의 본모습이 변해 공급자와 수요자를 연결해 주는 업체가 이득을 누리게 됨. • 관련된 법이 제대로 마련되어 있지 않아 범죄에 취약함. • 기존 산업과 갈등이 있음.

3. 물건을 소유하는 것에 큰 가치를 두지 않는 소비 경향 때문에 공유 경제나 구독 경제와 같은 경제 방식이 지속적으로 성장할 것임.

쓰기 — p. 62

2.
- 공유 경제는 여전히 수요자가 저렴한 가격에 좋은 제품을 이용할 수 있는 방법이다. — (가)
- 공유 경제로 인해 지역 경제가 활성화되어 일자리가 창출된다. — (나)
- 공유 경제를 통해 공급자는 사용하지 않는 자원을 활용하여 이익을 창출할 수 있다. — (가)
- 연구에 따르면 기업에서 새로 생산하는 제품에 대한 소비가 공유 경제 서비스로 인해 줄지는 않았다고 한다. — (나)

11. 변화하는 사회

주제 어휘 — p. 75

1.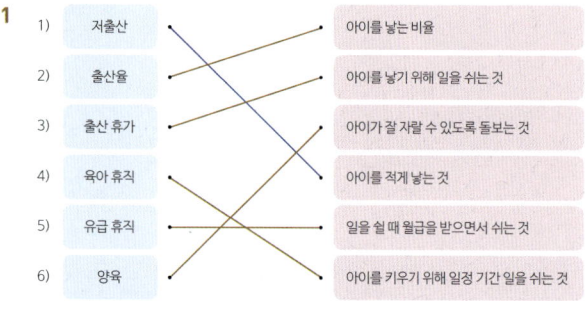

2. 2) 출산을 장려하다   3) 양육비를 지원하다
   4) 근로 시간을 단축하다   5) 제도를 마련하다
   6) 수당을 지급하다   7) 정책을 시행하다
   8) 혜택을 제공하다   9) 효과가 미미하다
   10) 추세가 지속되다   11) 실효성이 있다

들어 보세요 1 — p. 77

1. ①
2.
1960년대	아동과 청년이 많고 노인이 적어서 전체 인구의 3%에 불과함 .
2060년	노인이 전체 인구의 40%를 차지할 것으로 예측됨 .

3. 그동안의 정책은 주로 아이를 낳으면 혜택 을 주는 데 초점을 맞추고 있으며 아이를 낳지 않는 가장 큰 이유인 경제적인 문제 를 해결해 주지 못하고 있음.
4. 아이를 낳은 직원에게 근로 시간을 단축해 주거나 재택근무, 육아 휴직을 허용함.

들어 보세요 2 — p. 78

1. 저출산 문제를 해결하기 위한 정책
2.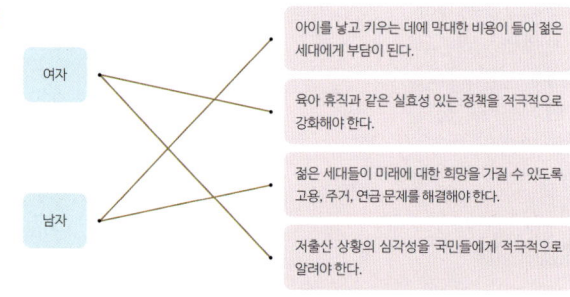
3. ☑ 일부 사람만 육아 휴직 제도를 사용하고 있다.
   ☐ 그동안의 출산 장려 정책은 큰 효과를 거뒀다.
   ☐ 모든 국민이 저출산 문제의 심각성에 대해 공감하고 있다.
   ☑ 여러 문제로 젊은 세대가 미래에 대한 희망을 갖기 어렵다.
4. • 해결 방안: 신혼부부에게 주거비를 지원함 .
   • 이유: 주거 문제는 결혼하기 원하는 많은 청년들이 겪는 큰 문제이고 안정적인 생활 공간이 없으면 아이를 낳기 어렵기 때문에 .

말하기　　　　　　　　　　　　　　　　p. 80

2　☐　사형 제도를 허용해야 하는가?
　　☐　동물 실험은 금지되어야 하는가?
　　☑　출산율을 높일 수 있는 방안은 무엇인가?
　　☑　어떻게 하면 세대 차이를 줄일 수 있는가?
　　☑　미래에 우리의 아이들이 살기 좋은 사회를 만들려면 어떻게 해야 하는가?

주제 어휘　　　　　　　　　　　　　　p. 85

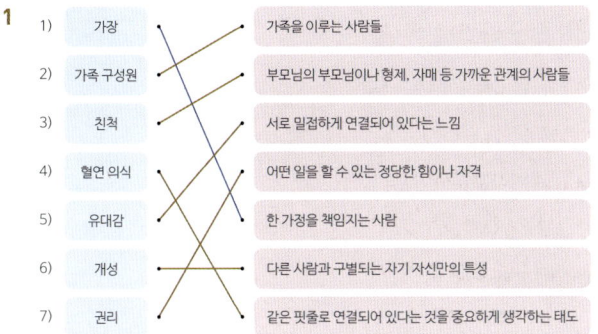

1) 가장 — 한 가정을 책임지는 사람
2) 가족 구성원 — 가족을 이루는 사람들
3) 친척 — 부모님의 부모님이나 형제, 자매 등 가까운 관계의 사람들
4) 혈연 의식 — 같은 핏줄로 연결되어 있다는 것을 중요하게 생각하는 태도
5) 유대감 — 서로 밀접하게 연결되어 있다는 느낌
6) 개성 — 다른 사람과 구별되는 자기 자신만의 특성
7) 권리 — 어떤 일을 할 수 있는 정당한 힘이나 자격

읽어 보세요 1　　　　　　　　　　　p. 86

1　가 — 가족의 정의
　　나 — 대가족의 가치관
　　다 — 핵가족의 가치관
　　라 — 새로운 가족 형태의 등장
　　마 — 앞으로의 전망

2　대가족 — 어른의 말을 따르며 공동체의 가치를 최우선으로 여긴다.
　　　　　— 혈연 의식이 강하여 공동체로서의 유대감이 중시된다.
　　핵가족 — 가족 구성원의 개성과 창의성을 중시한다.
　　　　　— 가족 구성원들은 서로 동등한 권리를 갖는다.

3　한 부모 가족, 무자녀 가족, 조손 가족, 다문화 가족, 입양 가족, 1인 가구

4　끊임없이 변화하는 사회에 따라 가족 형태도 다양해질 것임.

5　☑　가족은 하나의 공동체이므로 유대감을 갖고 생활해야 한다.
　　☐　피를 나누지 않아도 가족이 될 수 있으며 가족 형태는 내가 선택하는 것이다.
　　☐　가족의 중요한 일은 가족 구성원이 같이 의논하여 결정하는 것이 바람직하다.
　　☑　중요한 일이 있으면 가족 내에서 나이가 많은 어른의 조언을 구하는 것이 좋다.

읽어 보세요 2　　　　　　　　　　　p. 88

1　독거노인 문제에 우리 모두 적극적으로 관심을 가져야 함.

2　1) 노화로 인해 <u>신체 활동에 제한이 생기고 질병에 시달림</u>.
　　2) <u>경제적 어려움을 겪음</u>.
　　3) <u>가족과의 관계가 단절되고 소외감을 느낌</u>.

3　2) 정부에서 독거노인들을 위한 공동체를 형성해 줌
　　3) 다양한 시간제 일자리를 마련하여 제공함

4　1) ○　　2) ✕　　3) ○

쓰기　　　　　　　　　　　　　　　　p. 90

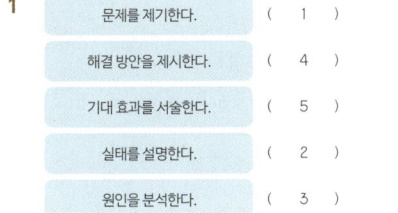

1　문제를 제기한다.　　（ 1 ）
　　해결 방안을 제시한다.　（ 4 ）
　　기대 효과를 서술한다.　（ 5 ）
　　실태를 설명한다.　　（ 2 ）
　　원인을 분석한다.　　（ 3 ）

12. 대중 매체

주제 어휘　　　　　　　　　　　　　　p. 103

1　2) 채널을 개설하다　　3) 다양한 콘텐츠를 보유하다
　　4) 사람들과 교류하다　5) 시공간을 초월하다
　　6) 세대 차이를 극복하다　7) 형식에 구애를 받지 않다

2
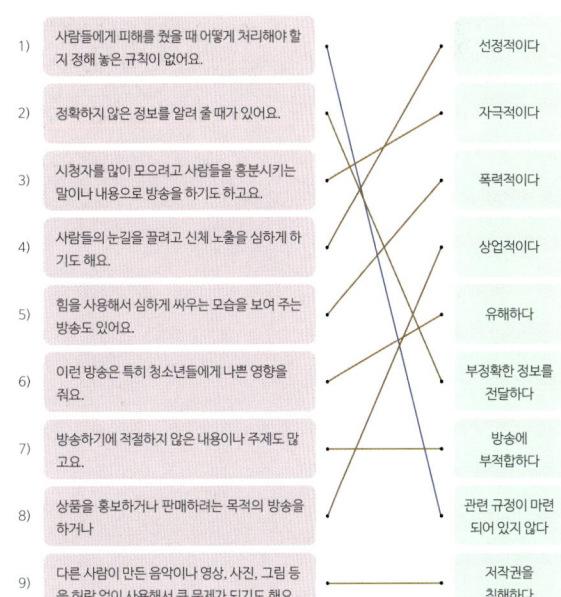

1) 사람들에게 피해를 줬을 때 어떻게 처리해야 할지 정해 놓은 규칙이 없어요. — 관련 규정이 마련되어 있지 않다
2) 정확하지 않은 정보를 알려 줄 때가 있어요. — 부정확한 정보를 전달하다
3) 시청자를 많이 모으려고 사람들을 흥분시키는 말이나 내용으로 방송을 하기도 하고요. — 자극적이다
4) 사람들의 눈길을 끌려고 신체 노출을 심하게 하기도 해요. — 선정적이다
5) 힘을 사용해서 심하게 싸우는 모습을 보여 주는 방송도 있어요. — 폭력적이다
6) 이런 방송은 특히 청소년들에게 나쁜 영향을 줘요. — 유해하다
7) 방송하기에 적절하지 않은 내용이나 주제도 많고요. — 방송에 부적합하다
8) 상품을 홍보하거나 판매하려는 목적의 방송을 하거나 — 상업적이다
9) 다른 사람이 만든 음악이나 영상, 사진, 그림 등을 허락 없이 사용해서 큰 문제가 되기도 해요. — 저작권을 침해하다

들어 보세요 1   p. 105

1. 구독자가 70만 명이 되어서 감사하는 마음을 전하려고

2.
질문	대답
1) 인기를 실감하는가?	실감함. 길에서 인사해 주는 젊은 사람들이 많아짐.
2) 사람들이 할머니 방송을 보는 이유는?	나이가 많은데도 도전하는 모습을 좋게 봐 주는 것 같음.
3) 인터넷 방송을 하면서 제일 좋은 점은?	여러 사람과 소통할 수 있음.
4) 앞으로 하고 싶은 콘텐츠는?	나만의 개성과 비법을 보여 주는 방송을 하고 싶음.

3.
- ☐ 인터넷 방송은 힘들기 때문에 추천하지 않는다.
- ☐ 하나의 주제로 오랫동안 방송해서 인기를 얻었다.
- ☑ 일을 그만둔 뒤 처음에는 활동적으로 지내지 못했다.
- ☑ 인터넷 방송을 통해 여러 세대와 교류할 수 있다고 생각한다.

4. 누구나 채널을 개설할 수 있음.
다양한 콘텐츠를 보유하고 있음.
여러 사람, 여러 세대와 교류할 수 있음.
시공간을 초월해 여러 나라 사람과 소통할 수 있음.

들어 보세요 2   p. 106

1. 1인 미디어의 문제점과 해결 방법

2.
	문제점	해결 방안
여자	유해한 방송이 많음.	법적으로 규제하는 방안을 마련해야 함.
남자	부정확한 정보를 전달하는 방송이 많음.	1인 미디어 스스로 좋은 방송을 제작하도록 도움이 될 만한 제도를 마련해야 함.

3. ②

4.
- ☐ 인터넷 방송은 특정 분야의 전문가들이 진행하고 있다.
- ☐ 문제를 일으킨 인터넷 방송은 일정 기간 방송이 금지되고 있다.
- ☑ 이용자가 늘어나면서 1인 미디어는 강한 영향력을 갖게 되었다.
- ☑ 인터넷 방송을 규제하는 것은 표현의 자유를 침해할 가능성이 있다.

주제 어휘   p. 113

1.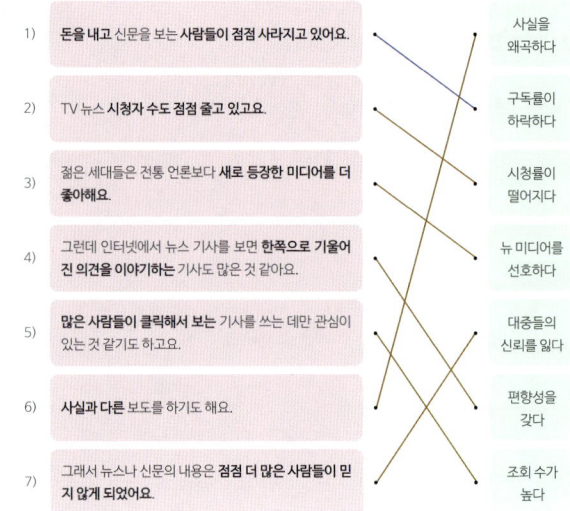

읽어 보세요 1   p. 114

1. 뉴 미디어의 이용 비율이 높아짐에 따라 TV나 신문을 통해 뉴스를 접하는 사람들은 점점 적어지고 있기 때문에

2.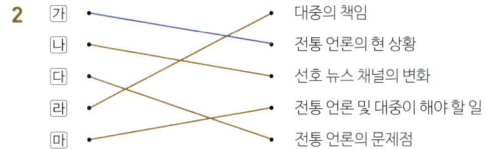
- 가 — 전통 언론의 현 상황
- 나 — 대중의 책임
- 다 — 선호 뉴스 채널의 변화
- 라 — 전통 언론 및 대중이 해야 할 일
- 마 — 전통 언론의 문제점

3. 전통 언론의 뉴스가 비언론인이 만든 뉴스와 차이를 보여 주지 못하고 있는 점

4. 자신들이 좋아하는 내용의 뉴스만을 골라 봄.

5.
언론	균형 있는 시각으로 진실을 구하고 전달하기 위해 노력해야 함.
대중	진실을 전달하고자 하는 뉴스와 자극적인 소재로 관심을 끌려고만 하는 뉴스를 구분하려는 노력을 해야 함.

읽어 보세요 2   p. 116

1. 김지훈 기자가 퓰리처상을 수상한다는 내용

2. 난민들의 슬픔과 절박함을 생생하게 드러내고 있기 때문에

3.
- 난민의 실태를 사람들에게 알리는 역할을 해서 기쁨
- 난민에 대한 관심이 높아지기를 바람

4.
- ☐ 뉴욕에서 퓰리처상 시상식이 열렸다.
- ☐ 퓰리처상은 난민에게 주는 권위 있는 상이다.
- ☑ 전 세계적으로 난민의 수는 8,000만 명이나 된다.
- ☑ 김지훈 기자는 난민들과 같이 지내며 사진을 찍었다.

쓰기   p. 118

1 연습1

누가	박수진 기자가
언제	20일 오후 3시
어디서	한국언론인상 시상식에서
무엇을	올해의 기자상을 수상했다.
어떻게	"장애인 차별 없는 도시"라는 기사로
왜	독자 투표에서 많은 표를 얻고 위원회에서도 좋은 평가를 받아서

박수진 기자는 20일 오후 3시 한국언론인상 시상식에서 독자 투표와 위원회의 심사를 통해 '장애인 차별 없는 도시'라는 기사로 올해의 기자상을 수상했다.

연습2

누가	60대 A 씨가
언제	26일 새벽 3시 10분쯤
어디서	서울시 관악구 봉천동 한 도로에서
무엇을	사고를 냈다.
어떻게	정차 중인 차를 들이받아
왜	과속하다가 정차해 있던 차를 보지 못해서

60대 A 씨가 26일 새벽 3시 10분쯤 서울시 관악구 봉천동 한 도로에서 과속하다가 정차해 있던 차를 보지 못하고 들이받아서 사고를 냈다.

연습3

누가	X
언제	5일 오후 4시 30분쯤
어디서	서울시 관악구 신림동 오피스텔에서
무엇을	세 개 층이 불에 탔다.
어떻게	화재가 발생하여
왜	누전으로 인해

5일 오후 4시 30분쯤 서울시 관악구 신림동 오피스텔에서 누전으로 인해 화재가 발생하여 세 개 층이 불에 탔다.

연습4

누가	기상청은
언제	28일
어디서	X
무엇을	최근 30년간은 과거 30년간에 비해 연평균 기온이 1.6℃ 더 상승했다고 발표했다.
어떻게	여섯 개 도시의 기후 변화를 분석해서
왜	지구온난화와 급속한 도시화로 인해

기상청은 28일 여섯 개 도시의 기후 변화를 분석하여 지구온난화와 급속한 도시화로 인해 최근 30년간은 과거 30년간에 비해 연평균 기온이 1.6℃ 더 상승했다고 발표했다.

13. 역사와 인물

들어 보세요 1   p. 133

1
- 사람들이 이동하고 물품을 운송하는 중요한 교통로였기 때문에
- 강 주변의 땅이 기름져 농사짓기에 적합했기 때문에

2   백제, 4세기 → 고구려, 5세기 → 신라, 6세기

3
- ☑ 한강 하류는 농사를 짓기에 좋은 땅이었다.
- ☑ 신라는 한강을 차지한 후 삼국을 통일했다.
- ☐ 한강을 차지하지 않은 나라가 더 쉽게 발전할 수 있었다.
- ☐ 4대 문명과 삼국의 건국과 멸망은 서로 관련된 점을 찾을 수 없다.

들어 보세요 2   p. 134

1   고려의 멸망과 조선의 건국

2   다른 나라와 전쟁이 끊이지 않았고, 귀족들이 부정부패를 저질러 백성들이 살기 힘들었음.

3   (1) - (3) - (5) - (4) - (2)

4

5   이방원은 자신이 제거한 정몽주에게 최고의 관직을 내렸다고 전해진다. 이것을 통해 이방원이 정몽주의 정신만큼은 훌륭하다고 인정했음 을 알 수 있다.

주제 어휘 p. 141

1)
1) 나라의 첫 번째 왕이었던 그는 국민을 잘 보살피고 국가의 일을 잘 관리하고 처리했으며 — 나라를 다스리다
2) 본받아 배울 만한 일들을 많이 한 것으로 알려져 있습니다. — 모범을 보이다
3) 건국 후, 그는 나라를 제대로 다스리기 위해 가장 중요하고 기본적인 것들부터 마련했습니다. — 기틀을 마련하다
4) 가장 먼저 나라를 다른 나라로부터 안전하게 지키기 위한 힘을 키우고자 했습니다. — 국방을 강화하다
5) 사회 전체의 조직과 제도를 정리하여 제대로 갖추었고 — 체제를 정비하다
6) 잘못된 사람들을 벌하는 법을 만드는 등 — 법을 제정하다
7) 백성들이 지켜야 하는 법칙과 기준을 제시했습니다. — 규범을 제시하다
8) 신분과 관계없이 능력 있는 사람을 뽑았으며 — 인재를 선발하다
9) 백성들이 편안한 삶을 살 수 있도록 열심히 연구했습니다. — 연구에 힘쓰다
10) 그는 죽을 때까지 좋은 나라를 만들기 위해 최선을 다해 노력했던 왕이었습니다. — 온 힘을 바치다

읽어 보세요 1 p. 142

1 조선 시대 인물들의 지도력

2
역사 속 인물	업적 및 행동	평가
이순신	• 나라와 백성을 위해 온 힘을 바쳐 싸웠으며 군사들의 용기를 북돋아 줌. • 면회 온 가족들을 근무 시간이 끝날 때까지 기다리게 함.	• 용감함. • 강직함.
정도전	• 조선을 설계하는 역할을 맡아 조선의 기틀을 마련함.	• 유능함.
정약용	• 다양한 분야의 학문과 기술을 공부해 500여 권의 책을 씀. • 거중기를 만듦.	• 천재적임. • 여러 분야에 능통함.

3 ②

4 죽을 것을 각오하고 열심히 싸우면 살 것이고, 살고 싶어서 두려워하며 열심히 싸우지 않으면 죽을 것이라는 뜻

읽어 보세요 2 p. 144

1 세종은 백성을 사랑하고 신하를 진심으로 아끼는 <u>인자한</u> 성품의 왕이었다.

2
질문		내용
기본 정보	세종은 누구인가?	조선의 제4대 왕
행적	세종은 무슨 일을 했나?	• 국방을 강화함. • 나라 안의 여러 제도를 정비함. • 집현전을 설치하고 인재를 선발하여 학문 연구에 힘씀. • 과학 기술에 관심을 기울여 여러 농사 기구를 발명함.
	세종의 대표적인 업적은 무엇인가?	한글을 창제함.
일화	무슨 일이 있었나?	신숙주가 집현전에서 숙직할 때 글을 읽다가 잠들자 자신의 어의를 벗어 덮어 주게 함.
평가	세종을 '세종 대왕'이라 부르는 이유는 무엇인가?	백성들을 위해 글자를 직접 만들고, 신분이 낮은 백성의 삶까지 보살폈기 때문

3
• 노비를 함부로 처벌하지 못하게 하는 법을 제정함
• 출산을 앞두거나 출산을 한 여자 노비에게 휴가를 주는 법을 제정함

4
☑ 총명하다   ☑ 인자하다
☐ 강직하다   ☐ 용감하다
☐ 천재적이다 ☐ 충성심이 강하다
☑ 백성을 사랑하다 ☑ 신하를 아끼다

14. 전통문화

주제 어휘 p. 161

1 2) 고난도 기술이 필요하다   3) 수작업으로 제작하다
   4) 전통 제작 방식을 고수하다 5) 실용적이다
   6) 장식하다   7) 특색이 있다
   8) 인내심이 요구되다   9) 상징하다

들어 보세요 1 p. 163

1 전통문화 장인이란 <u>전통 공예품을 옛날 방식 그대로 만드는 사람</u>이다.

2 • 금속으로 장식품을 만드는 장인
  • 바느질로 옷을 만드는 장인

3 산업화로 대량 생산이 가능하게 되었고, 장인들이 만든 물건은 품질은 좋지만 만드는 데 시간이 오래 걸리고 값도 비싸기 때문에 경쟁력을 잃어서

4 산업화 이후 찾아 보기 힘들어진, 정성과 노력을 쏟은 물건에 대한 그리움 때문에

5 ☐ 대부분의 작업을 기계로 진행한다.
   ☐ 직접 방문해서 제작 과정을 보기는 어렵다.
   ☑ 제작한 만년필의 품질이 좋지 않으면 폐기한다.
   ☑ 손의 감각을 느끼며 좋은 물건을 만들고자 한다.

들어 보세요 2   p. 164

준비

1 삼국 시대
2 바른 자세
3 • 반투명함 : 안쪽 부분이 은은하게 보임.
   • 실용성이 있음 : 햇볕, 비, 바람을 막으면서도 통풍이 되어 답답하지 않음.

4 대우를 만듦. → 양태를 만듦. → 대우와 양태를 이어 옻칠을 함.

5
용도	외출할 때, 농사를 지을 때, 집에 있을 때 쓰는 갓의 형태가 달랐음.
신분	왕, 양반, 일반 서민이 쓰던 갓이 달랐음.
시대	시대별로 높이나 넓이가 달라지고 갓끈의 길이도 변화함.
개성	갓끈을 호박이나 대나무로 장식함.

주제 어휘   p. 171

1 2) 고유하다   3) 정체성을 잃다
   4) 전통을 훼손하다   5) 획일화되다
   6) 창조적으로 계승하다 7) 재탄생하다
   8) 대중화되다   9) 세계화에 기여하다
   10) 가치를 재발견하다 11) 동서양을 아우르다
   12) 융합되다

읽어 보세요 1   p. 172

1 서로 다른 문화가 만나 탄생하는 <u>퓨전 문화</u> 는 오래전부터 존재했으며, 지금도 전통문화의 가치를 <u>재발견하고 창조적으로 계승하려는</u> 시도가 계속 이어지고 있다.

2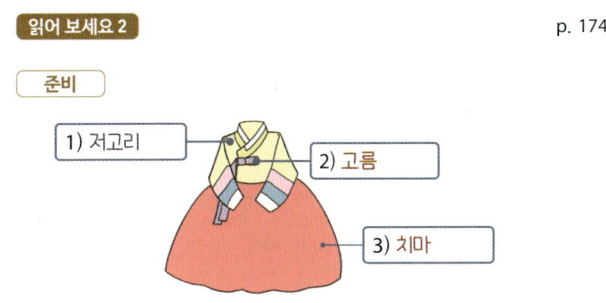
   가 — 퓨전 문화 열풍
   나 — 햄버거의 유래
   다 — 한국에 들어온 햄버거의 변신
   라 — 전통문화를 창조적으로 계승하려는 시도

3 (1) - (3) - (4) - (2)

4 한국의 대표 음식과 만나 김치버거, 불고기버거, 떡갈비버거, 밥버거 등으로 재탄생하게 됨.

5 • 전통 공예품에 현대적인 디자인을 입힘
   • 전통 악기와 서양 악기로 협연을 함

읽어 보세요 2   p. 174

준비

1) 저고리 2) 고름 3) 치마

1 '우리 옷 바로 입기' 토론회

2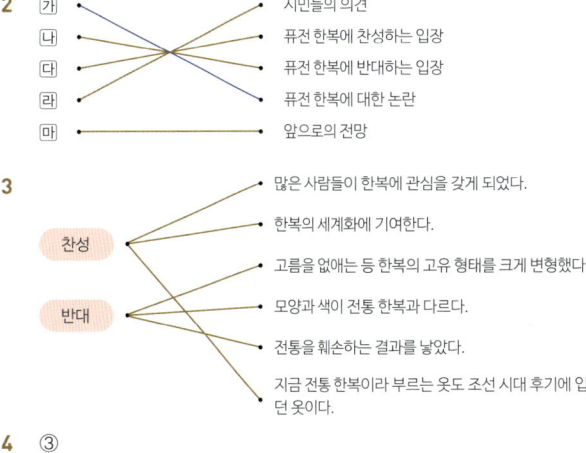
   가 — 퓨전 한복에 대한 논란
   나 — 퓨전 한복에 찬성하는 입장
   다 — 퓨전 한복에 반대하는 입장
   라 — 시민들의 의견
   마 — 앞으로의 전망

3 찬성 — 많은 사람들이 한복에 관심을 갖게 되었다.
       — 한복의 세계화에 기여한다.
   반대 — 고름을 없애는 등 한복의 고유 형태를 크게 변형했다.
       — 모양과 색이 전통 한복과 다르다.
       — 전통을 훼손하는 결과를 낳았다.
       — 지금 전통 한복이라 부르는 옷도 조선 시대 후기에 입던 옷이다.

4 ③

15. 대중문화의 힘

주제 어휘 p. 189

1
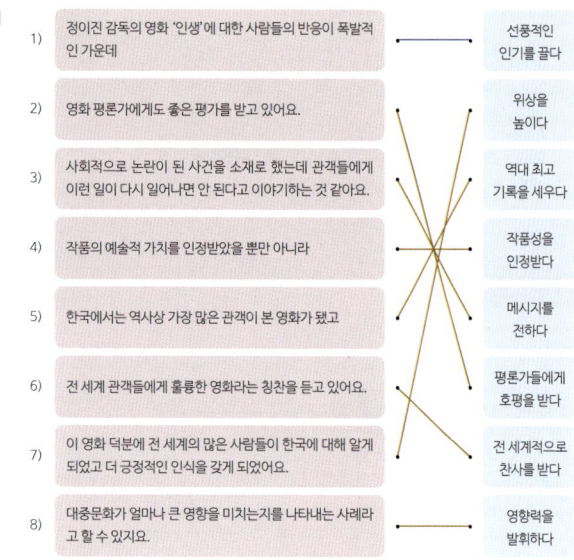

들어 보세요 1 p. 190

1 한국 대중문화

2 ☑ 유명 영화 관람하기
☑ 뮤직비디오 보며 춤추기
☑ 영화 촬영 현장 사진 감상
☐ 실제 영화 촬영 장소 보기
☑ 영화 촬영 소품과 의상 보기
☐ 유명 대중문화 예술인 직접 만나기

3

4 ☑ 이 전시회는 겨울 방학 때 열려 학생들이 가기 좋다.
☐ 한국 대중문화가 외국인들 사이에서는 아직 낯설다.
☑ 이 전시회에 가면 한국 대중문화의 역사를 알 수 있다.
☐ 이 전시회는 사람들에게 아직 알려지지 않아 표를 구하기 쉽다.

들어 보세요 2 p. 191

1 유명 대중문화 예술인 빛나

2 ☑ 노래 ☐ 연기 ☑ 작사
☑ 작곡 ☐ 디자인 ☑ 광고 모델

3

	질문	대답
1)	새로 나온 앨범은?	직접 작사, 작곡한 곡이 많아서 특히 애정이 가는 앨범임. 평소 가지고 있던 생각과 대중과 소통하고 싶은 이야기들을 담았음.
2)	가사로 이야기하고 싶었던 것은?	아름다운 겉모습만 추구하다가는 자신을 잃어버릴 수도 있음.
3)	20대 때와 생각이 바뀐 이유는?	나이가 들면서 본질적인 것을 더욱 고민하게 되었고 대중들에게 자신의 생각을 말할 용기도 생겼음.
4)	최근에 광고를 거절한 것도 더 가치 있는 일을 하기 위해서인지?	맞음. 인기를 어떻게 써야 할지 고민하고 있고 좋은 쪽으로 영향을 끼치고 싶음.

4 ③

주제 어휘 p. 197

1 2) 리메이크하다 3) 위안을 주다
4) 소재가 참신하다 5) 소설을 원작으로 하다
6) 과거 모습을 재현하다 7) 공감을 불러일으키다
8) 실화를 바탕으로 하다 9) 울림을 주다
10) 완성도가 높다 11) 볼거리를 제공하다
12) 추억을 떠올리게 하다

읽어 보세요 1 p. 198

1 국경을 뛰어넘어 세계적으로 사랑받는 콘텐츠

2 ☑ 주제 ☑ 소재 ☑ 연기
☑ 연출 ☐ 광고 ☐ 제작비
☐ 제작 환경 ☑ 제작 기술

3 국경에 구애받지 않고 세계 각국에서 다른 나라의 작품을 접하는 일 이 더욱 보편화될 것임.

4 그들의 작품이 세계인을 사로잡을 수 있었던 비법과 한국 대중문화가 나아가야 할 방향에 대해 이야기할 것임.

5 세계 여러 나라의 콘텐츠를 손쉽게 접할 수 있음.

읽어 보세요 2 p. 200

1
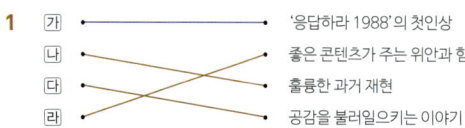

2   주택가, 골목길, 다방, 택시, 보온 도시락, 만원 버스, 다이얼 전화기
3   시청자들에게 추억과 과거의 감정까지 떠올리게 함.
4   공감을 불러일으키는 여러 이야기들 때문에
5   그 시절 곳곳에 가득했던 사랑

16. 과학과 삶

주제 어휘 p. 215

1   2) 유전자 검사   3) 생체 모방
    4) 과학 수사
2   2) 목격자를 찾다, 목격자의 진술을 듣다
    3) 생김새를 묘사하다, 몽타주를 그리다
    4) 지문을 분석하다, 범인을 밝혀내다
    5) 거짓말 탐지기 조사를 하다, 진위 여부를 밝히다
    6) 미제 사건을 해결하다, 범인을 체포하다

들어 보세요 1 p. 217

1   거미줄에서 영감을 얻어 생체 모방 기술을 통해 개발된 친환경 제품
2   거미줄이 촘촘하면서도 규칙적으로 배열되어 매우 튼튼하고 질기다는 특성
3   2) 타이어   3) 방탄복
    4) 인공위성
4   튼튼하면서 환경을 훼손하지 않음.

들어 보세요 2 p. 218

1   과학 수사대가 사건 현장에서 증거를 수집하고 범인을 밝혀내는 과정

2   과학 기술의 발달로 범인이 남기고 간 작은 흔적에서도 많은 정보를 얻을 수 있게 됐기 때문에
3   2) 유전자 검사
    3) 몽타주 그리기
    4) 신발에 묻은 흙 성분 분석하기
    5) 거짓말 탐지기
4   ☐ 범인의 지문   ☑ 범인의 눈동자 색
    ☐ 범인의 신체 반응   ☑ 범인의 머리카락 색
5   ☐ 유전자 정보를 얻으려면 많은 양의 DNA가 필요하다.
    ☑ 연령 변환 프로그램을 통해 범인의 최근 모습을 알 수 있다.
    ☐ 국립과학수사연구원에서 가장 많이 하는 일은 지문을 분석하는 일이다.
    ☑ 사건 현장에서 범인의 물건을 발견하면 국립과학수사연구원으로 보낸다.

주제 어휘 p. 225

1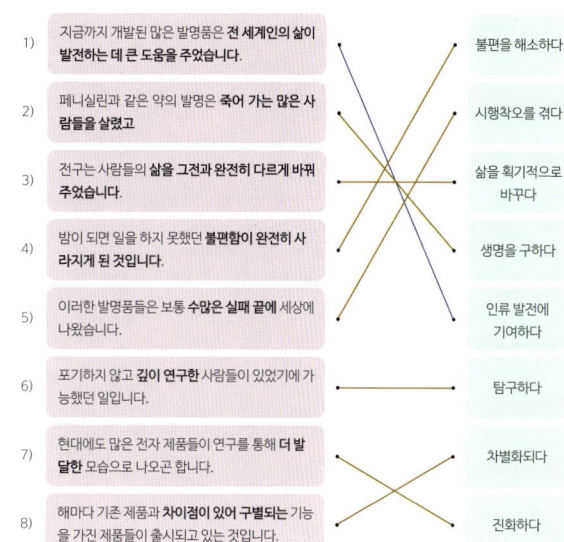

읽어 보세요 1 p. 226

1   ③
2   가 — 페니실린이 개발된 과정
    나 — 도구를 사용하는 인간
    다 — 엑스선의 발견 과정
    라 — 우연한 발견에 의해 만들어진 발명품
    마 — 탐구하는 자세의 중요성
3   뢴트겐이 알 수 없는 광선이 실험실에 있던 검은 종이를 뚫고 지나가는 것을 보고 엑스선을 발견함. 인체 내부의 질병을 알아보는 데 쓰이기도 하고 공항에서 위험한 물건을 찾는 데 이용되기도 함.
4   플레밍이 세균 실험 중 우연히 푸른곰팡이 주변의 세균이 죽어 있는 것을 발견하고 푸른 곰팡이에 균을 죽이는 물질이 있음을 확신한 후 치료제 개발을 시작했음. 반복된 실패에도 포기하지 않고 연구를 계속하여 페니실린을 치료제로 사용할 수 있게 함.

읽어 보세요 2 p. 228

1   가 — 한국인들의 김치 사랑
    나 — 김치냉장고의 등장 배경
    다 — 김치냉장고의 원리와 차별화되는 특징
    라 — 한국인들의 인기 가전이 된 김치냉장고

2

3

	일반 냉장고	김치냉장고
유사한 점	일정 온도 이하로 음식을 신선하게 보관	
구별되는 점	• 김치가 시어져 버림. • 문을 여닫을 때마다 내부 온도가 변함.	• 잘 익은 김치 맛을 오래 보존해 줌. • 0~-1℃ 사이로 온도가 유지됨.

4 잘 익은 김치를 오랫동안 먹을 수 있게 해 주고 김치가 아니더라도 다양한 식재료를 알맞은 온도로 보관할 수 있게 해 주기 때문에

어휘 색인

ㄱ

어휘	쪽
가격 대비 품질이 좋다	57
가격을 고려하다	57
가격이 인상되다	48
가꾸다	191
가상 현실을 체험하다	29
가장	85
가정을 꾸리다	86
가족 구성원	85
가치를 재발견하다	171
간결하다	162
간접 광고	50
갓	164
갓끈	164
강직하다	141
개성	85
개인별 맞춤 학습	29
개최되다	116
개혁하다	134
거두다	78
거미줄	217
거부감	49
거중기	143
거짓말 탐지기 조사를 하다	216
거치다	133
건국되다	131
건조 기능을 갖추다	225
겉모습	191
격식	164
결과물	32
경쟁이 치열하다	20
경제가 침체되다	57
경제가 활성화되다	57
경제적으로 자립하다	85
경향을 보이다	57
계획적	49
고가	58
고구려	133
고급스럽다	162
고난도 기술이 필요하다	161
고독사	88
고려	134
고령화	85
고름	174
고용	77
고유하다	171
고조선	133
고풍스럽다	162
골목길	200
공감대	78
공감을 불러일으키다	197
공경하다	87
공교육	19
공교육이 붕괴되다	20
공급자	57
공기를 정화하다	225
공룡	30
공방	163
공유하다	57
공정하게 보도하다	113
과거 모습을 재현하다	197
과도한 사교육을 받다	20
과목	21
과학 수사	215
관계가 단절되다	85
관련 규정이 마련되지 않다	104
관리	164
관직	134
관찰하다	29
광고를 제작하다	48
광고주	50
광선	226

교육열이 강하다	20
구급대	119
구독료	64
구독률이 하락하다	113
구독하다	57
구매를 유도하다	48
구성원	22
국경	116
국방을 강화하다	141
국어	21
국적 불명	171
군사	142
권력을 감시하다	113
권리	85
귀신	198
귀족	134
규범을 제시하다	141
규제하다	48
균형 잡힌 시각을 갖다	113
극한	190
근로 시간을 단축하다	76
글자	21
금속	163
급속하다	120
급진파	134
긍정적 입장을 가지다	171
기꺼이	58
기부하다	189
기성품	163
기술을 활용하다	29
기원전	133
기증하다	189
기틀을 마련하다	141
김장	228
김치를 담그다	228
꼼짝 못 하다	217
끈끈하다	217

ㄴ

나라를 다스리다	141
나름	200
나서다	88
나전 칠기	165
난민	116
난치병	222
내	86
내관	144
내딛다	201
내몰리다	190
내부	226
너나없이	21
넘쳐나다	49
노비	144
노화 현상이 나타나다	85
노후를 보내다	85
녹화	105
논란이 가라앉다	171
논란이 뜨겁다	171
논의하다	78
농사를 짓다	132
농업	144
눈동자	218
눈치채다	218
뉴 미디어를 선호하다	113
님	134

ㄷ

다기	165
다른 기기와 연결하다	225
다른 기업과 경쟁하다	47
다문화	86
다방	200
다양성을 존중하다	29
다양한 콘텐츠를 보유하다	103
다용도	228
다이얼 전화기	200

단계적	106
단정히	164
달라붙다	217
담당하다	86
당분간	58
대	134
대가족	86
대나무	164
대량으로 생산하다	47
대립	134
대여하다	57
대우	164
대중들의 신뢰를 잃다	113
대중의 알 권리를 보장하다	113
대중화	106
대중화되다	171
더하다	172
덧붙이다	106
도망치다	218
도배하다	49
독	228
독거노인	85
독창성	190
동감하다	78
동등하다	86
동서양을 아우르다	171
뒤처지다	21
뒷전으로 밀리다	20
들여다보다	190
들이받다	118
디엔에이	218
디지털 기기를 사용하다	29
땅이 기름지다	132
뛰어넘다	198
뛰어들다	114

ㄹ

리메이크하다	197

ㅁ

마음을 사로잡다	197
막대한 비용이 들다	48
만년필	163
만원 버스	200
말(기)	131
맞다	144
맞춤 광고	51
매출이 증가하다	47
맥박	218
머리띠	164
멋스럽다	162
메시지를 전하다	189
멜로디	178
면회	142
멸망하다	131
명대사	197
명문	22
명작	197
명장면	197
명품	58
모범을 보이다	141
목격자를 찾다	216
목격자의 진술을 듣다	216
몽타주를 그리다	216
무너뜨리다	134
무통	218
문명	32
문명이 발생하다	132
물질적	200
물품을 운송하다	132
미적으로 뛰어나다	161
미제 사건을 해결하다	216

ㅂ

반론	63
반문하다	115
반투명하다	164

발명가	226
발명하다	144, 225
발생지	133
발언	108
발자취	190
발효 식품	178
방송에 부적합하다	104
방탄복	217
배경	136
배열되다	217
백제	133
버겁다	33
범인을 밝혀내다	216
범인을 체포하다	216
법을 제정하다	141
변신	172
변형하다	174
변환	218
별것 아니다	226
병문안	134
병행하다	29
보고하다	49
보온 도시락	200
보편화	199
본모습	60
본질을 파악하다	113
본질적	191
볼거리를 제공하다	197
봉사 활동을 하다	189
부모를 부양하다	85
부정부패	134
부정적 입장을 가지다	171
부정확한 정보를 전달하다	104
부추기다	191
분해되다	217
불편을 해소하다	225
불황	57
비록	201

비롯되다	144
비중	22
비판을 받다	48
빅 데이터	30
빈부 격차	190
빨아 먹다	217

ㅅ

사건을 보도하다	113
사건 현장을 조사하다	216
사고를 보도하다	113
사교육	19
사교육비가 증가하다	20
사교육에 의존하다	20
사람들과 교류하다	103
사망자	77
사명감	163
사물 인터넷	30
사실을 왜곡하다	113
사진첩	200
사회 공헌 활동을 하다	189
사회자	108
살균 기능을 갖추다	225
삶을 획기적으로 바꾸다	225
삼국 시대	133
상류	132
상업적	104
상징하다	161
상품을 광고하다	47
상호 작용	35
생고기	172
생김새를 묘사하다	216
생명을 구하다	225
생체 모방	215
생체 인식	215
서구화	228
석기	32
선정적	104

선풍적인 인기를 끌다	189
선한 영향력을 전파하다	189
선행에 앞장서다	189
선행 학습	19
설계하다	143
섬세하다	164
성능을 따지다	57
세계화에 기여하다	171
세균	226
세대 차이를 극복하다	103
세력	136
세련되다	162
세심하다	50
세트장	190
셈	21
소매통	177
소비자	49
소설을 원작으로 하다	197
소수	78
소외감을 느끼다	85
소유하다	57
소장	21
소재가 참신하다	197
손쉽게 이동하다	132
수거하다	217
수당을 지급하다	76
수상 교통이 발달하다	132
수상작	116
수수하다	162
수요자	57
수원 화성	143
수작업으로 제작하다	161
숙식	88
숙직하다	144
순위	190
술자리	134
스릴러	50
스타	191

습도를 조절하다	225
승용차	118
시간을 설정하다	225
시간제 일자리	88
시공간을 초월하다	103
시기	21
시리즈	202
시사	114
시설이 노후화되다	20
시점	78
시조	134
시청권을 침해하다	48
시청률이 떨어지다	113
시행착오를 겪다	225
신라	133
신분	144
신제품을 홍보하다	47
신하	144
실감	30
실력파	190
실시간으로 소통하다	103
실용적	161
실크	217
실행하다	134
실화를 바탕으로 하다	197
실효성이 있다	76
심층적인 취재를 하다	113
싹트다	190
쏘다	217

ㅇ

아동	77
악당	217
악성	110
악영향	62
악인	134
안건	108
앞두다	144

양육	75
양육비를 지원하다	76
양태	164
어느새	105
어의	144
어쩌면	200
어학	144
언론 윤리를 지키다	113
엄격하다	142
엄청나다	64
업적	142
업체	60
엑스선	226
여닫다	228
여러 분야에 능통하다	141
역대 최고 기록을 세우다	189
엮다	164
연구에 힘쓰다	141
연금	77
연금을 받다	85
연기력이 뛰어나다	197
연출력이 뛰어나다	197
연평균	120
열풍	21
영광	116
영상미가 돋보이다	197
영상을 재생하다	225
영토를 차지하다	131
영향력을 발휘하다	189
예체능	21
온 힘을 바치다	141
온건파	134
온도를 조절하다	225
올	164
올바르다	22
옻칠	163
완성도가 높다	197
외면적	191

외면하다	88
용감하다	141
용도	164
우려하는 목소리가 높다	171
우아하다	162
우연하다	226
운명	133
울림	137
울림을 주다	197
원격 수업	29
원격으로 조종하다	225
원활하다	108
위상을 높이다	189
위안을 주다	197
위원회	116
유급 휴직	75
유기 동물을 입양하다	189
유대감	85
유래	166
유산균	228
유역	132
유전자 검사	215
유해하다	104
유행에 민감하다	57
유행을 타다	105
육아 휴직	75
육하원칙	118
윤리적	49
융합되다	171
은퇴자	79
읊다	134
음성을 인식하다	225
음악을 재생하다	225
응하다	193
의견이 엇갈리다	171
의무	91
의복	164
의식이 약화되다	85

의의	221
의존도	22
이득	52
이르다	21
이민자	172
이상적	32
이색	229
이어받다	143
인공위성	217
인구가 감소하다	76
인구 피라미드	77
인내심이 요구되다	161
인류 발전에 기여하다	225
인성 교육	19
인자하다	141
인재를 선발하다	141
인재를 양성하다	29
일방적	32
일으키다	106
일자리를 창출하다	57
일화	142
입시 위주 교육	19
입양	86
잇다	163
잇따르다	198

ㅈ

자극적	104
자기 주도 학습	19
자녀	77
자동으로 작동되다	225
자리 잡다	164
작곡하다	191
작사하다	191
작품성을 인정받다	189
잠재되다	21
장군	142
장려하다	33

장식하다	161
장인	163
재탄생하다	171
저고리	174
저작권을 침해하다	104
저지르다	134
저출산	75
적합하다	133
전개	137
전 세계적으로 찬사를 받다	189
전문성이 부족하다	20
전반	30
전성기를 맞이하다	131
전성기를 이루다	131
전자책	64
전쟁하다	131
전통 제작 방식을 고수하다	161
전통을 훼손하다	171
전환	32
절박하다	116
젊은 층	58
정거장	30
정교하다	162
정문	118
정보를 검색하다	29
정보를 제공하다	48
정서	21
정수기	228
정차하다	119
정책을 시행하다	76
정체성을 잃다	171
정치가	142
제거하다	134
제도가 미흡하다	85
제도를 마련하다	76
제습 기능을 갖추다	225
제작비를 지원하다	48
제품을 구매하다	47

제품을 노출하다	48
조	32
조기 교육	19
조부모	86
조손	86
조회 수가 높다	113
졸음운전	118
좌절하다	201
주둥이	218
주름	167
주변 국가와 교역하다	132
주사기	218
주입식 교육	19
주택가	200
줄거리	202
중(기)	131
중개 수수료	60
중심지가 되다	132
중점을 두다	20
즉위하다	144
증거를 수집하다	216
증기 기관	32
지도력이 뛰어나다	141
지리적으로 유리하다	132
지문을 분석하다	216
지원하다	30
지혜롭다	141
진솔하다	191
진실을 추구하다	113
진위 여부를 밝히다	216
진입하다	88
진화하다	225
질병에 시달리다	85
집안	86
집착하다	58
집현전	144
짜이다	198

ㅊ

차량	60
차별화되다	225
창의성	86
창제하다	144
창조적으로 계승하다	171
채널을 개설하다	103
채팅 창	105
책임 의식을 갖다	113
처벌하다	144
천재적	141
철기	32
첨단 기술을 도입하다	29
청동기	32
체제를 정비하다	141
체험 학습	29
초(기)	131
초고가	57
초고령화	88
초저가	57
초점을 두다	32
촘촘하다	217
총명하다	144
최우선	86
최초	133
추가적	88
추세가 지속되다	76
추억을 떠올리게 하다	197
출산 휴가	75
출산율	75
출산을 장려하다	76
출생자	77
충성심	134
충성심이 강하다	141
취약하다	60
치료제	226
치마폭	177
친척	85

ㅋ

캠페인에 참여하다	189

ㅌ

탐구하다	225
통일하다	133
특색이 있다	161

ㅍ

판타지	50
페니실린	226
편향성을 갖다	113
평론가들에게 호평을 받다	189
포털 사이트	114
폭력적	104
푸른곰팡이	226
풍족하다	200
퓨전 문화	172
퓰리처상	116
피드백을 받다	29
피로감	49

ㅎ

하락세	114
하락하다	49
하류	132
학력	22
학문	143
학술지	217
학습자 중심 교육	29
학자	142
한복판	133
함부로	144
합리적	49
합리적인 소비를 하다	57
항생제	226
핵가족	86
햄버그스테이크	172
향후	115
허위	49
현시대	32
혈연 의식	85
협업하다	29
협연	172
형식에 구애를 받지 않다	103
혜택을 제공하다	76
호강	190
호박	164
호황	57
혼을 불어넣다	164
홀로그램	30
홍보 대사를 하다	189
화물차	118
화재	120
환경을 조성하다	29
황당하다	50
획기적	30
획일화되다	171
횟수를 제한하다	48
효과가 미미하다	76
후(기)	131
흘러나오다	200
흥행	198

References
참고 자료

어휘	고려대한국어대사전
	국립국어원 표준국어대사전 (https://stdict.korean.go.kr/main/main.do)
	우리말샘 (https://opendict.korean.go.kr/main)
	한국어기초사전 (https://krdict.korean.go.kr/kor/mainAction)

사진	160쪽	 '백자 달항아리'는 국립중앙박물관에서 작성하여 공공누리 제1유형으로 개방한 저작물을 이용하였습니다 (www.museum.go.kr).
	162쪽	 '청자 참외 모양 병'은 국립중앙박물관에서 작성하여 공공누리 제1유형으로 개방한 저작물을 이용하였습니다 (www.museum.go.kr).
		 '금제 태환 이식'은 국립중앙박물관에서 작성하여 공공누리 제1유형으로 개방한 저작물을 이용하였습니다 (www.museum.go.kr).

9단원	30쪽	최재붕, 『포노 사피엔스』, 쌤앤파커스, 2019.
10단원	58쪽	김난도, 『트렌드 코리아 2023』, 미래의창, 2022.
	60쪽	이성길, 「구독경제는 공유경제와는 차원이 다른 변화다」, 『플래텀』, 2020. 4. 7. (https://platum.kr/archives/139184)
11단원	77쪽	통계청, "장래인구추계 2010-2060", 2011. (https://sri.kostat.go.kr/board.es?mid=a10301020600&bid=207&tag=&act=view&list_no=252623&ref_bid)
	86쪽	왕석순 외 18인, 「건강 가성과 가족 관계」, 『중학교 기술·가정 2』, 동아출판, 2017
12단원	114쪽	한선, 「언론의 신뢰회복 위한 2가지 요건」, 『한겨레』, 2021. 4. 6. (https://www.hani.co.kr/arti/PRINT/989895.html)
14단원	164쪽	안다영, 「오마이 '갓'! K-패션 원조는 갓?」, 『KBS 뉴스』, 2020. 5. 25. (https://news.kbs.co.kr/news/view.do?ncd=4454066)
		전승훈, 「해외서도 극찬 조선 남성들 최대의 사치, 갓…'갓일' 장인 [전승훈 기자의 디자인&콜라보]」, 『동아일보』, 2020. 12. 23. (https://www.donga.com/news/article/all/20201223/104604709/1)
16단원	217쪽	조윤진, 「끈적끈적 거미줄의 무한변신!」, 『어린이동아』, 2021. 6. 30. (http://kids.donga.com/?ptype=article&no=20210630151822298959&psub=search&gbn)
	218쪽	EBSDocumentary (EBS 다큐), "과학 다큐 비욘드 - 진실을 밝히는 힘, 과학수사_#001" (유튜브 영상), 2017. 9. 15. (https://www.youtube.com/watch?v=WlFj61sadTI)

집필진 Authors

장소원 Chang Sowon	서울대학교 국어국문학과 교수 Seoul National University Professor at the Department of Korean Language & Literature
	파리 5대학교 언어학 박사 Ph.D. in Linguistics, University of Paris 5
이현의 Lee Hyun Eui	서울대학교 언어교육원 대우전임강사 Seoul National University LEI Full-time Instructor
	이화여자대학교 한국학(한국어교육 전공) 박사 수료 Ph.D. Candidate in Korean Studies(Teaching Korean as a Foreign Language), Ewha Womans University
김미숙 Kim Mi Sook	서울대학교 언어교육원 대우전임강사 Seoul National University LEI Full-time Instructor
	고려대학교 국어국문학 석사 M.A. in Korean Language & Literature, Korea University
이혜지 Lee Hyeji	서울대학교 언어교육원 대우전임강사 Seoul National University LEI Full-time Instructor
	이화여자대학교 교육대학원 외국어로서의 한국어교육학 석사 M.A. in Education, Teaching Korean as a Foreign Language, Ewha Womans University

번역 Translator

이수잔소명 Lee Susan Somyung	통번역가 Translator & Interpreter
	서울대학교 한국어교육학 석사 M.A. in Korean Language Education as a Foreign Language, Seoul National University

감수 Supervisor

김은애 Kim Eun Ae	전 서울대학교 언어교육원 대우교수 Former Seoul National University LEI Professor

자문 Consultants

한재영 Han Jae Young	한신대학교 명예교수 Hanshin University Honorary Professor
최은규 Choi Eunkyu	전 서울대학교 언어교육원 대우교수 Former Seoul National University LEI Professor

도와주신 분들 Contributing Staff

디자인 Design	(주)이츠북스 ITSBOOKS
삽화 Illustration	(주)예성크리에이티브 YESUNG Creative
녹음 Recording	미디어리더 Media Leader

서울대 한국어+
Student's Book 5B

초판 1쇄 발행 2023년 10월 10일
초판 3쇄 발행 2024년 10월 30일

지은이	서울대학교 언어교육원
펴낸곳	서울대학교출판문화원
주소	08826 서울 관악구 관악로 1
도서주문	02-889-4424, 02-880-7995
홈페이지	www.snupress.com
페이스북	@snupress1947
인스타그램	@snupress
이메일	snubook@snu.ac.kr
출판등록	제15-3호

ISBN 978-89-521-3201-7 04710
     978-89-521-3116-4 (세트)

ⓒ 서울대학교 언어교육원 · 2023

이 책과 음원은 저작권법에 의해서 보호를 받는 저작물이므로
무단 전재와 복제를 금합니다.

Written by Language Education Institute, Seoul National University
Published by Seoul National University Press

Copyright ⓒ 2023 by Language Education Institute, Seoul National University

All rights reserved. No part of this publication may be reproduced in any form
without the written permission from publisher.

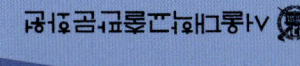

사동대학교통번역학부

사동대 후국어+
운딩한 표준

Student's Book

5A

사동대학교통합한국학

사동대 한국어⁺
운밥가 표학 5A
Student's Book

단원	과	문법과 표현
1 같이하면 쌓여	1-1. 등산과 영양	① 동-는 대에(이) ② 동-으려면
	1-2. 건강한 식재	③ 동-니 ④ 동-는다고 하다
2 행복과 홍시	2-1. 행복의 비결	① 명이다 ② 동-음에 따라
	2-2. 웃음이 있는 곳	③ 동-으로써 ④ 명에 따르면
3 언어와 생활	3-1. 언어의 품격	① 동-는 단에(서) 단해(이) 동-인, 명에(이) 대해(서) ② 동-는 단에(서) 단해(이) 동-인, 명에(이) 대해(서)
	3-2. 언어 생활	③ 명(이) 못지않게 ④ 동-고서
4 사고와 고정 관념	4-1. 판단하 사고	① 동을 마흔하고 ② 동-으로 불리다, 명이를 불리다
	4-2. 고정 관념과 가치관	③ 동-기 상이이다 ④ 동-을 뿐

단원	과	문법과 표현
5 **기후와 지형**	5-1. 기후 변화	① 동-다시피 ② 동-는 한, 형-은 한
	5-2. 독특한 지형의 여행지	③ 동-는가 하면, 형-은가 하면 ④ 동형-을 따름이다, 명일 따름이다
6 **환경과 주거 공간**	6-1. 도시와 환경	① 동형-지 않을까 하다, 명이 아닐까 하다 ② 동-고자 하다
	6-2. 주거 공간	③ 명 같아서는 ④ 동형-고 해서, 명이고 해서
7 **인간과 심리**	7-1. 인간관계와 심리	① 동-고 보다 ② 동형-은 나머지
	7-2. 심리와 성격	③ 동-어 내다 ④ 동-는다면, 형-다면, 명이라면
8 **직업의 미래**	8-1. 평생 직업	① 명이자 명 ② 동-는 것을 계기로, 명을 계기로
	8-2. 변화하는 직업	③ 동형-기도 하고 동형-기도 하다 ④ 동-는 바 있다/없다

1단원

❶ 동 -는 데(에)

> 그 책을 왜 사려고 하는 거야?

> 한국어 시험 준비하는 데 도움이 많이 돼서.

▶ '-는 일', '-는 것', '-는 상황'을 나타냅니다.

▶ '좋다/나쁘다', '도움이 되다/안 되다', '필요하다/필요 없다', '효과가 있다/없다', '사용하다', '방해가 되다' 등과 함께 쓰입니다.

> **예**
> • 아침에 사과를 먹는 것은 노화를 방지하는 데에 좋다.
> • 공부에 집중하는 데 방해가 돼서 휴대폰을 꺼 두었어요.
> • 제가 성공하는 데에 주변 사람들의 응원이 큰 힘이 됐습니다.

❷ 동 -으라면

> 이번 한국 여행에서 제일 기억에 남는 곳은 어디입니까?

> 기억에 남는 곳을 말하라면 서울과 제주도를 들 수 있습니다.

▶ '-으라고 하면'의 줄임말로 어떤 사실을 가정하여 말할 때 사용합니다.

▶ '말하라면', '들라면', '꼽으라면'의 형태로 쓰여 예를 들 때 많이 사용합니다.

> **예**
> • 한국어의 대표적인 특징을 말하라면 높임말이 있는 것을 들 수 있다.
> • 한국 사람들에게 라면을 먹을 때 꼭 필요한 음식을 들라면 모두 김치를 꼽습니다.
> • 제가 잘하는 운동을 꼽으라면 수영과 요가라고 할 수 있습니다.

❸ 동-되

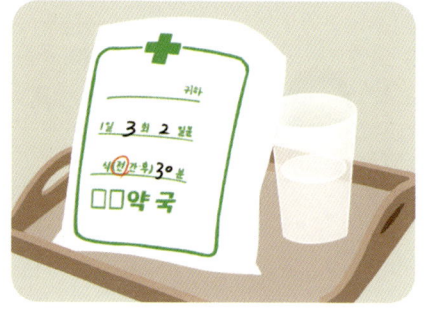

> 이 약은 하루에 세 번 먹되
> 식전에 먹어야 효과를 볼 수 있습니다.

▶ 앞의 내용을 인정하거나 허락하지만 그에 대한 조건이나 추가적인 설명을 할 때 사용합니다.

> **예** • 매일 운동하되 한 번에 지나치게 운동을 하면 안 됩니다.
> • 놀러 나가되 그 전에 할 일을 먼저 끝내.
> • 한국어 말하기 실력을 늘리려면 친구들과 이야기를 많이 하되 한국어로만 말해야 한다.

❹ 동형-을뿐더러

> 스트레칭으로 스트레스를 해소할뿐더러
> 체중도 감량할 수 있습니다.

▶ 하나의 사실만 있는 것이 아니라 다른 사실이 더 있음을 나타낼 때 사용합니다.

> **예** • 불규칙한 식습관은 비만을 일으킬뿐더러 만성 질환의 원인이 될 수도 있습니다.
> • 그는 어릴 때부터 노래 실력이 뛰어났을뿐더러 피아노도 잘 치는 등 음악에 재능을 보였다.
> • 이 스카프는 예쁠뿐더러 세련되기도 해서 선생님께 선물하기 좋을 것 같다.

2단원

❶ 명이란

사랑에 대해 생각해 봤어요?
사랑이란 뭘까요?

사랑이란 아낌없이 주는
마음이라고 생각해요.

▶ 어떤 대상을 정의할 때 사용합니다.

예
- 이번 강연 주제는 '행복이란 무엇인가?'입니다.
- 결혼이란 평생 서로를 사랑하고 보살펴 주겠다는 약속입니다.
- 진정한 친구란 무슨 일이 있어도 나를 끝까지 믿고 격려해 주는 사람이라고 생각한다.

❷ 동-음에 따라

다음 소식입니다. 건강에 대한 사람들의 관심이
높아짐에 따라 건강식품의 매출이 크게 늘고 있습니다.

N타
뉴스 **건강식품 매출 크게 늘어**

▶ 상황의 변화에 의해 나타나는 결과를 표현할 때 사용합니다.

예
- IT 기술이 발전함에 따라 생활이 편리해졌습니다.
- 영화가 높은 인기를 얻음에 따라 영화 촬영지를 방문하는 사람도 많아졌습니다.
- 나이가 듦에 따라 다른 사람을 신경 쓰지 않고 저 자신한테만 집중할 수 있어서 참 좋습니다.

6 서울대 한국어⁺ Student's Book 5A | 문법과 표현

❸ 동 -음으로써

> 대화는 놀라운 힘을 가지고 있습니다. 마음을 열고 진심으로 대화함으로써 서로를 잘 이해할 수 있기 때문입니다.

▶ 수단이나 방법이 되는 행동을 나타냅니다.

> **예**
> • 여행을 함으로써 세상을 보는 눈을 키울 수 있었습니다.
> • 식단을 잘 관리하고 운동을 함으로써 건강을 유지할 수 있다.
> • 한 달에 3만 원을 기부함으로써 어려운 아이들의 인생을 바꿀 수 있습니다.

❹ 명 에 따르면

> 연구 결과에 따르면 웃음은 치매를 예방할 수 있다고 합니다.

LEI 신문

'웃음, 치매 예방해' 연구 결과 발표

▶ 정보의 출처를 밝혀 사실을 말할 때 사용합니다.

> **예**
> • 보고서에 따르면 수면 부족은 비만의 원인이 된다고 합니다.
> • 뉴스에 따르면 국제 유가가 앞으로도 계속 오를 것이라고 합니다.
> • 통계 자료에 따르면 한국어를 배우는 외국인의 수가 작년에 비해서 20% 늘었다고 한다.

3단원

❶ 동-는 데(에) 반해(서), 형-은 데(에) 반해(서), 명인 데(에) 반해(서)

이 꼬마 사과는 일반 사과와 어떤 차이가 있습니까?

일반 사과는 껍질이 두꺼운 데 반해 이 사과는 얇고 부드러워서 껍질째 먹기 좋습니다.

▶ 앞 절과 뒤 절의 상황이 대비됨을 나타낼 때 사용합니다.

▶ '동-는 데(에) 반하여', '형-은 데(에) 반하여', '명인 데(에) 반하여'의 형태로도 사용합니다.

> **예**
> • 대학 졸업자 수는 늘고 있는 데 반해 취업은 더 어려워지고 있다.
> • 그 신입 사원은 성격은 좋은 데 반해서 능력은 좀 부족합니다.
> • 그 사람은 외향적인 데에 반하여 그의 아들은 내성적이다.

❷ 동-는 데(에) 비해(서), 형-은 데(에) 비해(서), 명인 데(에) 비해(서)

이번에 묵었던 호텔은 시설이 훌륭한 데 비해 청소 상태는 좋지 않았어요.

▶ 앞 절을 기준으로 뒤 절의 상황을 비교하여 말할 때 사용합니다.

▶ '동-는 데(에) 비하여', '형-은 데(에) 비하여', '명인 데(에) 비하여'의 형태로도 사용합니다.

> **예**
> • 그 친구는 버는 데 비해서 많이 쓰는 것 같다.
> • 우리나라는 인구가 적고 자원이 부족한 데 비해 경제 성장이 빠른 편이다.
> • 난 아이를 늦게 낳아서 친구 아이들은 다 대학생인 데에 비하여 우리 딸은 아직도 중학생이다.

❸ 명 (에) 못지않게

▶ 비교를 나타내는 표현으로 '만큼' 혹은 '보다 못하지 않다'의 뜻으로 쓰입니다.

> **예** • 동생도 언니에 못지않게 기타 연주를 잘하네.
> • 올해도 작년 못지않게 춥고 눈이 많이 오겠습니다.
> • 가수로서의 삶 못지않게 개인적인 삶도 중요하다고 생각한다.

❹ 동 -고서

▶ 앞 절의 행위가 먼저 일어나고 뒤 절의 행동을 하거나 뒤 절의 상태가 됨을 나타냅니다.

▶ '동 -고서야'의 형태로 쓰여 앞 절의 행위를 해야만 뒤 절의 상황이 가능함을 강조할 수 있습니다.

> **예** • 김 교수님은 결혼하시고서 많이 달라지셨다.
> • 할머니께서 편찮으시다는 소식을 듣고서 급히 고향으로 돌아갔어요.
> • 오늘 일을 절대로 말하지 않겠다는 약속을 하고서야 친구의 비밀 이야기를 들을 수 있었습니다.

4단원

❶ 명을 막론하고

복싱을 배우고 싶은데 나이가 많아서 괜찮을지 모르겠네요.

걱정하지 마세요. 복싱은 남녀노소를 막론하고 누구나 즐길 수 있는 스포츠예요.

▶ 앞에 오는 명사를 따지거나 가리지 않음을 나타냅니다.

예
- 동서양을 막론하고 초콜릿은 많은 사람이 좋아하는 음식이지요.
- 국내외를 막론하고 사랑은 여러 작품의 주제가 되어 왔다.
- 차별은 이유 여하를 막론하고 금지되어야 합니다.

❷ 동형-으면 몰라도, 명이면 몰라도

부모님을 배웅하러 공항에 가야 하는데 출석 인정이 되나요?

아프면 몰라도 그런 이유로는 출석 인정이 안 돼요.

▶ 앞 절의 가정을 만족하지 않으면 뒤 절의 행위를 하거나 뒤 절의 상황이 됨을 나타냅니다.

예
- 몰랐으면 몰라도 알게 됐으니 그냥 지나칠 수는 없어요.
- 건강에 이상이 있으면 몰라도 1년씩이나 휴직하는 건 어렵지요.
- 이 장갑은 부모님이면 몰라도 친구 선물로는 어울리지 않을 것 같아.

❸ 동-기 십상이다

> 연말에 친구들이랑 해돋이 보러 정동진에 가려고요.

> 이렇게 추운 날 밖에 오래 있다가는 감기 걸리기 십상인데….

▶ 어떤 상황이나 상태가 될 가능성이 큼을 나타냅니다.

▶ 주로 부정적인 상황을 예상할 때 많이 쓰입니다.

예
- 그렇게 매일 놀기만 하다가는 시험에 떨어지기 십상이야.
- 장시간 앉아서 컴퓨터 작업을 하면 목에 무리가 오기 십상이다.
- 남들이 한다고 무조건 따라 하면 나중에 후회하기 십상이에요.

❹ 동-을 겸

> 주말에 스트레스도 풀 겸 등산이나 갈까?

> 그거 좋은 생각인데!

▶ 두 가지 이상의 목적을 가지고 있을 때 사용합니다.

▶ '동-을 겸 동-을 겸 (해서)', '명도 동-을 겸 (해서)'의 형태로 자주 쓰입니다.

▶ '명 겸 명'의 형태로 쓸 때는 앞의 것이면서 동시에 뒤의 것이기도 함을 나타냅니다.

예
- 이야기도 나눌 겸 친분도 쌓을 겸 자리를 마련했습니다.
- 바람도 쐴 겸 역사 교육도 할 겸 해서 아이를 데리고 경주에 왔다.
- 주말에 10시 반쯤 만나서 같이 아침 겸 점심 먹을까요?

5단원

❶ 동-다시피

> 보시다시피 지금 제 손에는 아무것도 없습니다.

▶ 듣는 사람이 알고 있는 것처럼 뒤 절과 같은 상황임을 나타낼 때 사용합니다.

예
- 히엔 씨도 알다시피 지금 상황에서는 아무 데도 갈 수 없어요.
- 방송으로 들으셨다시피 공사로 인해 이 근처 도로는 통행할 수 없습니다.
- 말씀드렸다시피 이 건물은 전체가 금연 구역입니다.

❷ 동-는 한, 형-은 한

> 액션 연기는 젊은 배우들에게도 쉽지 않은 일인데 정말 대단하시네요.

> 좋아하는 일이라 힘든지 모르겠어요. 건강이 허락하는 한 이 일을 계속하고 싶어요.

▶ 앞 절의 조건 안에서 뒤 절의 상황이 가능함을 나타냅니다.

▶ '-지 않는 한 -을 수 없다'의 형태로 쓰여 앞 절의 조건이 필수적인 것임을 강조할 수 있습니다.

예
- 당신과 함께 있는 한 아무리 힘들어도 견딜 수 있습니다.
- 포기하지 않는 한 반드시 성공할 수 있다고 생각해요.
- 전 세계 사람들이 함께 노력하지 않는 한 기후 변화를 막을 수 없다.

12 서울대 한국어⁺ Student's Book 5A │ 문법과 표현

❸ 동-는가 하면, 형-은가 하면

제주도로 이사 오신 지 얼마 안 되셨죠? 지내기 어떠세요?

다 좋은데 날씨가 변덕스러워요. 아침에는 맑은가 하면 오후에는 비가 오기도 하고 바람도 많이 불어요.

▶ 앞 절의 상황이 있으면서 동시에 뒤 절의 상황도 있음을 나타냅니다.

예
- 수정 씨가 무슨 일이 있는지 이유 없이 화를 내는가 하면 한숨을 쉬기도 해요.
- 같은 대학을 졸업했어도 어떤 학생은 취직했는가 하면 어떤 학생은 아직 취직 준비 중입니다.
- 한국 사람 중에 김치를 매일 먹는 사람이 있는가 하면 전혀 안 먹는 사람도 있다.

❹ 동형-을 따름이다, 명일 따름이다

오랜만이군. 만나서 정말 반갑네.

저도 이렇게 뵙게 되니 기쁠 따름입니다.

▶ 오직 그 상태나 상황만 있음을 나타냅니다.

예
- 제 일에 최선을 다했을 따름입니다.
- 이 상을 받기까지 말없이 저를 지원해 주신 부모님께 감사할 따름입니다.
- 존경하는 감독님께서 제 작품을 칭찬해 주시니 영광일 따름입니다.

5단원 13

6단원

❶ 동 형 -지 않을까 하다, 명 이 아닐까 하다

벌써 시간이 이렇게 됐네. 언제 갈까?

막차 놓치면 안 되니까 난 지금 출발하는 게 좋지 않을까 해.

▶ 말하는 사람이 자기 생각이나 의견을 조심스럽게 말할 때 사용합니다.

▶ '동 형 -지 않을까 싶다'로도 씁니다.

> 예
> • 차 뒤에 붙은 초보 운전 스티커를 보면 천천히 가도 사람들이 이해해 주지 않을까 해요.
> • 이 화장품을 꾸준히 사용하면 피부가 좋아지지 않을까 했는데 아무 효과도 없네요.
> • 언젠가는 좋은 인연을 만날 수 있지 않을까 싶다.

❷ 동 -고자 하다

지금부터 친환경 도시에 대한 발표를 시작하고자 합니다.

▶ 어떤 일을 하려는 목적이나 의도, 계획이 있을 때 사용합니다.

▶ '하다' 대신 다른 동사를 사용할 수 있습니다.

> 예
> • 한국어를 열심히 배워서 한국에서 취직하고자 합니다.
> • 지금 입원 중인데 얼른 나아서 부모님 은혜에 보답하고자 합니다.
> • 어려운 이웃을 돕고자 성금을 모았습니다.

❸ 명 같아서는

여자 친구랑 꽤 오래 사귀었죠? 결혼 안 해요?

마음 같아서는 당장 결혼하고 싶지만 형편이 안 돼서요.

▶ 자신의 마음이나 생각처럼 행동하고 싶지만 실제로는 그렇게 하지 못할 때 사용합니다.

▶ '마음, 생각, 기분, 느낌, 욕심, 성질, 요즘, 지금' 등과 함께 쓰입니다.

예
- 생각 같아서는 도와주고 싶은데 요즘 너무 바빠서 정신이 없네요.
- 요즘 같아서는 물가가 너무 비싸서 장 보는 게 스트레스일 정도입니다.
- 욕심 같아선 정상까지 올라가고 싶었지만 무리하다 다칠까 봐 중간까지만 갔어.

❹ 동 형 -고 해서, 명 이고 해서

취직도 하고 해서 저녁에 친구들에게 한턱냈어요.

잘했다. 기다리던 소식이라 다들 좋아하지?

▶ 앞 절의 내용이 뒤 절의 행동을 하게 되는 여러 가지 이유 중 하나임을 나타냅니다.

예
- 시험도 끝나고 해서 스트레스도 풀 겸 노래방에나 갈까 해요.
- 월세도 비싸고 교통도 불편하고 해서 곧 이사할 생각입니다.
- 연휴고 해서 가족과 함께 나들이 나왔는데 거리 공연도 볼 수 있어서 참 좋았어요.

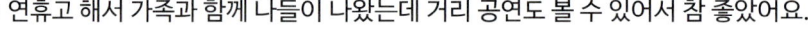

6단원 15

7단원

❶ 동-고 보다

예약을 하고 보니 그날 일이 있었네요. 죄송하지만 예약 날짜를 다른 날로 바꿀 수 있을까요?

네. 가능합니다. 언제로 바꿔 드릴까요?

LETI 레스토랑

▶ 앞 절의 행동을 하고 나서 새롭게 어떤 것을 알게 되거나 발견했음을 나타냅니다.

▶ '동-고 보니(까)', '동-고 보면'의 형태로 많이 사용합니다.

예
- 지하철을 급하게 타고 보니 반대 방향이었어요.
- 소개팅한 남자가 알고 보니까 친구의 회사 동료더라고요.
- 지금은 모르겠지만 사업을 시작하고 보면 해결해야 할 문제가 아주 많을 겁니다.

❷ 동 형-은 나머지

불합격 소식에 너무 실망한 나머지 취업을 포기하고 싶다는 생각까지 들었어요.

기운 내. 포기하지 않는 한 다음엔 꼭 합격할 거야.

▶ 앞 절의 행동이나 상황 때문에 결과적으로 뒤 절의 상태에 이르렀음을 나타냅니다. 주로 앞 절의 내용이 지나치거나 극한의 상황일 때 쓰입니다.

예
- 돈을 너무 많이 쓴 나머지 이번 달 생활비가 벌써 다 떨어졌습니다.
- 금메달을 수상하게 되어 너무 기쁜 나머지 울어 버렸어요.
- 가방을 잃어버리고 당황한 나머지 아무것도 못 하고 제자리에 서 있었다.

❸ 동-어 내다

이 영화 주제랑 줄거리 모두 다 새롭지?

그러게. 어떻게 그런 걸 생각해 낼 수 있는지 참 신기해.

▶ 힘든 과정을 거쳐 어떤 일을 완성하거나 끝냈음을 나타냅니다.

▶ '해내다, 찾아내다, 알아내다, 밝혀내다, 캐내다' 등은 한 단어로 붙여 씁니다.

> **예**
> • 어떻게 물에서 에너지를 만들어 낼 수 있는지 궁금합니다.
> • 정말 애썼어요. 참아 내기 힘든 고통인데 아주 잘 견뎌 냈어요.
> • 경찰이 드디어 산불의 원인을 밝혀냈다고 합니다.

❹ 동-는다면, 형-다면, 명이라면

두 분 성격은 어때요? 비슷한가요?

저는 비관적이고 자신감이 없다면 남편은 매사에 낙관적이고 자신감이 넘쳐요.

▶ 어떠한 사실을 가정하여 앞 절의 내용과 뒤 절의 내용을 비교하거나 대조할 때 사용합니다.

> **예**
> • 자존감이 낮은 사람이 주변 사람들의 눈치를 많이 본다면 자존감이 높은 사람은 다른 사람의 평가에 크게 신경 쓰지 않는다.
> • 작년에는 빨간색이 인기가 있었다면 올해는 보라색이 유행할 것으로 보입니다.
> • 우리 팀은 수비를 잘하는 것이 강점이라면 공격력이 부족한 것은 약점이라고 할 수 있습니다.

8단원

❶ 명 이자 명

오늘 무슨 날이에요? 꽃을 준비한 걸 보니 축하할 일이 있나 봐요.

네. 오늘이 제 아내의 생일이자 저희 결혼기념일이거든요.

▶ 앞 명사와 뒤 명사의 자격을 동시에 가지고 있음을 나타냅니다.

예
- 그 사람은 현재 가수이자 배우로 활동하고 있어요.
- 이 편지는 친구한테서 처음이자 마지막으로 받은 소중한 선물입니다.
- 서울은 한국의 수도이자 경제의 중심지로 알려져 있다.

❷ 동 -는 것을 계기로, 명 을 계기로

두 분은 어떤 일을 계기로 만나게 되셨나요?

저희는 같은 드라마에 출연하면서 처음 만났어요. 같이 연기하면서 서로에게 호감을 갖게 되었지요.

▶ 어떤 일이 일어나게 된 결정적인 원인이나 기회를 나타냅니다.

예
- 곧 서른 살이 되는 것을 계기로 앞날에 대해 더 진지하게 계획해 보려 한다.
- 이번에 실패한 것을 계기로 다시는 같은 실수를 반복하지 않도록 교훈을 얻어야 한다.
- 그는 동생의 죽음을 계기로 늦은 나이에 의학 공부를 시작하여 의사가 되었다.

❸ 동형-기도 하고 동형-기도 하다

> 이 음식은 맛이 약간 쓰기도 하고 달기도 해서 참 매력적이네요.

▶ 두 가지 이상의 행동이나 상태가 동시에 일어나거나 때때로 다르게 일어남을 표현할 때 사용합니다.

> **예**
> • 나는 대학 때 동아리에서 취미 활동을 하기도 하고 봉사 활동을 하기도 했다.
> • 제주도에서는 종종 비바람이 몰아치기도 하고 지진이 발생하기도 한다.
> • 미래의 일을 상상하면 두렵기도 하고 기대가 되기도 해요.

❹ 동-는 바 있다/없다

> 지난번 사건에 대해서 어떻게 생각하십니까?

> 저는 그 사건에 대해 전혀 아는 바 없습니다.

▶ 경험이 있거나 없음을 나타냅니다.

▶ '알다', '기대하다' 등과 같이 쓰여 '아는 것', '기대하는 것' 등이 있거나 없음을 나타내기도 합니다.

▶ 격식적인 상황에서 많이 쓰입니다.

> **예**
> • 김빛나 씨는 잘못을 인정하고 자신의 SNS에 사과문을 올린 바 있습니다.
> • 정부는 세금 인상을 검토한 바 없다고 공식적으로 발표했다.
> • 과천시는 가장 안심하고 살 수 있는 도시를 묻는 설문 조사에서 1위를 차지한 바 있다.